Colb. Feitu- et tables Cartes 6397

I 20
11
A

DESCRIPTION
DES PRINCIPAUX LIEUX
DE FRANCE.

DESCRIPTION

DES PRINCIPAUX LIEUX

DE FRANCE,

CONTENANT des détails descriptifs & historiques sur les Provinces, Villes, Bourgs, Monastères, Châteaux, &c. du royaume, remarquables par quelques curiosités de la Nature ou des Arts, & par des événemens intéressans & singuliers, &c.; ainsi que des déta... *s* sur le commerce, la population, les u*s*, *es*, & le caractère de chaque peuple de France; semée d'observations critiques, &c.

ACCOMPAGNÉE DE CARTES.

Par J. A. DULAURE.

QUATRIÈME PARTIE.

Prix, 2 liv. 10 sous br., 3 liv. rel.

A PARIS.

Chez LEJAY, Libraire, rue Neuve des Petits Champs, près celle de Richelieu.

M. DCC. LXXXIX.

Avec Approbation & Privilège du Roi.

DESCRIPTION DES PRINCIPAUX LIEUX DE FRANCE.

POITOU.

Tableau général du Poitou.

GÉOGRAPHIE. Cette province, dont *Poitiers* est la capitale, est bornée au nord par la Bretagne & l'Anjou ; au sud par l'Angoumois, la Saintonge & l'Aunis ; à l'est par la Touraine, le Berri, le Limosin & la Marche, & à l'ouest par l'Océan ; sa plus grande longueur, dans une direction à peu près de l'est à l'ouest, depuis *Mortemar* qui est près des frontières du Limosin, jusqu'à *Beauvoir*, qui est situé sur les bords de l'Océan, & près des limites de la Bretagne, on compte cinquante-trois lieues ; sa largeur moyenne, dans une direction du sud au nord, est d'environ dix-huit lieues, ce qui peut produire à peu près neuf cent soixante-dix lieues carrées.

Les limites de la généralité de Poitiers & celles de la province, différent entre elles à plusieurs égards. Le Poitou, qui renferme deux évêchés, celui de Poitiers & celui de Luçon, est divisé en haut & en bas. La capitale de la province est regardée comme celle du haut Poitou, & *Fontenai-le-Comte* comme la capitale du bas.

HISTOIRE. Le Poitou, après avoir été soumis aux Romains par *Publius Crassus*, Lieutenant de César, fut compris, sous l'empire d'*Honorius*, dans l'Aquitaine seconde ; cet Empereur se vit forcé, en 418, de céder aux Visigoths cette province avec toute l'Aquitaine.

Le Poitou fut de bonne heure éclairé des lumières du Christianisme. *Saint-Martial* vint y prêcher, dans le troisième siècle, l'Evangile, & fonda le premier une église chrétienne.

On doit remarquer que le premier monastère d'hommes, établi dans les Gaules, est celui de *Liguge* en Poitou ; il fut fondé, en 370, par Saint-Martin, qui vint à Poitiers demander à Saint-Hilaire une retraite pour y pratiquer la vie religieuse ; ce monastère devint très-célèbre dans la suite (1).

Le Poitou, faisant partie des Etats des Visigoths, puis de ceux des Rois & des Ducs d'Aquitaine, des Rois d'Angleterre, &c., fut

---

(1) Ce monastère, situé sur la rive gauche du Clain, à une lieue de Poitiers, est abandonné, & n'est plus aujourd'hui qu'un prieuré qui seroit depuis long-temps oublié, si les biens qui en dépendent n'en faisoient ressouvenir.

long-temps province limitrophe de Puissances ennemies ; par cette situation, elle devint le théâtre de plusieurs événemens qui ont beaucoup influé sur le système politique de l'Europe.

Alaric, Roi des Visigoths, régnoit en Poitou, ainsi que dans toute l'Aquitaine, lorsque les Allemands, les Huns, commandés par *Attila*, vinrent y faire des incursions ; les Francs leur succédèrent, & devinrent à leur tour le fléau de cette province. *Clovis*, chef de ces nouveaux brigands, quitta sa religion pour embrasser celle des peuples qu'il avoit vaincus ; les Evêques catholiques profitèrent des inclinations militaires de ce barbare, & l'engagèrent à faire la guerre aux Visigoths qui étoient de la secte des Ariens. Clovis, en conséquence, s'avança vers Poitiers, & à cinq lieues de cette ville, il défit les troupes des Visigoths, tua *Alaric*, leur Roi, de sa propre main, & s'empara du Poitou & d'une grande partie de l'Aquitaine.

Les Sarrasins venus d'Espagne s'étoient avancés, en ravageant tout sur leur passage, jusques dans le Poitou, où ils avoient pillé, brûlé plusieurs églises, & sur-tout celle de Saint-Hilaire de Poitiers. La France alloit être subjuguée par ces féroces Mahométans. *Charles Martel*, avec des forces inférieures, arrêta cette armée formidable dans les environs de Poitiers. Les deux armées s'observèrent pendant sept jours ; enfin le combat, qui devoit décider du sort de toute la France, s'engagea un samedi du mois d'octobre de l'an 732 ; le choc fut d'abord très-violent, & l'avantage incertain ; mais bientôt la victoire se déclara pour Charles Martel, ses

A iv

soldats, plus robustes & mieux disciplinés que les soldats Arabes, sembloient, suivant l'expression d'un Auteur contemporain, à ces murs épais dont les pierres sont parfaitement liées; sans être ni ébranlés ni séparés, ils pénètrent à travers les bataillons Arabes, dont ils font un carnage affreux. Le Général *Abderame* est tué, & malgré la résistance opiniâtre des Sarrasins, les François sont par-tout victorieux. La nuit suspendit les coups, & chacun se retira dans son camp. Les Sarrasins, trop affoiblis pour supporter une nouvelle attaque, prirent le parti de décamper à la faveur des ténèbres; & pour dérober leur retraite aux François, ils laissèrent en partant leurs tentes toutes dressées. Ces Arabes se retirèrent en déroute du côté des monts Pyrénées, & leur passage fut marqué par des cruautés atroces (1).

Pepin réunit à la couronne le Duché d'Aquitaine, dont le Poitou dépendoit. Charlemagne, qui lui succéda, fit couronner son fils *Louis* Roi d'Aquitaine, & le Poitou fut dépendant de ce nouveau royaume.

En attendant que le jeune *Louis* pût aller résider dans ses nouveaux États, Charlemagne, avant de marcher contre les Saxons rebelles,

---

(1) Quelques Historiens qui ont confondus cette bataille avec celle qu'*Eudes* livra au Général *Zama* devant Toulouse, en rapportent plusieurs circonstances fabuleuses; la plus incroyable et celle du nombre des Sarrasins qui y furent tués, que l'on fait monter à trois cent soixante-quinze mille; il y a des Historiens modernes qui ont adopté cette exagération.

donna les Comtés ou gouvernemens des villes & diocèses à des Seigneurs François. *Abbon* fut alors chargé du gouvernement du Poitou ; cet Abbon, qui prend la qualité de Comte de Poitiers, est placé à la tête des Comtes de la province.

Ranulphe Ier fut à la fois Comte de Poitou & premier Duc d'Aquitaine ; il repoussa les Normands, qui, dans le neuvième siècle, ravagèrent une partie de la France. Ces brigands pénétrèrent dans le Poitou par le port des *Sables d'Olonne*, par la Rochelle & par la Loire ; ils prirent la ville de Poitiers en 863, & brûlèrent l'église de Saint-Hilaire ; quatre ans après ils reparurent devant cette ville, & en emportèrent ce qu'elle contenoit de plus précieux. *Ranulphe*, en les poursuivant, fut tué d'un coup de flèche.

Les Comtes qui succédèrent à Ranulphe furent, pour la plupart, Ducs d'Aquitaine. *Hugues Capet*, avant son couronnement, ayant conçu un vif ressentiment contre *Guillaume I*^{er}, Comte de Poitou & troisième Duc d'Aquitaine, parce qu'il s'étoit opposé à l'élévation de sa maison, vint, à la tête d'une armée, assiéger Poitiers, qui se défendit pendant deux mois ; la foudre étant tombée sur sa tente, il en fut tellement effrayé, qu'il leva le siège. Le Comte Guillaume le poursuivit, le battit, fut enfin battu à son tour, & obligé de reconnoître l'usurpateur Hugues pour Souverain.

Vers la fin de la seconde Race, les Ducs ou Gouverneurs des provinces, profitant de l'affoiblissement de l'autorité royale, avoient déjà rendu héréditaires dans leur maison, des titres qu'ils n'avoient possédés qu'à vie. Hugues Capet, en usurpant la couronne de France, fut obligé, pour se maintenir, d'autoriser toutes ces usurpations; ainsi, à Guillaume Ier, Comte de Poitou, succéda Guillaume II, son fils, dit *Fier-à-Bras*, à cause de sa force.

Parmi ces Comtes on distingue sur-tout Guillaume III, surnommé *le Grand*, un des plus grands Princes de son temps : aimé de ses sujets, respecté des autres Souverains, il protégeoit & cultivoit les Lettres; la bibliothèque qu'il avoit à Poitiers, dans son palais, étoit considérable, & il ne se couchoit qu'après avoir donné les premières heures de la nuit à la lecture. Il eut le courage de refuser la couronne impériale; mais il n'eut pas celui de s'élever au dessus des opinions de son temps : il prit l'habit de Religieux, & mourut dans un monastère.

Guillaume IX laissa à sa fille *Eléonore* l'Aquitaine & le Poitou. Louis VII, en épousant cette riche héritière, réunit ces Etats à la couronne de France; mais en la répudiant, il les lui restitua. Eléonore épousa bientôt Henri II, Comte d'Anjou, qui devint Roi d'Angleterre, & réunit sous sa puissance ce royaume, l'Aquitaine, le Poitou, l'Anjou & la Normandie. Ces vastes possessions furent bientôt divisées. Après la mort du Roi d'Angleterre & d'Eléonore, Philippe-Auguste confisqua le Poitou sur Jean Sans-Terre, son vassal. Louis VIII, dit *le Lion*, fils du Roi Philippe-Auguste, s'empara en 1224, de toute la province. Ainsi, de tant de possessions que les Anglois avoient en France, il ne leur resta que la Guienne & une partie de la Saintonge. Le Poitou ayant demeuré à la France, le Roi *Saint-Louis* le donna en apanage à son frère *Alphonse*, qui le posséda jusqu'à sa mort, arrivée en 1271; alors cette province fut de nouveau réunie à la couronne.

En 1356, le Poitou revint au pouvoir des Anglois. Dix ans après, le Roi Jean y porta la guerre, & y perdit la malheureuse bataille de Poitiers, dans laquelle il demeura prisonnier.

En 1371, Poitiers se remit volontairement sous l'obéissance de la France; & ce fut en récompense de ce service rendu par le Maire de cette ville, que Charles V accorda la noblesse à tous les Maires de Poitiers & à leur postérité. ce même Monarque acheva de réduire le Poitou.

Charles VI donna cette province à Jean, Duc de Berri, son oncle, qui fut Comte de Poitiers; ce Prince y fit plusieurs établissemens, forma à Poitiers une bibliothèque considérable pour le temps, & y fit construire plusieurs édifices publics. Jean, malgré quelque bonnes qualités, fit, à l'exemple des autres Princes de son temps, beaucoup de mal dans le pays de sa domination : l'autorité souveraine étoit alors regardée comme un droit d'opprimer.

Après la mort du Duc de Berri, Charles VI donna le Comté de Poitou à son fils *Charles*, Dauphin, qui, étant devenu Roi sous le nom de *Charles VII*, réunit cette province à la couronne, & depuis elle n'en a plus été démembrée.

Ce fut à Poitiers que les Etats déclarèrent ce jeune Prince régent du royaume. Il transféra le Parlement & l'Université de Paris dans cette ville, qui devint, pendant les quatorze premières années du règne de Charles VII, la capitale du royaume.

En Poitou, au quatorzième siècle, il se forma une société d'enthousiastes, connus sous le nom de *Gallois & Galloises*. Le Chevalier *de la Tour* nous en a conservé l'Histoire. Cette société étoit formée d'hommes & de femmes qui se faisoient une gloire d'être les martyrs de leur amour, & de braver courageusement, par excès de zèle, toutes les rigueurs des saisons.

« Les Chevaliers, dit M. de Sainte-Palaye, les Ecuyers, les Dames & les Demoiselles qui embrassèrent cette réforme, devoient, suivant leur institut, pendant les plus ardentes chaleurs de l'été, se couvrir chaudement de bons manteaux & de chaperons doublés, & avoir de grands feux auxquels ils se chauffoient comme s'ils en eussent eu grand besoin ». Les amans méprisoient les frimas en ne se couvrant que d'une *petite cotte simple*, avec une cornette longue & mince; c'eût été un crime en hiver d'avoir des habits fourrés ou doublés, de porter un chapeau ou des gants, d'allumer du feu dans la cheminée: Ils n'étoient couverts, dans leurs lits, que d'une *serge légere sans plus*; enfin ils faisoient en été tout ce qu'on fait pendant l'hiver le plus rigoureux, & en hiver tout ce qu'on pourroit faire pendant les plus excessives chaleurs.

Tant de sacrifices n'étoient pas sans récompense; aussi-tôt qu'un de ces religieux d'amour entroit dans une maison, le mari s'empressoit de donner à son hôte & à son cheval tout ce qu'il lui falloit, lui abandonnoit sa femme & sa maison, & n'y rentroit point que le *Gallois* n'en fût sorti. Si le mari étoit initié dans le même ordre, une des Galloises lui accordoit en même espèce le prix de sa complaisance. Cette réciprocité de politesse étoit bien faite pour donner quelque consistance à cette contrérie, aussi dura-t-elle assez long-temps, comme le raconte le Chevalier de la Tour. « Si dura, cette vie & ces amourettes, grant pièce (long-temps) jusqu'à tant que le plus de ceux en furent morts & péris de froid: car plusieurs transissoient de pur froid, & mouroient tout roides de lez (auprés de) leurs amyes, & aussi leurs amyes de lez eulx, en parlant de leurs amourettes, & en eux moquant & bourdant de ceulx qui estoient bien vestus; & aux autres convenoit desserrer les dents de cousteaulx, & les chauffer & frotter au feu comme roides & engellez.... Si ne doute point que ces Gallois & Galloises qui moururent en cet estat ne soient martyrs d'amour, &c. » Il falloit plutôt dire martyrs d'une gloire la plus absurde de toutes celles que nos barbares aïeux aient pu imaginer.

Pendant les guerres de la religion, le Poitou eut beaucoup à souffrir. Les Protestans & les Catholiques, les Ligueurs & les Royalistes s'emparèrent successivement de cette province, & y commirent tour à tour de grands désordres,

Si l'autorité royale, souvent méconnue dans cette province pendant près d'un siècle de troubles, produisit une suite de désastres, l'abus de cette autorité plus affermie sous Louis XIV, y causa, seulement dans l'espace de quelques années, des maux plus violens encore. Ce Monarque, sur la fin de son règne, devenu foible & dévot, étoit entouré de gens qui sollicitoient une portion de son pouvoir, afin de l'employer à satisfaire leurs passions ou leurs intérêts. Ils lui firent entendre que des cruautés excessives étoient nécessaires à son salut & à sa gloire. Le Roi se prêta à leurs projets, mais on lui cacha les circonstances atroces de l'exécution. Il s'agissoit de convertir tout de suite un tiers au moins de ses sujets, & de leur faire abandonner une religion dans laquelle ils étoient nés, & que leurs pères avoient défendue en répandant leur sang. Ce que le terrible & puissant Cardinal de Richelieu n'avoit osé entreprendre, les Ministres, les Confesseurs, la maîtresse de Louis XIV le lui firent oser; on avoit alors moins de raison que sous Louis XIII de commettre une telle violence; mais on avoit plus de moyens pour la commettre impunément.

Marillac, Intendant du Poitou (1), conformément aux voeux des Ministres, des Confesseurs, & de la maîtresse du Roi, travailloit à conver-

___
(1) Il étoit petit-fils du Garde des Sceaux *Michel Marillac*, Auteur de cet affreux recueil de tyrannie, nommé par dérision *le code Michault*, & proscrit par l'horreur publique.

tir les Protestans de cette province, en corrompant les uns par de l'argent, que *Pelisson*, qui avoit une caisse établie exprès, lui faisoit passer, & en accablant les autres de persécutions. Cet Intendant, pour bien faire sa cour, poussa ses cruautés si loin, que *Louvois*, le cruel *Louvois* même fut forcé par le Roi de lui en faire des plaintes (1); enfin il fut révoqué.

Ces violences n'étoient que les préludes de celles qui précédèrent & suivirent la révocation de l'édit de Nantes; on connoît ces moyens odieux, appelés *dragonades, conversions par logemens* ou *missions bottées*. Voici quelques détails de ces scènes tyranniques qu'on lit dans la nouvelle Histoire du Poitou, & qui sont extraits des lettres mêmes des Commissaires.

On envoyoit jusqu'à douze, vingt, trente Dragons dans la maison des Gentilshommes qui

---

(1) « Je vous envoie un mémoire, lui écrivoit ce Ministre, qui a été présenté au Roi par un Député de la religion prétendue réformée de la ville de *Châtellerault*, par lequel Sa Majesté a vu avec surprise la conduite que vous avez souffert que les compagnies de cavalerie qui ont logé audit Châtellerault, ayent tenue en votre présence ». *Marillac* ne fut pas le seul petit tyran qui se soit empressé par ambition de persécuter les Protestans; voici à ce sujet ce que dit le Chancelier d'Aguesseau dans la vie de son père : « La Cour désapprouva la conduite d'un ou deux Intendans de province, qui, pour signaler leur zèle, s'étoient donné à eux-mêmes la mission peu canonique de convertir les Huguenots en les fatiguant par des logemens arbitraires de troupes où l'on faisoit aux soldats un mérite des vexations qu'on punissoit par-tout ailleurs ».

refusoient de changer de religion; ils s'emparoient de tout ce qu'ils trouvoient, & lorsqu'il n'y avoit plus rien à prendre, on mettoit les maîtres en prison, *pour les dissuader de l'opinion où ils étoient que quand tout seroit consommé chez eux, on les laisseroit tranquilles.*

Lorsqu'il n'y avoit plus rien dans les maisons, on vendoit les bois futaies & les bestiaux des métairies.

Les maisons des Catholiques étoient quelquefois pillées comme celles des Protestans.

Les Dragons étoient souvent laissés seuls dans les maisons, & sans Officiers; n'y ayant personne pour les contenir, ils commettoient toute sorte de désordres, & brisoient tout.

Les Commissaires qui *avoient des ames de fer, mangeoient les Gentilshommes jusqu'à la moelle;* les Dragons leurs coupoient les vivres, & les forçoient d'abjurer, s'ils ne vouloient pas mourir de faim.

Les Cavaliers de Maréchaussée ne commettoient pas moins de violences que les Dragons; ils enfonçoient les coffres, voloient le linge, dispersoient les papiers; ils présentoient le pistolet, & donnoient des coups de sabre à ceux qui vouloient s'opposer à ces pillages.

Tous ces désordres n'affligeoient pas tant les familles Protestantes, que les cruelles séparations qu'elles éprouvoient; les maris arrachés des bras de leurs épouses... les enfans enlevés du sein de leurs mères... on voyoit quelquefois, par des mal-entendus, des Archers entrer dans les maisons où il y avoit déjà des Dragons; ils

ils s'y battoient pour le pillage, comme dans une ville prise d'assaut.

Les Dragons alloient à la chasse des hommes qui vivoient dans les forêts, & on leur donnoit un écu par chaque homme qu'ils pouvoient prendre.

Ce fut par ces violences, & par mille autres qu'il seroit trop long & trop pénible de rapporter ici, que Louis XIV parvint à dépeupler une partie de son royaume, à diminuer considérablement le commerce, & à rendre les dernières années de son règne odieuses à la postérité, sans détruire cependant le protestantisme en France. Il sacrifia un grand nombre de ses sujets, fit une multitude de malheureux, & fort peu de bons Catholiques. Ce fut pourtant à cette occasion que l'Intendant *Foucault*, ministre de ces cruautés, fit élever dans la place de Poitiers une statue à Louis XIV, pour persuader au peuple que l'époque de ces odieuses tyrannies étoit glorieuse à la nation & au Monarque. (Voyez *Poitiers*.)

Par édit du mois de novembre 1778, le Roi a donné en apanage à Monseigneur, Comte d'Artois, le Comté de Poitou.

CLIMAT. La température n'est pas la même dans toute la province ; dans le pays des montagnes elle est un peu plus froide que dans la plaine.

SOL & PRODUCTIONS. Le sol est varié, & mêlé de côteaux & de plaines ; il y a peu de montagnes ; près des côtes de l'Océan sont des marais dont plusieurs ont été desséchés, & produisent maintenant beaucoup de blé. (Voyez ci-après l'article *Luçon*). Cette province est généralement fertile en blés, en fruits, & en pâturages; la volaille, le gibier, & le poisson y sont abondans.

MINÉRALOGIE. Près de l'abbaye de *Saint-Michel* en l'*Herm*, à trois lieues de Luçon, dans le bas Poitou, la mer a abandonné, à une lieue de son bord, des amas d'huitres si considérables, qu'ils forment des bancs de trente pieds de profondeur, & de plusieurs mille toises d'étendue, couverts seulement d'une légère couche de terre végétale.

Aux environs de *Mouilleron*, petite ville à trois lieues de Niort, & vers le rocher de *Chaillé*, dans la paroisse du même nom, on découvre quantité de coquilles de la petite espèce, comme buccins, cames, tellines, huitres, &c.

Dans la paroisse de Bon-Père on trouve des oursins faits en cœur, & une grande quantité de bélemnites, ainsi que des glands de mer d'une grandeur considérable; de semblables coquillages, ainsi que plusieurs autres, se trouvent dans différens autres lieux du Poitou, qui avoisinent les bords de la mer; au surplus, rien n'est si commun dans cette province, principalement dans le bas Poitou, que des amas de coquillages fossilles appelés *Falun*, qu'on employe en engrais au lieu de marne.

Entre Niort & Châtillon, dans la paroisse des *Herbiers*, on trouve souvent des cristaux, des pierres colorées de rouge, de jaune, des topazes, &c.

Assez près de la ville de *Luçon*, il y a des carrières d'un beau marbre marqué de taches noires & blanches avec un peu de rouge.

A *Ardin*, près de la ville de Niort, les carrières fournissent un marbre de couleur brune, qui reçoit un beau poli.

On a découvert depuis peu des carrières abondantes de beau marbre & d'albâtre, près *Civray*, & une de pierres ponces près de *Ligugé*; une mine d'antimoine près les *Herbiers*, une mine de charbon de terre près la *Châtaigneraie*, des ocres & des terres de couleurs près *Challans*.

Il existe des mines & des forges de fer à la *Meilleraie*, paroisse de Peyrate; à *Verrière*, paroisse de Longmessai, &c.; il existe aussi des mines d'or & d'argent dans la paroisse du *Vigean*; mais le minérai n'y est pas abondant.

Il y a aussi quelques sources minérales dans le Poitou, mais elles sont peu fréquentées; les plus connues sont celles de *Cande*, d'*Availles*, de *Fontenelles*, de la *Roche-Posay*.

COMMERCE. FABRIQUES, &c. Le Poitou est une des provinces de France les moins commerçantes; ses ports sur l'Océan sont peu importans, & la navigation intérieure est encore, pour ainsi dire, nulle: ainsi les exportations se réduisent à peu de chose. *Niort* & *Châtellerault* sont les seules villes du Poitou où le commerce soit en vigueur. Celui qui se fait dans cette province, consiste en blés, vins, sels, bétail, & en mulets qui sont fort estimés.

Il y a des fabriques de grosses étoffes de laine, de bonneterie, de coutellerie & des amydonneries, des forges, des papeteries, &c.

A la *Chapelle-Seguin*, dans la Gastine, on a établi depuis peu une *verrerie*, & sur l'avis de M. de *Blossac*, Intendant de la province, le Roi, par arrêt de son Conseil, a permis à M. Bertrand de Chazelle, Gentilhomme verrier, l'établissement de cette verrerie.

RIVIÈRES. La *Vienne* est la rivière la plus considérable du Poitou; elle vient du Limosin, traverse l'élection de Poitiers, passe à Availles, à l'Isle-Jourdain, à Chauvigny, à Châtellerault; au dessus de cette ville, elle reçoit le *Clain*, & va se jeter dans la Loire près de Cande.

La *Gartempe* sort de la basse Marche, passe à Montmorillon, traverse une petite partie du haut Poitou, & va se jeter, au dessous d'Ingrande, dans la Vienne.

Le Clain prend sa source dans le haut Poitou & dans la paroisse d'Yesse, au pied d'un ancien chêne appelé *le Chêne au beau clain*; de là il passe à Vivonne, à Poitiers, & se jette dans la Vienne au dessus de Châtellerault.

Dans le bas Poitou, les principales rivières sont *la Laye* & la *Sèvre Nantoise*.

Il y a peu de provinces en France dont les rivières offrent autant de facilité pour l'établissement de la navigation intérieure. La navigation du *Clain* présente de grands avantages à la province, & peu d'obstacles à surmonter. Charles

VII adopta le projet de rendre cette rivière navigable, & fit lever une imposition pour fournir aux frais des travaux; mais on ne les continua que jusqu'au *moulin Parent*, & les deniers levés pour cet objet furent détournés. Ce projet, repris sous François Ier, après avoir été long-temps interrompu, fut achevé sous le règne d'Henri IV par les soins de *Sully*, Gouverneur du Poitou. Il restoit cependant quelques travaux à faire pour la commodité de la navigation. La mort d'Henri IV & la disgrace de l'illustre Ministre privèrent la province des secours qu'elle devoit en attendre.

La navigation devenant tous les jours plus difficile, on fut forcé de l'abandonner. En 1627 & 1707, on fit de nouvelles tentatives pour son rétablissement; mais des raisons particulières en suspendirent l'exécution.

Depuis peu on a renouvelé différens projets de rendre navigables plusieurs rivières du Poitou : la jonction de la *Vône* à la *Sèvre Niortoise*, par canaux, s'exécute maintenant. La navigation du *Clain* étant une fois rétablie, depuis Poitiers jusqu'à la Vienne, & au dessus de Poitiers jusqu'à Vivonne ; de cette ville à Lusignan ; & la communication étant faite par canaux jusqu'à la Sèvre Niortoise, déjà navigable, & que l'on peut rendre telle jusqu'à Saint-Maixent, il en résultera de grands avantages pour la province, & sur-tout pour Poitiers (1).

---

(1) Les environs de cette ville, ainsi que les campagnes qui bordent le Clain, sont fertiles en blés & en

CÔTES. Les côtes du Poitou ont environ vingt-cinq lieues de longueur, depuis l'embouchure de la Sèvre Niortoise jusqu'à l'île de *Bouin*. Le port des *Sables d'Olonne* est le plus considérable. Les autres ports de cette côte sont ceux de *la Tranche*, du *Jard*, de *Saint-Nicolas*, de *Saint-Gilles*, de *Mons*, de *Beauvoir*, de *la barre du Mont*, de *Saint-Benoît* de *Noirmoutier* & de *l'Ile-Dieu*, &c., dans lesquels il n'entre que des barques de pêcheurs ; la pêche & le transport des sels forment leur unique commerce.

On remarque que la mer s'éloigne chaque jour de ses bords, & laisse tout le long de la côte des terrains immenses ; cet éloignement des eaux est sur-tout très-sensible depuis une quinzaine d'années.

Les îles du Poitou sont l'*Ile-Dieu*, l'île de *Bouin* & celle de *Noirmoutier* ; cette dernière est la plus considérable : nous en donnons ci-après la description.

ADMINISTRATION. La généralité de Poitiers est rédimée des gabelles, mais elle est assujettie à toutes les autres impositions du royaume, & les chemins s'y font par corvées.

---

vins ; ces denrées se vendent à très bas prix, à cause des frais qu'en causeroit le transport. Le Clain étant rendu navigable depuis Poitiers jusqu'à Châtellerault, où la rivière porte bateau, & va ensuite se jeter dans la Loire, les denrées, & principalement les bois, très-rares dans les environs de Poitiers, & d'une cherté excessive, seront transportés sans beaucoup de frais ; l'agriculture & le commerce acquerront une heureuse activité, & l'aisance se répandra dans les campagnes.

IMPOSITIONS. Les contributions de cette généralité peuvent être estimées à environ douze millions trois cent mille livres.

L'étendue de cette généralité, qui n'est pas la même que celle de la province, comme nous l'avons remarqué, étant évaluée à environ mille cinquante-sept lieues carrées, c'est dix-sept livres seize sous par tête d'habitans.

POPULATION. Depuis la révocation de l'édit de Nantes & les prétendues conversions des Protestans, la population a diminué d'un grand tiers dans cette province, où se trouvent plusieurs villes presque abandonnées. Cette grande généralité ne contient environ que six cent quatre-vingt-dix mille cinq cents ames, tandis que la généralité de Rennes, qui n'est guère plus étendue, a une population de deux millions deux cent soixante seize mille ames.

D'après l'étendue que nous avons donnée à la généralité de Poitiers, une lieue carrée doit contenir six cent cinquante-trois habitans.

CARACTÈRES & MŒURS. Les Poitevins, dit un ancien Auteur, ont l'esprit fort subtil, « ils gaussent de bonne grace, & rencontrent fort à propos. Le Paysan y est rusé, &, s'il le faut ainsi dire, méchant, & la noblesse y est galante & courageuse ».

« Mauvais chemins, mauvais gîte, mais bonne chère, bonnes gens ; voilà, dit un Ecrivain plus moderne, ce que l'on trouve en Poitou ».

En général, les Poitevins réunissent la vivacité à la bonhomie ; ils sont joyeux & insouciens; si ces qualités, produites par l'abondance qui règne dans ce pays, ont été altérées en partie par le luxe, le commerce au moins n'a point porté dans l'esprit des habitans cette avidité inquiète qui accroît en même temps les jouissances & les maux, & qui diminue le bonheur; ils sont plus riches en denrées qu'en numéraire; la table, le jeu, & sur-tout la chasse, sont les principales occupations d'un grand nombre de Poitevins; les femmes de la campagne ont la réputation de bien chanter & de danser avec grace; cette réputation est établie depuis long-temps: dans une liste de proverbes du treizième siècle, on lit: *les meilleurs sauteurs en Poitou*. On assure que Louis XI, pour se distraire des remords dont il étoit bourrellé vers la fin de sa vie, faisoit venir à Tours des villageoises Poitevines pour danser devant lui.

Dans le pays nommé *de Gastine*, qui comprend, entre la Bretagne & l'Océan, une étendue de pays qui ne produit point de vigne, dans l'élection des *Sables*, & dans tout le pays qui avoisine la mer, les habitans sont plus grossiers; ils ont même conservé la langue *Romance* ou d'*hoc*, que l'on parle dans toutes les provinces méridionales, tandis que chez les paysans qui habitent les autres parties du Poitou, cet idiôme est fort altéré par l'idiôme Picard. La Cour transférée à Poitiers sous Charles VII, le séjour de plusieurs Princes dans la province, ainsi que le voisinage de la Touraine, où la langue Romance, n'a jamais été en usage, ont sans doute causé cette altération.

NIORT.

Cette ville est située sur la Sèvre, à quatorze lieues de Poitiers, & sur le chemin de cette capitale à la Rochelle, dont elle est à douze lieues de distance; elle a sénéchaussée, élection, juridiction consulaire, &c.; elle est une des plus considérables, des plus peuplées & des plus commerçantes du Poitou.

En 1202, Philippe Auguste se rendit maître de Niort & de tout le Poitou. En 1281, le Roi Philippe le Long donna cette ville, ainsi que plusieurs autres, à Charles son frère.

En 1461, Louis XI donna plusieurs privilèges à la ville de Niort, accorda aux Maire & Echevins la noblesse héréditaire, & l'exemption du droit de franc-fief. On trouve dans le recueil des privilèges de cette ville, un inventaire fait en 1493, où l'on rapporte une lettre latine par laquelle on reconnoît que les Maire, Echevins, Conseillers, Pairs & Bourgeois de la ville, avec leur postérité, sont reçus *confrères* de l'ordre des Cordeliers, « afin qu'ils participent en tous les bienfaits, suffrages & oraisons qui se font & feront en ladite religion, & être ensevelis, si bon leur semble, en habit de l'ordre de leur couvent, & sont tenus les Religieux dudit couvent de leur donner ledit habit ». Cette lettre est du 6 janvier 1461. Dans le même recueil on trouve un second acte accordé par le Provincial des Cordeliers, pendant le chapitre tenu en 1516, par lequel il affilie de nouveau les habitans de Niort, « & s'oblige de faire pour eux, après leur mort, les mêmes prières & services qui se font pour les Religeux de l'ordre & pour les bienfaiteurs ».

Description. Cette ville est entourée de murailles qui n'ont que trop souvent servi à nuire à la tranquillité des habitans, pendant deux siècles de guerres qui ont désolé la France; il y a un château, & toujours des troupes en garnison.

Les fossés de la ville sont en partie plantés en promenades, que la Sèvre rend plus agréables.

La situation de ce lieu sur les frontières de l'Aunis & sur les bords d'une rivière, le rend très-commerçant; on vient d'y former un vaste champ, où se tiennent des foires & marchés très renommés pour les chevaux, mules & mulets qui s'y vendent.

On prépare dans cette ville une grande quantité de peaux de chamois qui forment une des principales branches du commerce; on y fabrique aussi des étoffes de laine, & on y confit d'excellente *Angélique*.

L'Oratoire, qui est la plus considérable maison religieuse de cette ville, fut une des premières fondées en France; le Père *Gastaud*, l'un des six Prêtres avec lesquels M. de Berulle donna naissance à cette congrégation, voulant l'établir à Niort sa patrie, se démit de son prieuré de Saint-Thomas de Croisé, & l'abandonna à ce nouvel établissement. Il acheta ensuite la maison qu'occupent les Pères de l'Oratoire, où le Roi Louis XIII logea le

10 octobre 1627, en allant à la Rochelle. L'église fut bâtie aux frais de ce Prêtre, qui, en mourant, donna tous ses biens à cette communauté.

Guillaume VII, Duc d'Aquitaine, Comte de Poitou, un des plus grands hommes de son siècle, par son courage & par son esprit, fit dans Niort un établissement beaucoup moins religieux. *Guillaume de Malsbury* dit qu'il fit bâtir un château dans lequel il rassembloit toutes les femmes débauchées de sa connoissance ; il avoit nommé pour Abbesse celle qui avoit le plus de célébrité ; la Prieure & les autres Officières étoient choisies suivant leur degré de talens : chacune avoit sa cellule. La communauté de Niort ne fut pas la seule de cette espèce en Poitou, mais la plus considérable de celles que Guillaume VII y établit.

Ce Prince fut accusé par les Historiens du temps, d'impiété & de libertinage ; cependant l'établissement d'une pareille *abbaye* n'est pas sans exemple dans l'Histoire. *Les filles de la grande abbaye de Toulouse*, dont j'ai parlé à cet article, le lieu de débauche que Jeanne Iere, Reine de Naples & Comtesse de Provence, établit à Avignon, & dont elle dicta elle-même les statuts, où la qualité d'*Abbesse* est aussi employée, en sont la preuve ; on pourroit présumer que dans cet établissement le Duc Guillaume avoit plutôt en considération la police de ses sujets, que son goût pour le libertinage (1).

―――――――――――――

(1) A l'article de Toulouse, j'ai parlé des lettres que

Pendant les guerres de la religion, Niort fut plusieurs fois assiégé. Le Comte du Lude, à la tête d'un corps de cinq mille hommes, vint, le 20 juin 1569, faire le siège de cette ville. *La Noue* envoya *Pluviaut* pour la secourir; malgré les efforts de l'armée royale, il parvint, sans aucun retard, à entrer avec ses troupes dans la place; il y eut plusieurs assauts donnés sans effet; le drapeau du Comte du Lude fut même pris, dans une sortie, par les assiégés. D'Aubigné raconte que la Comtesse du Lude, té-

---

donna Charles VI en faveur des filles de la *Grant abbaye*; ces lettres se terminent ainsi : « Si donnons en mandement par ces présentes, au Sénéchal & Viguier de Toulouse, & à tous nos autres Justiciers, &c.... que de notre grace & octroy, fassent lesdites suppliantes, & celles qui au temps à venir seront ou demeureront en *l'abbaye* dessusdite, *jouir & user paisiblement & perpétuellement, sans les molester ou souffrir être molestées*, ores, ne pour le temps à venir, &c. » Ces lettres sont du mois de décembre 1389. Charles VII, en 1425, accorda aussi des lettres de sauve-garde, à la demande des Capitouls de Toulouse & des Syndics de cette ville, en faveur de la maison appelée *Abbaye*, occupée par les femmes publiques. : « On voit par ces lettres que la ville de Toulouse retiroit quelque profit de ce lieu de prostitution; tant on étoit dans ce temps-là, dit l'Historien du Languedoc, peu réservé à garder du moins les bienséances.

Les habitans de Montpellier, en 1285, défendirent aux femmes débauchées d'habiter ailleurs que dans la *rue Chaude*, & afin que ces filles ne fussent point insultées, ils les mirent sous la protection du Roi & de sa Cour. On voit, par ces citations, que ces établissemens de libertinage étoient dans le bon vieux temps publiquement protégés.

moin du dernier assaut, accabloit de reproches les Capitaines qui reculoient, & leur promettoit, pour prix de la victoire les plus belles filles de Niort; excités par ces promesses, les Capitaines remontèrent à l'assaut avec une nouvelle ardeur; il sembloit que rien ne pût leur résister; mais les soldats, qui n'étoient point entraînés par le même espoir, secondèrent très-foiblement leurs chefs, & l'assaut fut sans succès. Le Comte du Lude fut obligé de lever le siège le 3 juillet, après avoir perdu plus de quatre cents hommes.

Au mois de septembre suivant, après la fameuse bataille de Montcontour, le Duc d'Anjou assiégea cette ville. *Mouy*, qui y commandoit, fut blessé mortellement dans une sortie. *Louviers de Monrevel*, qui paroissoit être son meilleur ami, lui tira un coup de pistolet dans les reins, dont il mourut peu de temps après. La garnison de Niort, découragée par cet accident, capitula honorablement, & se retira à la Rochelle.

Dès les commencemens de la Ligue, en 1577, Niort fut attaqué par les troupes de ce parti; mais cette entreprise n'eut pas de succès. L'Abbé des Châteliers, nommé *René de Daillon du Lude*, fut un de ceux qui contribuèrent le plus à la défense de cette place.

En 1588, Niort fut escaladé & surpris par les troupes du parti du Roi de Navarre. Le sieur de Saint-Gelais, qui étoit à la tête de cette entreprise, parvint, à la faveur de la nuit, à entrer avec sa troupe dans la ville, par escalade, ou par le moyen des pétards qu'on employoit alors pour briser les portes. Le Lieutenant Général de Niort, Ligueur turbulent, assembla à la hâte quelques troupes, fit toute la résistance qu'il put; mais il fut contraint de céder; les soldats pillèrent la ville, qui étoit fort riche. Ce pillage, suivant l'Auteur de la relation de ce siège (1), « se fit par les maisons; mais tellement qu'il n'y eut ni meurtre ni violement, soit de femmes ou de filles; il fut impossible aux chefs de le réprimer entièrement, si se peut-il dire que cela se passa autant modérément que la circonstance de l'action, du lieu & des personnes à qui on avoit affaire, le pouvoit permettre: car c'étoit une ville liguée, quasi pleine de ceux qui étoient encore souillés du sang de ceux de la religion, qu'ils avoient en toute manière cruellement traités, & qui étoient riches de la dépouille de leurs biens, qui avoient mérité la juste indignation du Roi de Navarre, envers lequel ils ne s'étoient pas moins témérairement qu'orgueilleusement comportés, &c. ».

Le château se rendit; le Roi *Henri* traita avec beaucoup de douceur le Gouverneur, M. *de Malicorne*, lui permit d'emporter tous ses bagages, & lui donna même une escorte pour qu'il se rendit en sûreté à Parthenai.

MAILLEZAIS.

Petite ville du Poitou, située dans une espèce d'île que forment les rivières d'Autise & de Sèvre, à quatre lieues de Niort, & à deux lieues de Fontenai.

---

(1) *Mémoire de la Ligue*, tom. III, p. 158.

Cette ville est célèbre dans l'Histoire de la province par son ancien château & par son monastère, qui fut érigé en évêché, & dont le siège a depuis été transféré à la Rochelle.

Le château de Maillezais fut construit au neuvième siècle, dans une espèce d'île entourée de marais, par les Comtes du Poitou; ils y tenoient toujours une bonne garnison, afin de s'opposer aux descentes des Normands. Cette forteresse étant dans la suite devenue inutile pour la guerre, Guillaume II, dit *Fier-à-Bras*, Comte de Poitou & Duc d'Aquitaine, la fit embellir, & la transforma en un lieu de plaisance; il y venoit souvent jouir du plaisir de la chasse & de la pêche. Ce Duc étant un jour à la chasse, ses chiens poursuivirent un sanglier jusques dans un souterrain voûté; il y pénétra, & y vit trois autels qui étoient les restes de l'église de Saint-Hilaire, ruinée par les Normands.

La Duchesse Emme, son épouse, fit venir des religieux de Saint-Martin de Tours, les logea dans le bourg de *Saint-Pierre le Vieux*, situé hors de l'île, & qui en dépend. Dans ce lieu étoient les ruines de l'église de Saint-Hilaire, dont nous venons de parler.

Guillaume, quelque temps après, renvoya les Moines de Tours, & les remplaça par des Religieux de l'abbaye de Saint-Cyprien; enfin tourmenté par les fureurs jalouses de la Duchesse son épouse, il se fit lui-même Moine dans l'abbaye de Maillezais, & y fut enterré (1).

---

(1) Ce Duc, en revenant de Bretagne, séjourna au

Guillaume III, ayant succédé à *Guillaume Fier à Bras*, son père, donna à cette nouvelle colonie de Moines son château & toute l'île de Maillezais ; il leur accorda, ainsi que ses successeurs, des biens considérables & de beaux privilèges.

L'Abbé, par une bulle du Pape Sergius IV, étoit immédiatement soumis au saint siège, & le monastère jouissoit du *droit d'asyle* : droit honteux & absurde, qui semble plutôt convenir à une bande de voleurs, qu'à une communauté de Religieux. Par ce droit, les Moines de Maillezais avoient la prérogative de protéger les voleurs, les meurtriers, les incendiaires, enfin tous les scélérats, & de repousser pour ainsi dire de leur monastère la raison & la justice : c'est ainsi, que par la sotte opinion du temps, on s'honoroit de favoriser tous les crimes dans un lieu destiné à la pratique des vertus.

---

château de Thouars, & trouva la Vicomtesse de Thouars si jolie, qu'il ne voulut point se séparer d'elle sans en avoir obtenu quelques faveurs. La Duchesse *Emme* fut bientôt instruite de cette aventure, promit de s'en venger, & ne cessoit, en attendant, de reprocher au Duc son infidélité ; enfin elle rencontra la Vicomtesse de Thouars dans la campagne. Comme une furieuse, elle se jete alors sur elle, la renverse de son cheval, l'accable d'injures & de coups, & la livre pendant toute une nuit à la brutalité de ses gardes ; puis redoutant, après un tel forfait, la colère du Duc son mari, elle se retire dans son château de Chinon, où dans la suite elle parvint à faire enlever son fils du palais de son époux. Ce malheureux Duc, ne se sentant pas le courage de punir sa méchante femme, s'abandonna au plus noir chagrin, & dans l'excès de son désespoir, il se fit Moine à Maillezais.

Le Comte *Guillaume III*, surnommé *le Grand*, après avoir, conjointement avec sa femme & sa mère, enrichi cette abbaye, y fut magnifiquement enterré dans le cloître à côté de son père: Guillaume IV & Guillaume V, ses successeurs, y laissèrent aussi leurs dépouilles.

L'abbaye de Maillezais devint très-considérable. Le Pape Jean XXII, grand érecteur d'évêchés, érigea, l'an 1317, ce monastère en siège épiscopal. *Geoffroi Pouvrelle*, qui alors en étoit Abbé, fut le premier Evêque de Maillezais. Les Moines continuèrent de composer le chapitre jusqu'en 1666. Le Pape Innocent X, à la sollicitation de Louis XIV, transféra ce siège à la Rochelle.

La cause qui avoit contribué à agrandir Maillezais, n'existant plus depuis la translation de l'évêché, cette ville n'a pu acquérir une certaine consistance; elle est mal peuplée, & l'air qu'on y respire n'est pas fort sain.

Du temps des guerres de la religion elle étoit une place forte. En 1588, *d'Aubigné* s'en empara, & en fut gouverneur.

Charles, Cardinal de *Bourbon*, reconnu Roi de France par la Ligue, & au nom duquel on battoit monnoie, sous le titre de Charles X, fut tiré du château de Chinon, où les royalistes l'avoient fait enfermer, & fut transféré dans celui de Maillezais, sous la garde de *d'Aubigné*. La Duchesse de Retz fit des offres à d'Aubigné pour le déterminer à relâcher son prisonnier; mais ce moyen & plusieurs autres plus violens ne réussirent point; ce prisonnier fut

Partie IV. C

ensuite conduit au château de *Fontenai-le-Comte*. (Voyez *Fontenai-le-Comte*).

La Cour fit offrir, sous le règne de Louis XIII, à d'Aubigné, deux cent mille livres, de *Maillezais* & du *Doignon*; il les refusa, & préféra céder ces places au Duc de Rohan pour cent mille francs : ces deux villes furent ensuite rendues au Roi, & démantelées.

LUÇON.

Ville épiscopale située en bas Poitou, à sept lieues de la Rochelle, à vingt de Nantes, à quatre-vingt-quinze de Paris, & à deux lieues de l'Océan.

ORIGINE. Presque toutes les villes anciennes se vantent d'une origine distinguée; en conséquence la petite ville de *Luçon*, suivant quelques vieilles chroniques, fut fondée par un nommé *Lucius*, fils de *Constance Clhore*, & frère de *Constantin*. Ce *Lucius*, après avoir assassiné un de ses frères, fut obligé de s'expatrier; il s'embarqua avec plusieurs Prêtres chrétiens, & chargea son vaisseau de *reliques*. Il fit naufrage sur les côtes du bas Poitou, dans un endroit appelé encore aujourd'hui *Naufres*; on ne dit pas si la religieuse cargaison de ce vaisseau fut sauvée. Cet assassin fugitif crut que Dieu lui indiquoit alors le terme de ses longues courses. Il chercha un endroit convenable pour fonder un monastère; après l'avoir trouvé, il y bâtit une église sous l'invocation de la Vierge; les Prêtres, compagnons de son voyage, s'y firent Moines, & vécurent saintement. Jean *Bounin*, Chanoine de l'église de

Luçon, a trouvé cet événement si merveilleux, qu'il en a fait un poëme en vers latins, intitulé les *Antiquités de la ville & de l'église de Luçon*; ce Chanoine a prouvé par cet ouvrage, qu'il étoit aussi bon Poëte que savant dans l'antiquité.

Du temps de Charlemagne, ce lieu, suivant l'Historien Eghinart, étoit un bourg nommé *Luc* ou *Lucæ castrum*.

HISTOIRE. On présume que l'église fut d'abord celle d'une abbaye fondée dans le septième siècle par *Saint-Philbert*, Abbé de Jumiège, qui fut détruite par les Normands, & reconstruite, à ce qu'on croit, par *Eble*, Vicomte de Limoges.

Le Comte Guillame V, vers le milieu du onzième siècle, assiégea la ville de Luçon, la prit d'assaut, réduisit le château & le monastère en cendre, & fit massacrer un grand nombre d'hommes & de femmes qui s'y étoient réfugiés; il expia cette barbarie suivant l'usage de son temps, c'est-à-dire, qu'il fonda l'abbaye de *Montierneuf*, & donna beaucoup de bien à d'autres églises qu'il n'avoit pas ruinées : quelque temps après, le monastère fut rétabli, & l'église dédiée à la Sainte Vierge & à Saint-Benoît.

En 1317, le Pape Jean XXII érigea cette abbaye en évêché, forma le diocèse en démembrant celui de Poitiers. Les Religieux de cette église ne furent sécularisés qu'en 1468, par le Pape Paul II (1).

---

(1) Le Pape Sixte IV fit, pour cette église, des sta-

L'évêché de Luçon a été possédé par trois personnes de la maison de *Richelieu*; le premier a été *Jacques*, fils de François *Duplessis* de Richelieu; le second fut *Alphonse-Louis Duplessis*, frère aîné du fameux Cardinal de Richelieu; mais s'étant démis de cette dignité pour se faire Chartreux, son frère puîné, *Armand-Jean Duplessis* le remplaça, & fut le troisième Evêque de Luçon du même nom; il conserva cet évêché jusqu'en 1624: alors étant nommé Cardinal, & Louis XIII l'ayant admis au ministère, il s'en démit.

L'ambition du Cardinal sembla allumer celle de son frère le Chartreux; Dom *Alphonse*, qui vivoit depuis vingt ans dans la retraite & dans l'oubli, voyant son frère parvenu au faîte des grandeurs & de la fortune, se trouva trop grand pour sa cellule, & ses vœux lui semblèrent moins forts que son ambition; il les rompit, sortit du cloître, fut nommé à l'archevêché d'Aix, puis à celui de Lyon; enfin le Pape *Urbain VIII* le fit Cardinal (1).

---

tuts qui furent renouvelés par *Lancelot*, Evêque de Luçon. Ce Prélat légua, en 1472, 100 livres tournois à son Chapitre, pour qu'à chaque jour de l'année, pendant sa vie, le Diacre dît à la grand'messe aux assistans: *Souvenez-vous de prier pour notre Seigneur révérend Evêque*; & après sa mort, d'y substituer ces paroles: *Souvenez-vous de prier pour notre défunt Seigneur révérend Evêque de bonne mémoire, Lancelot du Fau, ci-devant Evêque de cette église*; cette fondation s'exécute encore.

(1) Les actions de ce Prélat n'annonçoient pas une vertu bien solide, ni une conduite bien réfléchie. Aux approches du trépas, il sentit naître des remords cruels,

Henri de *Barrillon*, Evêque de Luçon à la fin du siècle dernier, apporta dans cette dignité des vertus plus conformes à l'esprit évangélique; il ne sollicita point ce bénéfice comme c'est l'usage, mais on le sollicita pour l'accepter. Il regardoit cette dignité comme un fardeau au dessus de ses forces; bien différent des autres Evêques, dont la conduite peu délicate a autorisé souvent tant de déclamations, il ne voulut jamais posséder plusieurs bénéfices à la fois : après sa promotion à l'épiscopat, il se démit d'un prieuré dont le revenu étoit considérable, se contenta de son patrimoine pour sa subsistance, & consacra tous les revenus de son évêché à des œuvres de charité. J'ai fait mention des vertus de ce Prélat, parce qu'elles sont extraordinaires.

DESCRIPTION. La ville de Luçon, située dans une plaine marécageuse, est petite; au centre s'élève *la cathédrale*, qui est d'une belle construction gothique. La flèche étoit autrefois d'une hauteur considérable, mais la cîme en

---

qui lui firent plusieurs fois échapper ces mots : *J'aimerois mieux mourir Dom Alphonse, que Cardinal de Lyon.* Il se fit lui-même cette épitaphe :

Pauper natus sum, paupertatem vovi, pauper morior, & inter pauperes sepeliri volo.

« Je suis né pauvre, j'ai fait vœu de pauvreté; je meurs pauvre, & je veux être inhumé avec les pauvres ».

Dans cette épitaphe, ce bon Prélat n'ose pas dire qu'il avoit vécu pauvre avec les revenus immenses de l'évêché de Lyon & de plusieurs abbayes.

fut abattue par le tonnerre. Le fol de cette église eſt plus bas que celui des rues de ſept à huit pieds, ce qui feroit croire que, lors de la conſtruction de cet édifice, le terrain étoit bien moins élevé qu'aujourd'hui, & que la crainte des inondations a néceſſité cette élévation.

On vient de faire exécuter dans cette égliſe pluſieurs réparations qu'on pourroit nommer embelliſſemens, ſi elles avoient été dirigées par un goût plus pur & plus raiſonné.

Dans cette égliſe eſt dépoſé le cœur du reſpectable Evêque dont nous avons admiré les vertus, de *Henri de Barrillon* ; on y voit ſon épitaphe gravée en lettres d'or ſur une table de marbre ; c'eſt un monument que le chapitre a cru devoir ériger à la mémoire chérie de ce bon Prélat.

L'Evêque eſt Chanoine du chapitre, & poſſède une prébende ; il eſt auſſi Seigneur temporel de la ville, & il prend la qualité de *Baron de Luçon*.

Luçon ne contient qu'une ſeule égliſe paroiſſiale, ſituée à une des extrémités de la ville, & au nord. Il y a trois maiſons religieuſes, les Capucins, les Urſulines, & les Dames de l'Union chrétienne ; on y trouve auſſi un Séminaire dirigé par MM. de Saint-Lazare, un hôpital aſſez commodément conſtruit, & une maiſon de charité établie depuis environ une vingtaine d'années.

Les rues font mal-propres & humides, ſurtout en hiver ; elles n'ont ni pente ni égout, & ne ſont jamais nettoyées. Le pavé étant d'une espèce de pierre calcaire très-tendre, qui, suivant la saison, forme de la boue ou de la poussière, contribue encore à la mal-propreté de ces rues.

Evénemens remarquables. Les Protestans, en 1568, après la retraite du Comte du Lude, vinrent attaquer *Luçon*. Cette ville, qu'on avoit fortifiée pendant les guerres des Anglois, étoit alors sans défense, il n'y avoit de fort que la cathédrale. Un Chanoine nommé *Chantecler*, commandoit quelques soldats catholiques qui s'y étoient retirés. Ce Prêtre eut la main droite emportée d'un coup de feu; alors il se servit de la gauche fort adroitement, & tiroit toujours presque à coup sûr; son courage anima celui du peuple & des soldats, qui, renfermés dans l'église, se défendirent pendant quelques temps, & tuèrent un grand nombre d'assiégeans; mais enfin les portes furent enfoncées, les Protestans entrèrent dans l'église, la pillèrent, massacrèrent ceux qui s'y trouvoient, & le Prêtre *Chantecler* fut pendu.

Le Comte du Lude se remit en marche pour secourir Luçon; mais il étoit trop tard : il laissa sa troupe en quartier d'hiver à Fontenai; les soldats en étoient si mal disciplinés, qu'ils coururent la campagne, & pillèrent indifféremment amis & ennemis.

Dans la suite, *Puigaillard* prit Luçon sur les Huguenots, y fit bâtir un fort, & creuser un fossé de cinquante pieds de profondeur, dont il entoura une partie de la ville; il fit aussi élever quatre éperons de vingt-quatre pieds, &

C iv

ayant coupé les digues, il inonda tous les environs : cette place ainsi fortifiée pouvoit opposer une assez longue résistance.

Le brave *la Noue*, Capitaine Protestant, ayant appris qu'il y avoit peu de vivres dans Luçon, & sachant que le fort gênoit extrêmement les habitans de la Rochelle, vint avec de la cavalerie, de l'infanterie françoise, trois cents lansquenets & trois pieces de canon assiéger cette ville. Puigaillard accourut au secours de la place ; mais sa marche fut découverte. Trois compagnies Protestantes restèrent au siège, & le surplus de l'armée marcha au devant des ennemis. *Pluviaut*, Capitaine Protestant, tomba avec sa troupe sur l'armée Catholique, qui fut taillée en pièces. Le carnage eût été bien plus grand si *la Noue*, aussi brave que modéré, n'eût arraché les vaincus des mains des soldats, & sur-tout des Lansquenets qui étoient les plus acharnés au massacre. Il périt dans ce combat cinq cents Catholiques, on fit huit cents prisonniers. Le fort de Luçon fut rendu ; plusieurs soldats de la garnison aimèrent mieux se faire tuer que de se laisser désarmer. Un cornette se défendit avec tant d'opiniâtreté, qu'on ne put lui arracher son drapeau qu'avec la vie. *La Noue* prit beaucoup de peine pour réprimer la fureur des soldats indisciplinés ; il ne put cependant empêcher tous les désordres qu'ils commirent. Les équipages du Commandant de Luçon ayant été pillés contre la foi du traité, il lui fit donner quatre cents écus pour le dédommager de cette perte.

POPULATION. On compte dans cette ville environ cinquante ou soixante maisons de Noblesse, un petit nombre de Bourgeois, quelques Marchands, beaucoup d'Ouvriers ou Manœuvres, & en tout quatre à cinq mille habitans.

ENVIRONS. La situation de Luçon, dans un pays marécageux, rend fort insalubre l'air de cette ville. L'eau qu'on y boit est très-mauvaise; il y a peu de puits qui aient des sources; dans des temps de sécheresse elles tarissent; alors les pauvres sont obligés de boire de l'eau des fossés: cette eau, infectée par des végétaux & par les insectes qui s'y putréfient, cause plusieurs maladies qui sont encore aggravées ou multipliées par la mauvaise nourriture du peuple. Les Artisans, pour la plupart, ne vivent que de pain d'orge, avec des coquillages, & de quelques mauvais poissons qu'ils tirent des eaux bourbeuses des marais.

Le canal qui aboutit à la mer, a contribué à dessécher une grande partie des marais qui sont au sud de Luçon, & à entretenir, par sa navigation, le commerce de cette ville; ce commerce, peu considérable, consiste en bois de construction, en bois à brûler, en blés & en vins, & se fait sur-tout entre Luçon & Marans.

Les environs de Luçon n'offrent que des plaines & des marais que l'on distingue en *marais desséchés* & en *marais mouillés*.

Les *marais desséchés* s'étendent du sud à

l'ouest; ils sont cultivés cependant: dans de certaines années, les grandes pluies d'automne ramollissent ce terrain & l'inondent. Toute cette partie est bordée de bois & de broussailles nommés dans le pays *Aubrayes*, dans lesquels on pratique des fossés à vingt pieds de distance, chacun pour parer aux inondations. « Ces *aubrayes*, dit M. *Bouquet*, Médecin de l'hôpital de Luçon, d'après lequel nous donnons ces détails, se détruisent journellement; on ne travaille pas à les renouveler, à cause de leur peu de produit, & l'on gagne à en faire des prairies: immédiatement après le défrichement, le bénéfice n'est pas sensible, parce que le foin se trouve alors rempli de joncs, de roseaux & de ronces; mais par la suite la récolte devient plus abondante & de meilleure qualité ».

Les *marais mouillés* se trouvent entre le sud & le sud-est de Luçon; ils ne sont pas entièrement desséchés. La Sèvre & la rivière de Vandée, qui vient de Fontenai, dont ces marais sont l'égout, y entretiennent les inondations. Les différens canaux qui se dégorgent dans le canal de Luçon, & de là à la mer, étant insuffisans pour contenir, dans des saisons pluvieuses, l'eau de ces deux rivières, elle se répand dans les marais voisins: il est des années où ils ne sont entièrement desséchés qu'au mois de juin; on y recueille du mauvais foin.

La partie du sud est la mieux cultivée des environs de Luçon; il y a des prairies, des pacages & des terres labourables.

LES SABLES D'OLONNE.

Petite ville & port du bas Poitou, située sur la côte, à quatorze lieues de la Rochelle, à dix de Luçon & à trente-cinq de Poitiers.

Cette ville, qui n'est pas fort ancienne, fut assiégée en 1570 par l'armée des Calvinistes, commandée par *la Noue*. Cette place avoit été fortifiée, & étoit défendue par le Vice-Amiral *Landereau*, qui résista quelque temps, mais qui céda bientôt à la supériorité des forces. La place fut prise d'assaut & pillée; les soldats Calvinistes y trouvèrent tant d'or & d'argent, qu'ils purent à peine l'emporter; la plupart s'embarquèrent pour la Rochelle, sous la conduite des Pilotes des Sables, qui, par une fausse route, les firent aborder en Bretagne, où ils furent dévalisés par les paysans.

Les habitans d'un bourg voisin du port des Sables, nommé *la Chaume*, Calvinistes zélés, & animés par une ancienne jalousie contre les habitans Catholiques de cette ville, en rasèrent le château & les retranchemens, & démolirent une partie des fortifications.

Le Vice-Amiral *Landereau* prit la fuite; mais il fut arrêté dans les marais par des soldats qui étoient sur le point de le tuer, lorsque *Cressonniere* arriva, & le tira de leurs mains. Il fut conduit à la Rochelle. Les habitans de cette ville, auxquels il avoit fait beaucoup de mal, demandèrent sa mort, & on l'auroit exécuté si le Roi n'eût averti les Rochellois que le Baron de *Renty*, prisonnier Protestant, auroit le même sort que *Landereau*.

DESCRIPTION. La situation du port des Sables d'Olonne, & les travaux considérables qu'on y fait depuis long-temps exécuter, peuvent le rendre très-intéressant pour le commerce du Poitou.

Le Port est très-sûr pour les navires; les marées y sont de trois heures & demie, les jours de nouvelle & pleine lune, & montent de seize à dix-huit pieds; un bâtiment qui n'exigeroit que dix pieds d'eau, peut y entrer & en sortir dans les moindres marées: à l'entrée du port, s'étend sur la gauche, & jusques un peu en avant dans la mer, une pointe de rochers toujours découverts, à l'extrémité de laquelle est une jetée; à droite est un beau quai terminé en fer à cheval, & qu'il faut ranger de près en entrant comme en sortant, pour éviter les rochers. Tous ces ouvrages ont été exécutés par les soins de M. *de Blossac*, Intendant du Poitou.

Le danger appelé *les barges d'Olonne*, situé à une lieu du port, & à trois quarts de lieue de terre, est une chaîne ou amas de rochers escarpés, couverts à mer haute, & découverts à basse mer.

Les travaux qui doivent assurer à ce port une plus grande importance, se continuent avec beaucoup d'activité.

La ville des Sables a toujours joui de la réputation de produire d'excellens Matelots & d'habiles Pilotes; les habitans, nés marins, en ont le courage, l'activité, & la rudesse; ils arment pour la pêche de la morue verte & sèche, pour le banc de Terre-Neuve, l'Île-Royale & les côtes du Petit Nord; ils font aussi la pêche de la *sardine* depuis la fin d'avril jusqu'au mois de septembre, ainsi que celle de la drège, qu'ils nomment *la drague*, depuis septembre jusqu'à la fin d'avril : cette dernière pêche est devenue beaucoup plus avantageuse qu'autrefois.

Cette ville fait encore un grand débit de sel ; elle en envoye à Bordeaux ou à la Rochelle neuf à douze cents charges par année ; elle envoye aussi, depuis peu de temps, du blé à Bordeaux & à Bayonne, & cette nouvelle branche de commerce commence à prendre faveur : les deux nouveaux chemins qui conduisent l'un à Beauvoir, l'autre à Saumur, accroîtront les affaires de ce port, & les exportations de la province.

A une lieue & demie des Sables est une *mine de plomb* où se trouve aussi de l'argent & du cuivre ; elle fut ouverte au mois d'avril 1779 ; l'exploitation pourra en devenir très-avantageuse.

LA GARNACHE,

Bourg situé dans le diocèse de Luçon, de l'élection des Sables d'Olonne, à quatre lieues de la petite ville de *Beauvoir*, qui est sur les bords de la mer, proche la bande de terre qui sépare le Poitou de la Bretagne, appelée les *Marches*.

Ce lieu, qui appartenoit à la maison de Rohan, est célèbre dans l'Histoire par le siège qu'il soutint en 1588, du temps des guerres de la Ligue : il n'étoit alors guère plus considérable qu'il n'est aujourd'hui, & consistoit seulement en une petite ville & un château ; l'enceinte étoit en grande partie défendue par un étang.

Duplessis Gesté, qui en étoit Gouverneur, fit ajouter quelques fortifications aux anciennes. Henri, Roi de Navarre, y envoya le Baron *de Vignoles* & le sieur de Saint-Georges avec des troupes ; quoique la place ne fût guère soutenable, on fit toutes les dispositions pour opposer aux ennemis une honorable résistance.

Le 16 décembre 1588, on eut avis de l'arrivée des troupes royales, qui furent bientôt dans les faubourgs, dont elles s'emparèrent, quoiqu'avec beaucoup de difficulté ; on fit plusieurs escarmouches, sans y rien exécuter de décisif de part & d'autre. Cependant le canon arriva ; les assiégés firent de nouveaux préparatifs pour y résister, mais le froid étoit si fort & la terre si gelée, que dans une heure on ne pouvoit ouvrir un pied de terre pour faire des retranchemens.

Duplessis, malgré la foiblesse de la place, avoit refusé, à deux reprises, les propositions des assiégés, lorsqu'un soldat *Wallon*, de l'armée des assaillans, s'avança vers la ville en criant : *Vive Navarre ! Monsieur de Guise est mort, & Niort est pris !*

Henri III venoit en effet de faire assassiner à Blois le Duc de Guise, & Henri IV de prendre la ville de Niort ; ces nouvelles consolantes pour les serviteurs du Roi de Navarre, furent entendues des assiégés, & leur courage en fut ranimé.

Cependant les ennemis ayant fait une brèche considérable, se disposoient à monter à l'assaut, & les assiégeans à les bien recevoir; un gros d'armée s'avança tête baissée vers la brèche, malgré le feu de l'artillerie; l'eau du fossé étant gelée, & la glace étant forte, leur approche en fut plus facile; ils pénétrèrent même dans les forts, mais ils trouvèrent une résistance opiniâtre, & furent repoussés si vivement, que plusieurs restèrent sur la place; quelques-uns, fuyant en désordre, se jettèrent du haut des murs dans les fossés, & la glace s'étant rompue sous eux, ils se noyèrent.

Dans cet assaut il fut fait des prodiges de valeur; on vit cinquante hommes défendre pendant près d'une journée deux brèches assaillies par une partie de l'armée royale. Mais un événement de ce siège, à la fois touchante & tragique, mérite bien d'être rapporté; événement d'autant plus remarquable, que le sentiment noble & délicat qui en fut la cause, étoit plus rare dans ces temps de troubles, où un courage barbare, une furieuse animosité excitoient les deux partis, & les portoient à des crimes atroces.

Avant l'assaut, le Baron de *Vignoles* fut chargé, avec dix hommes armés & quinze arquebusiers, de défendre une brèche; ce poste étoit dangereux. Vignoles avoit dans l'armée des assiégeans un ami nommé *Poisson*, Commissaire des guerres; ce jeune homme, persuadé que ceux de la ville ne pourroient résister long-temps à l'assaut qu'on préparoit, & que les jours de son ami étoient fort exposés, pria un Capitaine d'un régiment qui devoit monter à l'assaut, de lui laisser porter son enseigne, afin d'entrer un des premiers dans le fort, & de sauver, au péril de sa vie, celle de son ami Vignoles. Plein de cette idée, *Poisson*, malgré le feu d'artillerie, s'approche des premiers vers la brèche que son ami *Vignoles* défendoit avec un courage héroïque; il s'avance vers lui; mais la visière de son casque étant baissée, Vignoles ne peut le reconnoître, & ne voyant en lui qu'un ennemi plein d'audace, il lui tire deux coups d'arquebusade, & le renverse à terre. On présume bien quelle fut la douleur de Vignoles en apprenant qu'il venoit de tuer un ami qui exposoit sa vie pour lui sauver la sienne.

Le Duc de Nevers commandoit l'armée des assaillans; il fit annoncer à la garnison que le projet du Roi de France étoit de se réunir au Roi de Navarre contre les Ligueurs, & que si on persistoit à tenir plus long-temps la place, cette résistance deviendroit fort inutile, & préjudiciable aux deux partis; en conséquence il proposa une capitulation honorable, par laquelle il accordoit huit jours pour que les assiégés fissent avertir le Roi de Navarre, au bout duquel temps ils devoient vuider la place.

Les assiégés, affoiblis & manquant de beaucoup de choses, acceptèrent des propositions aussi avantageuses, & ils députèrent auprès du Roi de Navarre. Huit jours s'étant écoulés sans qu'on eût reçu des nouvelles de ce Prince, ils sortirent de la ville comme ils l'avoient promis. Le Duc de Nevers, voyant la bonne foi des assiégés, en usa noblement avec eux; il fournit

des

des chariots pour le transport des bagages & des blessés ; ceux qui étoient trop malades pour supporter la route, eurent la permission de rester, avec assurance d'être bien soignés. Une chose qui prouve combien étoient mal disciplinées les troupes de ce temps-là, c'est que le Duc de Nevers, pour empêcher les insultes que ses soldats auroient pu faire à ceux de la place, *les fit sortir hors de la vue de l'armée*, dit l'Auteur de la relation de ce siège, *pour n'être molestés de personne. Ledit sieur de Nevers se trouva en personne à leur issue*, continue le même Ecrivain, *peu accompagné, & fit rallumer les mêches aux soldats, saluant humainement un chacun.*

Le Roi de Navarre, averti de la capitulation de Garnache, étoit parti promptement de la ville de Niort, pour arriver au secours de cette place ; mais un événement malheureux l'arrêta au milieu de sa marche.

Ce Roi, l'idole des François, tomba malade en route ; il voyageoit toujours à cheval & armé ; le froid, qui étoit excessif, l'obligea de mettre pied à terre, & d'aller à pied pour s'échauffer ; s'étant ensuite arrêté dans un village du Poitou appelé *Saint-Peré*, il fut attaqué d'une fièvre putride, & ne put continuer sa route. On le transporta dans un petit château voisin du village ; la maladie devint si grave, qu'on commença à désespérer de lui. « Il ne laissa toutefois, autant que le mal qui étoit aigu & violent lui permettoit, dit l'Auteur de la relation citée, de pourvoir & ordonner des affaires de l'armée, selon les occurences....

Partie IV. D

DESCRIPTION

Il manda par toutes les églises circonvoisines qu'on priât extraordinairement Dieu pour lui; ce qui fut fait de tous avec autant de ferveur que de deuil (1) ».

M. le Duc de Nevers s'étant emparé de la Garnache, fut bientôt obligé d'abandonner cette place. L'assassinat du Duc de Guise avoit changé entièrement les affaires des Ligueurs; il revint à Blois avec ce qui lui restoit de son armée, abandonna les autres places qu'il avoit prises dans le Poitou, telles que *Mauléon* & *Montagu* (2), & quelque temps

---

(1) Le 13 janvier 1589, cette nouvelle fut apportée à la Rochelle; on vit alors ce qu'on a vu depuis à Paris lors de la maladie de Louis XV. Il étoit sept heures du soir, les cloches sonnèrent pour assembler le peuple dans les temples, » Tous indifféremment, jusqu'aux enfans & servantes, quittoient les maisons pour y courir. La foule & multitude du peuple étoit telle, que plusieurs ne pouvant entrer aux temples, qui regorgeoient, s'en retournèrent fort tristes, & néanmoins répondant, par prières particulières, aux publiques qui se faisoient avec beaucoup de deuil & de larmes; car peu ignoroit la grandeur de l'affliction pour toute la France en général, si Dieu, en cette saison si troublée & confuse, eût retiré ce premier Prince du Sang, doué de tant de graces. Les prières extraordinaires furent aussi continuées plusieurs jours, jusqu'à tant qu'on entendit certainement le commencement de sa santé. *Siège de Garnache, Mémoires de la Ligue, tom. II.*

(2) Ces deux places du bas Poitou furent prises l'une après l'autre par la même armée, commandée par le Duc de Nevers; *Mauléon*, aujourd'hui nommée *Châtillon*, fut pris le premier; ni la ville ni le château n'étoient capables de résister: aussi-tôt que le canon en fut approché, le sieur de *Villiers*, à qui Henri IV

après se retira de la Cour, en sa maison de Nevers.

ILE DE NOIRMOUTIER.

Cette île est située dans l'Océan, près de la côte du Poitou, dans le diocèse de Luçon, & dans l'élection des Sables d'Olonnes, à neuf lieues de Nantes, à dix des Sables d'Olonnes, à deux lieues de la petite ville de Beauvoir, & à quarante lieues de Poitiers.

Elle étoit anciennement nommée *Herius*. Le nom de *Noirmoutier* lui vient d'une abbaye d'hommes dont les Moines étoient vêtus de noir (1).

Cette abbaye fut fondée en 674 par *Saint-Philbert*. *Ansoalde*, Evêque de Poitiers, donna le fond sur lequel le monastère fut bâti,

---

avoit donné le gouvernement de cette place, s'offrit de capituler. La capitulation étant faite, les armes rendues, les régimens de *Brigneux* & de la *Châtaigneraie* s'approchèrent des murailles qui étoient abandonnées, entrèrent par trahison dans la ville, tuèrent ou blessèrent tous ceux qui se trouvèrent de la garnison. Le sieur de *Miraumont*, qui commandoit dans l'armée des Ligueurs, & qui avoit reçu la capitulation, fit d'inutiles efforts pour s'opposer à cette perfidie, & aux brigandages d'une foule de Gentillâtres & de soldats affamés de butin & de sang, qui tuèrent de sang froid un grand nombre d'habitans, & mirent leurs maisons au pillage. Voilà quels étoient la plupart des guerriers de ce temps-là.

(1) Un autre monastère de la même île est nommé *Notre-Dame la Blanche*, parce qu'il est occupé par des moines de Cîteaux, qui sont habillés de blanc.

il fut richement doté par Charlemagne & par Louis-le-Débonnaire. Vers le milieu du neuvième siècle, les Normands, attirés par les richesses que renfermoient cette maison, la ravagèrent & en pillèrent les trésors. Les Moines, pour éviter la mort, prirent la fuite, & cachèrent le corps de Saint-Philbert. Après le départ des brigands, ils revinrent dans l'île, enlevèrent les reliques qu'ils avoient cachées; & dans la crainte d'une nouvelle incursion, ils abandonnèrent leur monastère, & se retirèrent auprès de Loudun, où Charles-le-Chauve leur donna plusieurs terres & domaines.

Dans des temps plus prospères, l'abbaye de Noirmoutier fut de nouveau habitée par des religieux Bénédictins. Les privilèges & les exemptions qu'on accorda aux habitans y formèrent une petite ville.

En 1172, on fonda dans la même île l'abbaye de *Notre-Dame la Blanche*; cette abbaye, d'abord établie dans l'île des Piliers, fut, à cause de l'incommodité du lieu, transférée dans celle de Noirmoutier par Pierre de *la Garnache*, qui leur donna des terres avec l'île des Piliers; plusieurs autres Seigneurs du Poitou concoururent à enrichir ce monastère.

En 1562, les Protestans ravagèrent cette abbaye; le Religieux qui en étoit alors Abbé, ne jouissoit pas d'une grande réputation; il s'appeloit *Jean Cahuau*, les Auteurs de *Gallia Christiana* disent qu'il étoit *un loup sous la peau d'une brebis*, & qu'il vaut mieux se taire sur son compte que d'en parler. Dom *Denis l'Argentier* porta, au commencement du dix-septième siècle, la réforme dans ce couvent, qui en avoit besoin pour l'honneur de l'ordre.

DESCRIPTION. Cette île est séparée du continent par un courant de mer si rapide, qu'on ne peut y aborder qu'une seule fois par jour, à la faveur du reflux & lorsque le vent est calme; elle a environ sept lieues de longueur sur une de largeur; elle est fort étroite depuis la barre du Mont, jusqu'au Bourg de *Barbastre*; mais ensuite elle s'élargit en approchant de la ville de *Noirmoutier*.

Cette île, en 1674, fut prise par les Hollandois, & fut taxée à quatorze mille écus d'or pour la rançon de quatre des principaux habitans qui avoient été amenés en otage; elle contient la petite ville de Noirmoutier, où est le monastère qui lui a donné son nom : ce monastère n'est plus aujourd'hui qu'un des anciens prieurés électifs & conventuels auquel le Roi nomme en vertu du concordat. La ville contient environ deux ou trois mille habitans.

Dans la même île est de plus un bourg nommé *Barbastre*, peuplé d'environ quinze cents ames.

En allant de ce bourg à la ville, on trouve beaucoup de marais salans & quelques terres labourables; en général, le sol de cette île est peu fertile; on y cultive quelques vignes qui produisent du mauvais vin, point de pâturages, & par conséquent point de bestiaux.

Le commerce du sel, du blé, la pêche & la navigation forment toutes les ressources de ces Insulaires.

Un tiers de cette île appartient au Roi, comme Seigneur & Marquis de Noirmoutier, l'autre tiers aux Ecclésiastiques & Bénéficiers, & le dernier tiers aux habitans, dont les neuf dixièmes sont marins; ils ont toujours fourni d'excellens Matelots.

L'île de Noirmoutier nous offre, en petit, ce chef-d'œuvre de l'industrie humaine que l'on admire en Hollande. La superficie du sol est à douze pieds au dessous de la mer; des digues artificielles, qui occupent un espace de onze mille toises, la défendent contre la fureur des flots. Les habitans, par leur industrieuse activité, ont enlevé à la mer un terrain qui lui appartenoit, & qu'elle semble continuellement disputer à ces laborieux Insulaires qui travaillent sans cesse à réparer ses ravages; le pays ne fournissant aucune pierre, ils sont obligés d'aller à une lieue & demie arracher & transporter des monceaux de rochers qui peuvent seuls résister aux efforts des vagues, & préserver l'île d'une inondation dont elle est toujours menacée.

Un autre fléau accroît le malheur des habitans; un tiers de l'île est formé de sables mouvans que le vent enlève & disperse dans les champs, dont il détruit les espérances. En 1763, plus de dix maisons de la paroisse de *Barbastre* furent ensevelies sous ces sables, & l'on y voit encore le sommet d'un moulin qui semble rester comme un monument de ce désastre.

On a remarqué que cette île, qui produit beaucoup au Roi, ne coûte presque rien à l'Etat; c'est aux frais des habitans que les digues, les ports, les canaux, les chemins, les ponts, les édifices publics, &c., sont entretenus; en temps de guerre, ce sont eux qui composent une milice qui veille nuit & jour à la garde de l'île, & ils ne retirent, pour ce service, aucune espèce de rétribution.

Leur précieuse activité ne se borne pas à la conservation de leur île; en temps de paix comme en temps de guerre, leur courage, leur habileté, leur industrie se font remarquer au dehors, dans les combats & dans les courses maritimes, dans l'art de la navigation & dans le commerce.

Ces Insulaires, qui ne doivent presque rien à la nature & à l'Etat, payent des droits considérables aux Seigneurs de l'île; le Roi étant le premier Seigneur, réunit à son domaine le principal revenu qu'elle produit. Ils étoient exempts de toute espèce d'impositions; leurs exemptions & leurs privilèges, mérités à tant de titres, accordés depuis plusieurs siècles, confirmés par une longue suite de Rois, n'ont pas été respectés par l'esprit progressif de la fiscalité. L'établissement des droits du papier timbré, du contrôle, d'insinuation, &c., y portèrent les premières atteintes; vers la fin du règne dernier, l'Abbé Terray les a anéantis entièrement, en imposant les habitans aux taxes ordinaires. Au commencement du règne suivant, les habitans députèrent en Cour pour obtenir l'exécution de leurs privilèges, & faire valoir tous leurs droits; ils ne purent obtenir ce qu'ils demandoient, l'ogre fiscal n'avoit plus d'oreilles.

Ces Insulaires, accablés sous tant de charges,

exposés à des événemens effrayans, dans un terrain ingrat, ne peuvent pas être heureux. Piganiol, & ceux qui l'ont copié, ont dit & répété *bonnement*, « le vin est très-médiocre ; » il y a peu de pâturages, par conséquent peu » de bestiaux ; c'est une espèce d'*île fortunée* »; cette conclusion n'est pas plus vraie que conséquente.

Le même Auteur reproche aux habitans d'être toujours en guerre les uns contre les autres ; cela n'est pas exact : ils n'ont certainement pas la politesse, l'urbanité des oisifs citadins ; mais ce défaut est commun à tous les marins, à tous les habitans des côtes.

Les autres îles du Poitou sont l'île de *Bouin* située entre le continent & l'île de Noirmoutier, & l'*Ile-Dieu*, qui a un port, & qui est située à quarante-six lieues de Poitiers ; ces îles sont peuplées, mais peu fertiles & peu considérables.

FONTENAI-LE-COMTE.

Ville, chef-lieu d'une élection, située dans un vallon, sur la petite rivière de Vendée, à huit lieues de la Rochelle, à sept de Niort, à vingt-six de Nantes & à vingt de Poitiers.

ORIGINE. Cette ville a pris son nom d'une fontaine abondante & d'un ancien château où les Comtes de Poitou ont fait long-temps leur demeure.

DESCRIPTION. Fontenai est une petite ville entourée de quatre faubourgs nommés de

Saint-François, *des Loges*, *du Pui Saint-Martin* & du *Marchou*; les premiers sont très-spacieux & plus grands que la ville.

Dans l'enceinte de la ville est une seule église paroissiale, sous le titre de *Notre-Dame*. Cette église, qui fut ruinée, en 1368, & reconstruite en 1600, est vaste & belle. En 1745, on y fit plusieurs réparations. Le clocher est une des plus belles flèches du royaume par sa hauteur & par la légèreté de sa construction.

M. *Moreau*, Curé de cette église, vécut & mourut comme un Saint. Par son testament il prescrivit de ne point mettre son nom sur sa sépulture, on se contenta d'y graver ces mots : *Dilectus Deo & hominibus*; il fut un des premiers fondateurs de l'hôpital Saint-Jacques: sa vie a été imprimée en 1719.

L'église de *Saint-Jean*, située dans le faubourg des Loges, est très-ancienne ; on y voit une inscription datée de l'an 1001.

L'église de *Saint-Nicolas* est située dans le même faubourg. Dans le sanctuaire, & contre le mur de l'autel, du côté de l'Épître, on voit les armoiries du Cardinal *Charles de Bourbon*, avec cette courte inscription : *Obiit piissimus Princeps nono maii* 1590; le cœur & les entrailles de ce Cardinal sont déposés en cet endroit.

Ce Cardinal étoit frère puîné d'Antoine de Navarre, père d'Henri IV; les Ligueurs l'avoient créé Roi de France, sous le nom de *Charles X*, & on battoit monnoie à son coin. Ce Prince avoit plus de bonhomie que d'esprit. La qualité de Roi de France qu'il se laissa donner au préjudice de son neveu, premier Prince du Sang, obligea les Royalistes à le retenir prisonnier; il fut transféré de Chinon à Maillezais, où il fut mis sous la garde de *d'Aubigné*, & puis à Fontenai-le-Comte (1).

―――――――――――

(1) Les Ligueurs firent plusieurs efforts pour retirer ce Prince de prison. Le Roi d'Espagne publia une déclaration par laquelle il exhortoit tous les Princes chrétiens de s'unir pour délivrer le très-chrétien Roi de France *Charles X*, injustement détenu en captivité; on fit pour sa délivrance des prières publiques; quelques Ligueurs tentèrent diverses entreprises pour sa liberté. Lorsqu'il fut transféré de Chinon à Fontenai, la Duchesse de Retz tâcha de corrompre la fidélité de *d'Aubigné*, qui étoit chargé de la garde de ce Prince; elle lui députa un Gentilhomme chargé d'une lettre de promesse, & de deux cent mille écus comptant pour laisser évader le prisonnier. D'Aubigné fit réponse au porteur qu'il n'avoit qu'à s'en retourner comme il étoit venu, & que s'il ne lui avoit pas accordé un sauf-conduit, il l'enverroit pieds & poings liés au Roi son maître. Quelque temps après, le Comte de *Brissac*, détermina un Capitaine nommé *Dauphin*, qui depuis long-temps exerçoit des brigandages dans le bas Poitou, d'aller assassiner *d'Aubigné*, de s'emparer du château de Maillezais, & de mettre le prétendu Roi *Charles X* en liberté. D'Aubigné, averti de ce projet, se rendit au lieu indiqué par *Dauphin*, qui lui avoit demandé un secret entretien, & lui parla de la sorte: *On m'a voulu empêcher de venir parler à toi, comme soupçonné d'avoir pris charge de me tuer; mais je n'en ai rien voulu croire: cependant si tu as conçu ce dessein sur moi, voici deux poignards dont je te laisse le choix, afin qu'avec armes pareilles tu parachèves ton entreprise, & voilà un bateau que j'ai fait venir exprès pour que tu te puisses sauver au delà des marais si le sort des armes t'est favorable.* Etonné de tant de franchise & de générosité, *Dauphin* jette son épée aux pieds de d'Aubigné, & lui donne des marques de la plus parfaite soumission.

Ce pauvre Roi mourut dans cette prison d'une rétention d'urine qui lui donna la fièvre continue. Quelques temps avant sa mort, *Vernages*, son ancien domestique, lui remontra qu'il auroit mieux fait à son âge de n'être jamais entré dans la Ligue ; il lui répondit : « Penses-tu que je ne sache pas bien qu'ils en veulent à la maison de Bourbon, & qu'ils n'eussent cessé de faire la guerre, quand même je ne me fusse pas joint avec eux ? pour le moins, tandis que je suis avec eux, c'est toujours Bourbon qu'ils reconnoissent. Le Roi de Navarre, mon neveu, cependant fera sa fortune ; ce que j'en fais n'est que pour la conservation de mes neveux ».

Dans le même faubourg *des Loges*, on trouve plusieurs communautés, celle des *Jacobins* qu'on appeloit autrefois le *couvent des Cent Frères*, des hôpitaux, & un couvent de Capucins où est inhumé *Raoul*, premier Evêque de la Rochelle.

Le couvent des Cordeliers a été bâti par un Evêque de Luçon ; ce fut dans ce monastère que le célèbre *Rabelais* prit l'habit de Saint-François.

Nicolas Rapin avoit fait bâtir aux portes de cette ville une des plus belles maisons de Fontenai, nommée *Terre-Neuve* ; MM. de Saint-Lazare en ont fait l'acquisition vers l'an 1700. Nicolas Rapin, célèbre par des Poésies latines pleines d'élégance, naquit à Fontenai-le-Comte en 1540 ; il fut Vice-Sénéchal de cette ville : M. de *Harlay* l'attira à Paris, & lui fit obtenir la charge de Lieutenant de Robe Courte. Quelque temps après, Henri III l'honora de celle de Grand Prévôt de la Connétablie; dans cette place il montra beaucoup de vigilance & de fermeté, & se fit un grand nombre d'ennemis; enfin, après avoir essuyé plusieurs disgraces, il obtint sa retraite, & vint, en 1598, à Fontenai, où il s'occupa à bâtir sa jolie maison de *Terre-Neuve* dont nous avons parlé, & sur laquelle il fit placer cette inscription:

    Vents, soufflez en toute saison
    Un bon air en cette maison;
    Que jamais ni fièvre, ni peste,
    Ni les maux qui viennent d'excès,
    Envie, querelles & procès,
    Ceux qui s'y tiendront ne molestent.

On voit dans cette ville *des halles* très-étendues, où se tiennent les foires; on remarque sur-tout une belle fontaine qui a donné, à ce qu'on présume, son nom à la ville, qui porte pour blason, azur à une fontaine d'argent, avec cette légende: *Fonteniacum, felicium ingeniorum scaturigo*: « Fontenai, source abondante d'heureux génies ». Il est sorti en effet plusieurs gens distingués de cette ville; tels sont François *Viette*, le plus grand Mathématicien de son temps; *Tiraqueau*, célèbre Jurisconsulte (1); *Barnabé Brisson*, Magistrat

---

(1) Tiraqueau étoit fort estimé par les Savans de son temps; il fut sur-tout célèbre par deux sortes de fécon-

célèbre par son savoir, par son éloquence & par sa mort; il fut pendu au petit Châtelet par la faction des seize.

ÉVÉNEMENS remarquables. Pluviaut, à la tête d'un parti Protestant, prit, en 1568, Fontenai. Ceux du château voulurent faire résistance; quand ils virent qu'on mettoit le feu aux portes, que les échelles étoient dressées, & que l'escalade étoit commencée, il se rendirent, sous la promesse qu'on leur fit de leur accorder la vie; mais cette promesse ne fut point remplie, la garnison fut massacrée, & le Commandant *Haute-Combe* fut conduit à la Rochelle, où il fut exécuté à mort.

Le 17 juin 1570, le célèbre *la Noue* vint assiéger Fontenai du côté de la porte Saint-Michel; étant monté sur une éminence pour observer ce qui se faisoit dans la ville, il eut

---

dités sur lesquelles on fit une épigramme latine, qu'on a traduite ainsi:

Tiraqueau, fécond à produire,
A mis au monde trente fils;
Tiraqueau, fécond à bien dire,
A fait pareil nombre d'écrits:
S'il n'eût point noyé dans les eaux
Une semence aussi féconde,
Il eût enfin rempli le monde
De Livres & de Tiraqueaux.

Tous les ans Tiraqueau faisoit un livre, & sa femme un enfant; on assure cependant que le nombre des Livres excédoit celui des enfans.

le bras cassé d'un coup d'arquebuse, ce qui l'obligea de laisser à Soubise la conduite du siège (1). Les habitans se rendirent, contre l'avis de *Nicolas Rapin*, qui étoit alors Maire de la ville; c'est pourquoi les Protestans, qui ne l'aimoient pas, ne voulurent point le comprendre dans la capitulation. Rapin, pour échapper à la mort, se sauva déguisé en domestique, & se retira à Niort.

Le 20 septembre 1574, le Duc de Montpensier mit le siège devant Fontenai; cette place étant fortifiée à la hâte par la Noue, & dépourvue d'artillerie, ne pouvoit opposer une longue résistance. Les assiégeans firent une brèche, & y montèrent; mais ils furent chaudement accueillis par ceux de la ville, qui se défendirent toujours avec avantage; enfin, ne pouvant plus résister à tant de force, ils pensèrent à capituler. *Saint-Etienne*, qui commandoit dans la place, demandoit qu'il fût permis à la Noblesse & à la garnison de se retirer avec armes & bagages. Le Duc de Montpensier, qui vouloit mettre la division dans la place, accorda l'article de la Noblesse, & refusa celui de la garnison; les soldats, se croyant trahis par leurs Chefs, menaçoient de se révolter.

Pendant cette mésintelligence, le Duc de

---

(1) La gangrène s'étant manifestée, & faisant des progrès, la Noue se vit obligé de se faire couper le bras; il trouva un ouvrier assez adroit pour lui en fabriquer un de fer, avec lequel il tenoit la bride de son cheval & le conduisoit; c'est de là que lui est venu le surnom de *la Noue bras de fer*.

Montpensier réunit toutes ses forces, donne un assaut général; les assiégés oublient aussi-tôt leur querelle pour combattre l'ennemi commun; mais connoissant leur impuissance, ils parlent une seconde fois de capitulation. Pendant qu'on en dressoit les derniers articles, le Duc de Montpensier commanda aux Catholiques de s'emparer du fort de *Quinefolles*, par lequel ils entrèrent dans la ville, & s'en emparèrent: cette trahison manifeste, & les violences qui s'ensuivirent, révoltèrent tous les esprits. Les soldats Catholiques massacrèrent, pillèrent, forcèrent femmes & filles, & le Duc de Montpensier fit pendre le Ministre *Dumoulin*.

Deux ans après, en 1587, Henri IV, qui n'étoit encore que Roi de Navarre, assiégea Fontenai, & montra bien plus de loyauté & de douceur que le Duc de Montpensier; il assiégea cette ville, dont les habitans, après plusieurs jours de résistance, se rendirent à la discrétion du Roi de Navarre, qui, comme le dit un Ecrivain de ce temps, *leur fit à tous humains & gracieux traitemens, leur gardant inviolablement ce qu'il leur avoit promis*.

SAINT-MAIXANT.

Ville avec une sénéchaussée, une élection, située sur les bords de la Sèvre, à dix lieues de Poitiers, sur la route de cette ville à la Rochelle, & à quinze lieues de cette derniere ville.

ORIGINE. Saint-Maixant doit son origine à un monastère qui est un des plus anciens du Poitou. *Saint - Agapit* & ses compagnons, chassés du couvent de Saint-Hilaire de Poitiers par *Attila*, Roi des Huns, se réfugièrent dans cet endroit, qui étoit alors une solitude, & y bâtirent un oratoire en l'honneur de Saint-Saturnin, Evêque & martyr. *Saint-Maixant*, né à Agde, en fut le second Abbé. Clovis étant en Poitou avec une partie de ses troupes, s'avança vers ce monastère. Les Moines effrayés prièrent leur Abbé de sortir de sa cellule, & d'aller au devant des soldats pour les arrêter. Le Saint refusa de se rendre à cette demande ; alors les Moines se déterminèrent à le faire sortir par force, & l'obligèrent de se présenter devant les troupes de Clovis. Un des soldats ayant levé son épée pour frapper l'Abbé, son bras aussi-tôt resta sans mouvement ; épouvanté par ce miracle, le soldat se jeta aux pieds de Saint-Maixant, qui, en faisant, sur le membre affligé, un signe de croix, suivi d'une onction d'huile bénite, le guérit radicalement, à ce que raconte Grégoire de Tours, qui ajoute que les soldats, voyant ce prodige, respectèrent les Moines & leurs possessions.

Ce monastère ne fut pas également respecté par les Normands qui le pillèrent & le ruinèrent plusieurs fois : mais les reliques de Saint-Maixant furent toujours conservées ; les Moines prévoyant les incursions de ces brigands, les faisoient transporter dans différens monastères de France, en Bretagne, en Auvergne ou en Bourgogne ; dans chaque endroit, on s'appropria

pria pour les loger une partie de ces reliques, & elles furent considérablement diminuées.

Ebles, Evêque de Limoges, frère de Guillaume, Comte de Poitou, fit entièrement rétablir l'abbaye, & construire une nouvelle église où l'on transféra les reliques du Saint.

Les moines de Saint-Maixant vivoient d'une manière si édifiante, que les peuples accouroient de toutes parts pour se recommander à leurs prières. Chaque jour ils faisoient asseoir trois pauvres à leur table, & cinquante à chaque fête solennelle ; au jour de la mort d'un Religieux, ils en nourrissoient aussi cinquante. Les Seigneurs & les Comtes du Poitou donnèrent de grands biens à cette abbaye. La Duchesse *Eléonore* accorda beaucoup de privilèges à ceux qui venoient y fixer leur demeure ; plusieurs particuliers, attirés par la sainteté des Religieux & par ces avantages, y firent construire des maisons : c'est ainsi que s'est formée cette ville.

Ces Moines devinrent fort riches. Pendant les guerres que Charles VII eut à soutenir contre les Anglois, ils donnèrent des secours à ce Prince, qui, pour les récompenser, leur accorda l'honneur de porter dans leur blason une fleur de lis d'or dans un champ de gueule, surmontée d'une couronne d'or, ainsi que la qualité de Conseiller du grand conseil du Roi.

ÉVÉNEMENS remarquables. Les Abbés de Saint-Maixant ne jouirent pas tous de la même réputation. *Jacques de Saint-Gellais*, Abbé Commendataire de cette abbaye, « leva l'étendart de la révolte contre son Prince, dit l'Auteur de l'Abrégé de l'Histoire du Poitou, & fut

Part. IV. E

le plus zélé partisan des Protestans & de leur doctrine; il les introduisit dans son abbaye, où ils commirent tous les désordres imaginables; ils brisèrent les statues, brûlèrent les reliques, & abbattirent l'église. L'Abbé de Saint-Gellais mourut cependant assez paisiblement dans sa maison abbatiale, nommée l'*hort* de Poitiers : il avoit, dit-on, abjuré ses erreurs; mais le mal ne fut point réparé ».

« On rapporte que le corps de cet Abbé ayant été mis dans un cercueil de plomb, & déposé dans le Chapitre, les soldats prirent le plomb pour faire des balles, & jetèrent le corps à la voirie ».

Pendant les guerres de la religion cette ville fut plusieurs fois prise, reprise ou pillée par les chefs de l'un ou de l'autre parti. Le Roi de Navarre, en 1587, s'empara de plusieurs villes du Poitou; celle de Saint-Maixant fut assiégée, & se rendit à l'approche du canon. Peu de temps après, Henri III envoya le Duc *de Joyeuse*, à la tête d'un corps de troupes, pour reconquérir ces places. Ce courtisan, plein de vices & de cruauté, rencontra deux régimens du Prince de Condé à la Motte-Saint-Héraye, proche Saint-Maixant; malgré la parole qu'on leur avoit donnée, il les fit tailler en pièces. Cette conduite barbare excita l'indignation de son armée, & des ennemis qui se vengèrent plus noblement à la bataille de *Coutras*. (Voy. *Coutras*). *Joyeuse* vint assiéger Saint-Maixant; les habitans, après avoir vu leurs murailles ruinées, déterminèrent le Gouverneur à se rendre. Ce courtisan, méprisant les avis de tous les Seigneurs de sa suite, & n'écoutant que sa cruauté, fit mettre la ville au pillage, & fit pendre le Ministre *Antoine Hilaret*, sous prétexte qu'il n'avoit pas été question de lui dans les articles de la capitulation.

Le parti des Protestans, commandé par le Roi de Navarre, reconquit la plupart des villes du Poitou; celle de Saint-Maixant se rendit sans laisser approcher les troupes de ce Prince.

DESCRIPTION. La ville de Saint-Maixant n'est ni grande ni bien bâtie; M. l'Intendant de la province y a fait pratiquer une promenade fort agréable & un vaste champ de foire.

L'Abbaye, après avoir eu pour Abbé, dans des temps de troubles, plusieurs contendans qui se disputèrent ce titre, fut possédée long-temps par le Vicomte de *Guierche*. Sa veuve s'en appropria également les revenus; le Duc de Rohan, chef du parti Huguenot, en jouit pendant plusieurs années. Louis XIII, en 1621, en attribua les revenus au sieur de Grosbois, Gouverneur de la ville de Saint-Maixant. Bertrand *Deschaux*, Archevêque de Tours, nommé Abbé de ce monastère, y rétablit l'ordre, depuis si long-temps banni, y plaça des Religieux de la Congrégation de Saint-Maur, & fit rebâtir l'église, qui est vaste & belle; c'est celle qu'on voit aujourd'hui (1).

_____

(1) Les Bénédictins, Auteurs du *Voyage Littéraire*, assurent « que lorsqu'on bâtit cette église, on trouva sous les ruines de l'ancienne, des hommes armés tout debout avec leurs hallebardes; on croit, ajoutent-ils, que c'étoient des soldats hérétiques qui assistoient à la

COMMERCE. Il se fait dans cette ville un commerce considérable de farine, de bonneterie & de bétail; la moutarde qu'on y fabrique est fort renommée.

ANECDOTE. Le Poète *Villon* étant venu voir l'Abbé de Saint-Maixant qui étoit de ses amis, proposa, pour divertir les habitans de cette ville, de faire jouer *la Passion de Notre-Seigneur*, spectacle alors fort à la mode; il distribua ses rôles, exerça ses Acteurs, & prit jour avec le Maire & les Echevins de Saint-Maixant pour la représentation de la pièce. Il ne lui falloit plus que des habits; on n'en trouva point d'assez beaux pour l'Acteur qui devoit représenter le Père Eternel. *Villon* sut qu'il y avoit aux Cordeliers une chappe magnifique; il la demanda au Sacristain, qui la lui refusa, en disant qu'un de leurs statuts provinciaux leur défendoit, sous de très-grièves peines, de rien prêter à ceux qui montoient sur le Théâtre. *Villon* répliqua que ce statut concernoit seulement les pièces scandaleuses, & non celles qui pouvoient contribuer à l'édification publique; mais ces raisonnemens, bons pour le temps, ne firent point effet sur l'esprit du Père Sacristain : Villon ne put rien obtenir.

Les Acteurs, piqués de ce refus, résolurent de s'en venger ; ils se vêtirent en diables, & se

---

démolition de cet auguste temple, qui avoient été préposés pour empêcher les Catholiques de s'opposer à leur pernicieux dessein, lesquels furent ensevelis sous les ruines de ce saint édifice».

formèrent des figures les plus horribles ; les uns tenoient des cimbales ou des sonnettes, d'autres des mêches ardentes, des fusées & des pétards ; en cet équipage, ils furent se cacher sur la route que devoit prendre le Sacristain en allant à la quête. Aussi-tôt que ce Père quêteur, monté sur la mule du couvent, fut près de l'ambuscade, les diables cachés se lèvent, courent sur le Moine, font une épouvantable explosion de leurs pétards, de leurs fusées, & après un tintamare affreux, ils s'écrient ; *Hé, le vilain ! Hé, le vilain ! qui n'a pas voulu prêter à Dieu le Père une pauvre chappe.* La mule effrayée jette le Moine par terre, & galope vers le couvent; les diables disparoissent, & le pauvre démonté reste à terre, brisé de sa chûte & demi-mort de frayeur.

Rabelais rapporte cette aventure, mais d'une manière différente.

LUSIGNAN.

Petite ville située sur la petite rivière de Vône, sur la grande route de Poitiers à la Rochelle, à cinq lieues de Poitiers & à six de Saint-Maixant.

Lusignan étoit autrefois un château célèbre par les merveilles qu'on lui attribuoit, & par la romanesque *Mellusine*, qui le fit, dit-on, construire. Quelques Ecrivains croyent cependant qu'il fut bâti par *Geoffroi*, dit *à la grande dent*, qui vivoit au commencement du treizième siècle, & ils se fondent sur ce que la représentation de ce Comte se voyoit autrefois à la principale entrée de la grande tour.

Mellusine, qui a donné de la célébrité à ce château, vivoit vers le milieu du onzième siècle; on dit qu'elle étoit fille d'*Henri I*^{er} *de Lusignan*, Roi de Chypre & de Jérusalem, & femme de *Raimond de Poitiers*, Prince d'Antioche; mais cette opinion n'est pas plus admissible que celle de *Postel*, qui la faisoit descendre d'une des douze tribus d'Israël, parce qu'elle possédoit, selon lui, la magie naturelle, c'est-à-dire, *la cabale*. Cette dame, suivant nos vieux Romanciers, & sur-tout suivant Jean d'*Arras*, Auteur du roman de *Mellusine*, étoit un être étranger à son sexe & à l'humanité, quelque chose de plus qu'une sorcière, une fée, une incube; enfin on a dit d'elle en France tout ce qu'on a débité en Angleterre du célèbre *Merlin*.

Le château de Lusignan fut pris par Henri II, Roi d'Angleterre, Comte de Poitou, sur les Comtes de la Marche & d'Angoulême. Ce château a long-temps appartenu à la maison de Lusignan.

Hugues de *Lusignan* vint à Poitiers rendre hommage à Alphonse, frère de Saint-Louis, Comte de Poitou. Ce Seigneur étoit Comte de la Marche, de Saintonge, d'Angoumois, d'Aunis, chef d'une maison dont les cadets possédoient des couronnes dans le levant, & beau-père du Roi d'Angleterre; il se trouva fort humilié de reconnoître le frère du Roi de France pour son Souverain. Son épouse *Isabelle*, qui se qualifioit de *Comtesse-Reine*, fut encore plus sensible à cet acte de dépendance; elle engagea son mari à se rétracter. *Hugues*, n'écoutant que sa femme & son orgueil, vint dans le palais d'Alphonse, & lui dit : « Vous m'avez » surpris en m'engageant à vous rendre hom- » mage, je rétracte mon serment, je ne vous » connois point pour mon Seigneur ; vous avez » usurpé le Poitou sur le Roi d'Angleterre, je » ne vous dois rien non plus qu'au Roi votre » frère ». Aussi-tôt il sort du palais, va mettre le feu à l'hôtel où il avoit logé, & retourne à Lusignan. S.-Louis, informé de cette bravade, se met à la tête de ses troupes, s'empare de la Marche, des terres que Hugues avoit en Poitou, & défait entièrement l'armée de ce Seigneur à Taillebourg. *Hugues de Lusignan* avoit no- blement empoisonné tous les puits situés sur la route du Roi ; son illustre femme, *Isabelle*, avoit elle-même préparé le poison destiné à Louis IX. Ce saint Roi fut assez généreux pour par- donner à Hugues de Lusignan ; il lui rendit la Marche avec une partie de la Saintonge & de l'Angoumois, lui remit son fils qu'il avoit fait prisonnier, & exigea seulement qu'il vînt à Poitiers renouveler son hommage aux pieds d'Alphonse.

En 1314, Philippe-le-Bel acquit la terre de Lusignan. Pendant les troubles du règne de Charles VII, le Duc d'Orléans, qui devint Roi sous le nom de Louis XII, fut enfermé dans ce château.

Cette ville & le château, pendant les pre- mières guerres de la religion, furent le théâtre d'une de ces trahisons si fréquentes alors. *Gu- ron* commandoit dans le château de Lusignan, & y gardoit trois prisonniers qui avoient été pris à *la Motte-Saint-Heraye*; ces prisonniers qu'il traitoit avec la plus grande douceur, étoient *Montgommery*, fils de celui qui avoit tué Henri II dans un tournoi, & deux autres Gentilshommes, nommés *Serres*. Ils se prévalurent de la liberté qu'ils avoient dans le château, & de la confiance que leur accordoit *Guron*, pour tramer contre lui la plus noire trahison. Ils formèrent le projet de massacrer ce Commandant avec toute sa troupe, & de livrer le château à l'Amiral de *Coligni*; en conséquence ils mirent dans leur parti quelques Officiers de la garnison, qui gagnèrent à leur tour quelques autres de leurs camarades. Ces Officiers, pour rendre leur trahison plus complette, obtinrent de Guron la permission de faire quelques sorties sur les troupes des ennemis qui paroissoient dans la campagne. Ils feignirent en effet d'attaquer quelques détachemens, tuèrent quelques chevaux, firent plusieurs prisonniers; mais ces prisonniers étoient des soldats apostés par l'Amiral pour être, par cette feinte, introduits dans le château; quatre-vingt hommes y furent ainsi amenés à plusieurs reprises; on les mit dans la tour qu'on nommoit *la Poitevine*.

Pendant le carnaval de 1569, *Aunoux*, Commandant de la ville, invita les Officiers de la garnison du château à dîner avec lui. Les traîtres crurent que l'occasion étoit favorable à leur projet; ils sortirent de la ville, sous le prétexte de faire de nouvelles courses dans la campagne, ramenèrent un certain nombre de soldats avec eux, & rentrèrent dans l'instant où ils crurent que tous les Officiers du château étoient à table chez le Commandant de la ville; mais *Guron*, qui commandoit dans le château, y étoit resté. À leur arrivée, ils massacrèrent, à la première porte du château, quarante soldats qui étoient de garde; cette expédition faite sans bruit, ne fut point entendue; ils s'avancèrent vers une seconde porte, située à deux cents pas de la première, on la leur ouvrit sans difficulté; tous ceux du corps-de-garde furent égorgés comme les premiers. Au troisième corps-de-garde, qui étoit encore à deux cents pas de la tour Poitevine, ils commirent la même violence, mais non pas avec le même succès. Un habitant de Lusignan, nommé *Olivier*, s'aperçut de ce dernier massacre, & courut en avertir *Guron*, qui dînoit avec sa femme & quelques Gentilshommes, dans l'appartement du château qu'on nommoit *le logis de la Reine*; il s'écria en entrant : *Monsieur, sauvez-vous, on tue tout au corps-de-garde*. Guron, & ceux qui l'accompagnent, courent aux armes; mais les trois prisonniers qui étoient à sa table, se jettent sur lui, & veulent l'égorger; les autres traîtres entrent aussi-tôt dans la même salle, en criant : *Tue! tue! Guron* se débarrasse de leurs mains, gagne un escalier dérobé qui conduisoit aux hautes galeries du château, & se réfugie, avec douze des siens, dans la tour de *Mellusine*.

Pendant que quelques-uns des traîtres s'occupent à rompre les portes, d'autres montent à la tour *Poitevine*, y délivrent les prétendus prisonniers, leur donnent des armes, se répandent tous dans le château, tuent la garnison qui étoit de trois cents hommes, & vont mettre sur le haut de la tour un drapeau blanc, qui étoit le signal convenu pour annoncer aux ennemis, campés dans les environs de la ville, que le château étoit pris, & qu'ils eussent à faire avancer leurs troupes.

Cependant *Guron* se défendoit toujours dans la tour de *Mellusine*, où il avoit trouvé des armes & des munitions, avec lesquelles il faisoit feu sur les rebelles; il mit aussi son drapeau à la cîme de la tour, pour marquer à la garnison de la ville qu'il tenoit encore.

Le bruit de l'artillerie se fit bientôt entendre aux Officiers qui dînoient chez le Commandant de la ville. Ils s'arment, se mettent à la tête de leur garnison, & volent au secours de *Guron*; ils pénètrent jusqu'au troisième corps-de-garde qui étoit défendu par cent hommes; ils escaladent les murs. *Guron*, du haut de la tour de Mellusine favorisoit leur assaut par un feu continuel sur les rebelles; il fit même une sortie sur eux avec dix de ses gens; alors les troupes de la ville escaladèrent les murs, entrèrent dans la grande cour; là, il se donna un combat sanglant.

L'Amiral de Coligni avoit fait entrer quelques troupes dans le château, mais non pas autant qu'il l'avoit désiré. Ces soldats unis aux rebelles ne purent résister long-temps; ils se battirent en désespérés; quelques-uns poignardèrent la femme de *Guron*, & tous se réfugièrent dans le haut de la tour *Poitevine*, déterminés à vendre chèrement leurs vies. Les deux Gentilshommes, *Serres*, & *Montgommeri*, auteurs de toute l'entreprise, à l'aide de quelques draps de lits, se jetèrent, par une fenêtre de la tour, dans les fossés; un des deux, *Serres*, s'étant cassé la cuisse, fut pris, les deux autres se sauvèrent. Les rebelles restés dans la tour, malgré leur opiniâtreté, se virent forcés de céder au grand nombre. Les deux Officiers, chefs de la rebellion, appelés *Tesson* & *Usseau*, furent égorgés & hachés en morceaux; tous leurs complices, tant morts que vifs, furent jetés du haut en bas de la tour Poitevine. L'Amiral Coligni, témoin de ce spectacle, s'écrioit : *Ah! pauvres gens, vous avez bien tenu vos promesses, mais je vengerai votre mort.*

Dans la même année, l'Amiral fit en effet le siège de la ville de Lusignan, & la prit d'emblée. La plupart des Gentilshommes & des habitans du pays, qui avoient toujours regardé le château comme une forteresse imprenable, s'y étoient retirés. Coligni fit venir de Taillebourg deux grosses pièces de canon & quelques pièces de campagne; la garnison ne put résister à cette artillerie. *Guron*, qui commandoit encore dans le château, se rendit, & les articles de la capitulation furent exactement observés par l'Amiral, ce qui mit fin aux cruelles représailles qu'un parti exerçoit alternativement sur l'autre.

L'Amiral de Coligni donna le gouvernement du château au Baron de *Mirembeau*, qui fut forcé, au mois de septembre de la même année 1569, de le rendre à *Lansac*, son proche parent, qui commandoit dans l'armée du Duc d'Anjou.

En 1574, les Protestans reprirent Lusignan & plusieurs autres places du Poitou. Le 25 octobre de la même année, le Duc de Montpensier, à la tête de l'armée royale, après avoir pris, par trahison, la ville de Fontenai, vint mettre le siège devant Lusignan. *René*, Vicomte de Rohan, commandoit dans la place; il avoit avec lui six cents hommes d'élite & quarante Gentilshommes; il fit mettre le feu à la basse ville & à toutes les maisons bâties sur les collines qui environnent le château, où les ennemis auroient pu se loger, & entreprit de défendre la haute ville & le château. Pour cet effet, il divisa ses troupes en quatre corps qui avoient chacun un Chirurgien & un Ministre. Les habitans de la ville furent chargés de porter des vivres aux quartiers, & d'enlever les blessés, afin de ne laisser aux soldats aucun prétexte pour abandonner leur poste.

Le Duc de Montpensier, avec une armée considérable & vingt pièces de canon, fit un feu long & continuel contre la ville; on tiroit jusqu'à mille coups de canon par jour; la brèche avoit déjà quarante pieds. Avant que de donner l'assaut, le Duc voulut entrer en négociation avec les assiégés, dans le dessein de les tromper, comme il en avoit usé envers les habitans de Fontenai; mais les assiégés, qui avoient lieu de se méfier de la parole de ce Duc, répondirent qu'ils ne pouvoient rien résoudre sans consulter *la Noue* qui étoit en Languedoc. Le 28 octobre on monta à l'assaut, qui dura jusqu'à la nuit; les Royalistes furent repoussés avec une perte considérable; les assiégés firent quelque temps après une sortie qui leur fut très-avantageuse.

Le défaut de munitions commençoit à se faire sentir dans l'armée des assiégeans; ils suspendirent les attaques, mais bientôt ayant reçu de Tours un secours de dix-huit cents hommes & de toutes les choses qui leur manquoient, le Duc s'occupa des préparatifs les plus menaçans contre les assiégés. Plusieurs femmes de qualité qui étoient enceintes, lui firent alors demander la permission de sortir du château; mais ce Duc eut la dureté de rejeter la prière de ces dames.

Les assiégés, serrés de près, manquant de tout, réduits aux plus fâcheuses extrémités, se défendoient toujours; cependant la disette étoit excessive dans la ville; les habitans & la garnison, forcés de se nourrir de chats, de rats ou de chevaux, demandèrent à capituler. Le 25 janvier 1575, après s'être fourni de part & d'autre des ôtages, la ville fut rendue; les Catholiques perdirent huit cents hommes à ce siège, & les Protestans deux cents.

Le Duc de Montpensier, maître de la place, en fit ruiner toutes les fortifications, & *Chemeraud*, Gentilhomme du pays, fut chargé de cette exécution (1). Dans la suite, quelques-

---

(1) On dit que ce Gentilhomme détermina le Duc de Montpensier à démolir ces fortifications, dans l'espoir

unes de ces fortifications furent rétablies; mais en 1622 le Roi les fit démolir. Le Comte de la Rochefoucauld, Gouverneur de la province, demanda seulement qu'on laissât subsister les bâtimens qui n'étoient point fortifiés, & ils existent encore.

DESCRIPTION. Ainsi furent détruites les immenses fortifications de ce vaste, magnifique & fameux château, un des plus puissans boulevarts de la féodalité, & long-temps regardé comme une forteresse inexpugnable.

Ce château, entouré de trois enceintes, distantes l'une de l'autre de deux cents pas, dominoit sur la ville, & en étoit séparé par une grande esplanade; de ce côté étoit une espèce de bastion qu'on nommoit la *porte de Geoffroi*. Deux grandes tours & un fossé large & profond défendoient cette porte, par laquelle on entroit sur un pont-levis; il falloit encore passer par deux autres enceintes formées de murs & de fossés; à la dernière étoit la *tour Poitevine*, bâtie sur le bord de la place & sur les fossés extérieurs. Il y avoit une fausse porte à cette tour, qui communiquoit hors du château. A gauche de la grande place étoit la *tour de l'Horloge* ou du *Beffroi*. Hors du corps de la place s'élevoit la *tour de Mellusine*; au fond de cette tour se voyoit la fameuse fontaine de *Mellusine*, sur laquelle on a rapporté tant de fables; tout proche étoit une porte secrète qui

---

de s'en approprier les précieux débris, afin de les employer à l'embellissement d'une maison qu'il faisoit bâtir à deux lieues de là.

conduisoit à la rivière de Vone, qui coule au bas de la place; de là on passoit au ravelin de *la Vacherie*, par un chemin pratiqué dans la contrescarpe.

Ces fortifications renfermoient des bâtimens considérables qui commençoient à tomber en ruines; on admiroit encore dans ces derniers temps une belle galerie en portique, au bout de laquelle étoit un très-beau verger.

Il ne reste aujourd'hui aucune trace de tant de murs & de tours; on acheva de les détruire sous le règne de Louis XIII. Sur l'emplacement, on a planté une promenade publique, de laquelle on jouit d'un air pur, & d'une vue fort agréable & étendue. Le château, proprement dit, subsiste encore; il fut conservé, comme nous l'avons rapporté, à la prière du Comte de la Rochefoucauld; malgré sa magnificence & sa grandeur, il ne peut donner qu'une foible idée des édifices nombreux & gigantesques dont il étoit accompagné.

Brantome parle avec beaucoup d'enthousiasme du château de Lusignan. « M. de Montpensier, dit-il, *pour éternifer sa mémoire* (1), pressa, importuna tant le Roi, nouveau venu de Pologne, qui le vouloit gratifier pour cela (pour l'avoir pris), qu'il fît raser de fond en

___

(1) Il est singulier de voir ici Brantome faire honneur au Duc de Montpensier d'une intention semblable à celle qui a immortalisé *Erostrate*; on sait qu'il mit le feu au temple de Diane à Ephèse, une des sept merveilles du monde, afin de rendre son nom fameux dans la postérité.

comble ce château, dis-je, si admirable & si ancien, qu'on pouvoit dire que c'étoit la plus noble marque de forteresse antique, & la plus noble décoration vieille de toute la France, & construite, s'il vous plaît, d'une dame des plus nobles en lignée & en vertus, en esprit, en magnificence & en tout, qui fût de son temps, voire d'autre, qui fut Mellusine, de laquelle il y a tant de fables; & bien que ce soit fables, & si ne peut-on dire autrement que tout beau & bon d'elle; & si l'on veut dire la vraie vérité, c'étoit un vrai soleil de son temps, de laquelle sont descendus ces braves Seigneurs, Princes, Rois & Capitaines portant le nom de *Lusignan....* J'ai ouï dire à un vieux Mortepaye, il y a plus de cinquante ans, que quand l'Empereur Charle-Quint vint en France, on le passa par Lusignan, pour la délectation de la chasse des daims qui étoient là, dedans un des beaux & anciens parcs de France, à très-grande foison, qui ne se put souler d'admirer & de toute la beauté, la grandeur & le chef-d'œuvre de cette maison, & faite, qui plus est, par une telle dame, de laquelle il s'en fit faire plusieurs contes fabuleux qui sont là fort communs; jusqu'aux bonnes femmes vieilles qui lavoient la lessive à la fontaine, que la Reine Catherine de Médicis, mère du Roi, voulut aussi interroger & ouïr. Les unes disoient qu'ils la voyoient venir à la fontaine pour s'y baigner, en forme d'une très-belle femme, & en habit d'une veuve; les autres disoient qu'ils la voyoient, mais très-rarement, & ce, le samedi à Vêpres; car en cet état ne se laissoit-elle guère voir se baigner, moitié

moitié le corps d'une très-belle dame, & l'autre moitié en serpent »... A la veille de quelques grands événemens, elle les préságeoit, dit Brantôme, par des cris horribles : « mais sur-tout, continue-t-il, quand la sentence fut donnée d'abattre & ruiner ce château, ce fut alors qu'elle fit les plus hauts cris & clameurs ; cela est très-vrai par le dire d'honnêtes gens ; depuis on ne l'a point ouïe ; aucunes vieilles disent pourtant qu'elle s'est apparue, mais rarement, &c. »

On voit jusqu'à quel point l'imagination, lorsque l'impulsion est une fois donnée, peut porter son délire (1).

---

(1) Long-temps après Brantôme, & deux ans avant l'entière destruction de ce château, la nuit du 22 juillet 1620, il y eut une apparition qui fit alors beaucoup de bruit, & dont la relation fut imprimée sous ce titre : *Effroyable rencontre apparue proche le château de Lusignan en Poitou*, &c. On vit entre le château & le parc, dit l'Auteur de cette relation, « deux hommes de feu extrêmement puissans, armés de toutes pièces, dont le harnois étoit tout enflammé, avec un glaive tout en feu en une main, & une lance toute flambante en l'autre, de laquelle dégouttoit du sang ; & se rencontrant comme cela armés tous deux de semblables défenses, & d'une même qualité, se combattirent long-temps, tellement qu'à la fin il y en eut un des deux qui fut blessé, & tombant, fit un si horrible cri, qu'il réveilla plusieurs habitans de la haute & basse ville, & étonna la garnison qui veilloit pour lors. Si-tôt après cette batterie finie, s'apparut comme une longue souche de feu qui passa la rivière, & s'en alla dans le parc, suivie de plusieurs monstres de feu comme des singes ; & quelques pauvres gens qui étoient allés là dedans la forêt pour apporter quelque peu de bois, rencontrèrent

Partie IV. F.

La ville est divisée en haute & basse ; il y a une paroisse, des Religieuses Hospitalières, & une sénéchaussée ; on y fabrique des étoffes, & sur-tout des *raxs* fort estimés dans le royaume & chez l'Etranger.

MONTMORILLON.

Ville du haut Poitou, avec une sénéchaussée, située près des limites de la Marche, sur la rivière de Gartempe, à neuf lieues de Poitiers & à six du Blanc.

Cette ville, est ancienne & curieuse par un monument antique dont nous parlerons. Il y avoit autrefois un château, chef-lieu d'une baronnie, dont Philippe le Hardi, fils de Saint-Louis, fit, en 1281, l'acquisition, de Guy de Mauléon. Le Roi Philippe le Long donna, en 1316, cette terre, avec plusieurs autres du Poitou, à Charles son frère. Le château de Montmorillon & ses dépendances furent ensuite donnés, par Charles VI, à Vignole de

---

ce prodige, dont bien étonnés pensèrent mourir, & entre autres un pauvre ouvrier de bois de galoches, qui en eut telle appréhension, que la peur lui causa une grosse fièvre qu'il n'a point quittée. Ce ne fut pas tout, car ainsi que les soldats étoient tous en alarmes du cri qu'avoit fait cet homme de feu, s'en étoient allés sur les murailles pour voir, il passa sur eux une grande troupe d'oiseaux, les uns noirs, les autres blancs, criant sous d'une voix hideuse & épouvantable, & avoient deux flambeaux qui les précédoient, & une figure en propre forme d'homme, faisant le hibou, &c ». Aujourd'hui on ne voit de ces apparitions qu'à l'Opéra.

la Hire, Ecuyer de son écurie, & Bailli de Vermandois; à défaut d'héritiers mâles, cette terre fut réunie à la couronne. En 1557, elle fut engagée, sous faculté de rachat perpétuel, en faveur de Gilles *Brossard*; il en fut fait ensuite une revente par adjudication au Louvre, à Gabriel de *Rochechouart*, Marquis de Mortemart. Ce contrat d'engagement a été résolu par arrêt du Conseil de l'année 1756. Le Roi est entré en possession du domaine de Montmorillon.

Il dépend de cette terre une *sergentise* féodale, pour raison de laquelle le propriétaire étoit obligé de fournir au Seigneur ou à son Lieutenant, lors des grandes assises, plusieurs objets nécessaires à ces assemblées, dont voici le détail : « Des verres & des écuelles, & trancheurs de bois & des pots de terre blancs & noirs, force *juncheurs* (1) à Monseigneur le Sénéchal, entre salle, salon, le temps durant ladite assise, & lesdites assises passées, me doit demeurer ma vaisselle, rien rompu, &c. »

Cette ville fut prise par les Ligueurs, commandés par Georges *Villequier*, Vicomte de la Guierche. Le 6 juin 1591, le Prince de Conti s'en empara pour Henri IV, & sur le refus que firent les soldats de se rendre, il les fit

---

(1) *Juncheurs* se rapporte ici à la paille ou autres herbes odoriférantes dont on jonchoit autrefois les appartemens, les salles, les écoles publiques, même les églises, dans lesquelles alors il n'y avoit pas de sièges.

tous périr au nombre de trois cents ; puis il fit détruire le château & les murailles.

DESCRIPTION. Cette ville est divisée en deux parties par la rivière de Gartempe ; elle a une église collégiale sous le titre de *Notre-Dame*; cette église étoit autrefois la chapelle du château qui a été démoli. Cette ville contient encore trois paroisses, une communauté de filles de Saint-François, des Récollets & des Augustins.

L'église des *Augustins* est une des plus remarquables de la ville ; les bâtimens de la maison sont très-vastes, & ce couvent jouit d'un revenu considérable ; mais il est assujetti à des charges assez fortes. Il devoit autrefois sept aumônes générales tous les ans ; six de ces aumônes consistoient en blé, & la septième en lard. Ces Augustins, en 1714, présentèrent requête au Parlement pour demander la commutation de ces aumônes en mille boisseaux de blé-seigle qu'ils offrirent de distribuer aux Curés des paroisses voisines dans lesquelles ils avoient des revenus. La Cour rendit un arrêt conforme à la requête. Cet arrêt éprouva des oppositions de la part des Maire & Echevins de la ville, qui demandèrent l'établissement d'un hôpital général avec l'union, desdites aumônes. Les Curés des environs ne voulurent pas non plus se charger de la distribution de ces aumônes. Les Augustins se plaignoient depuis long-temps que cette distribution étoit trop onéreuse pour eux. Cette querelle peu édifiante entre des Moines & des Curés, fut terminée par un arrêt du 10 juillet 1717, qui confirma la demande des Augustins. Lorsque le Roi ordonna, en 1724, que les vagabons du royaume seroient enfermés dans divers hôpitaux, l'Intendant de la province unit pour toujours à l'hôpital général de Poitiers, les aumônes auxquelles les Augustins de Montmorillon étoient tenus.

ANTIQUITÉS. C'est dans la maison des Augustins qu'on voit les restes d'un temple Gaulois qui intéresse beaucoup les Antiquaires. Dom Bernard de *Montfaucon*, dans ses antiquités, en donne la description & la gravure.

Ce temple, de figure octogone, est divisé en deux parties, l'une supérieure, l'autre inférieure ; ce qui forme deux temples. Le plus élevé, qui est le plus vaste, parce que les murs sont moins épais qu'en bas, est éclairé par huit fenêtres pratiquées dans huit arcades ; ces arcades sont murées, excepté celle où est la porte. Au milieu de la voûte est un trou comme à la rotonde de Rome ; le jour y descend, mais foiblement, par un tuyau long de quatre toises. A l'un des côtés existe un avant-corps d'environ trois toises, qui occupe toute une des faces ; on présume qu'en cet endroit se retiroient les Prêtres ; au dessus on voit une espèce de petite tour. Dans cette partie est un escalier ménagé dans le mur, par lequel on peut monter du temple de dessous à celui de dessus ; au côté opposé paroît la porte du temple ; proche de là, est une autre porte qui ouvre sur un chemin d'une toise de largeur, & de cent toises de longueur : ce chemin conduit à la rivière où les Prêtres alloient, sans doute, se purifier avant ou après le sacrifice, & par lequel ils pouvoient aussi mener leurs victimes.

Au dessus de la porte du temple on voit huit figures humaines grossièrement travaillées; de ces figures il en est six d'hommes; elles sont groupées de trois en trois, & diversement vêtues (1); aux deux extrémités sont deux femmes; celle qu'on voit à droite est nue, ses cheveux flottent sur ses épaules; deux serpens lui entortillent le milieu des jambes & des cuisses, & se glissent sur son ventre; elle les prend & les tient collés à sa poitrine, d'où ils se rendent chacun à une mamelle, comme pour en sucer le lait.

L'autre figure de femme a les cheveux partagés en deux tresses qui lui pendent par devant; elle porte une jupe & un corps assez semblable au costume actuel; ses mains, qu'elle tient sur ses côtés, sont couvertes de gants courts comme ceux des hommes.

On présume que la femme entortillée de serpens est la seule de ces figures qui représente une divinité, & l'on croit que cette divinité est la lune; que l'autre femme est une Druidesse, & les six hommes, six Druides : on peut voir à cet égard l'Auteur de *la religion des Gaulois*, qui a donné l'explication de ce bas-relief; mais la découverte faite en 1750, des cinq autres

---

(1) En 1750, les Augustins firent réparer le portail & la façade de cet ancien temple; lorsque les ouvriers furent parvenus aux huit figures, ils en découvrirent cinq autres, qui étoient adossées dans les mêmes groupes.

figures adossées aux premières, contrarie un peu quelques-unes des preuves sur lesquelles il établit ses explications, sur-tout celles qui sont tirées du nombre de ces figures.

Ce monument est néanmoins très-précieux. « C'est, dit le Père Montfaucon, un morceau singulier, intéressant, exquis, & d'un prix inestimable pour les amateurs de la véritable antiquité ».

Ainsi, d'après les conjectures des Savans, cet édifice étoit un temple de Druides, consacré à la lune. On dit que, dans son intérieur, huit personnes, se plaçant dans ses huit angles, peuvent s'entretenir chacune, & en même-temps, avec celle qui est dans l'angle opposé, sans que les autres personnes les entendent.

ÉVÉNEMENS remarquables. L'Etoile, dans son journal d'Henri IV, en parlant de plusieurs étranges événemens qui arrivèrent à la fin de l'année 1605, dit : « Deux Prêtres de Montmorillon consacrent l'hostie au diable, & un Prêtre hermaphrodite se trouve empêché d'enfant ». Dans ce temps les pratiques superstitieuses & magiques étoient fort à la mode. On a vu les Curés de Paris, pendant la Ligue, ne point se faire scrupule de mêler le mystere le plus sacré de leur religion, aux pratiques les plus criminelles de la magie ; ainsi, l'action des deux Prêtres de Montmorillon ne doit pas surprendre. Quant au Prêtre hermaphrodite qui étoit sur le point d'enfanter, l'histoire nous en offre un pareil exemple bien attesté, & dont nous ferons mention à l'article d'*Yssaire* en Auvergne.

CIVRAY.

Petite ville du haut Poitou, capitale du Comté de Civray, située à dix lieues de Poitiers, sur les bords de la Charente.

La seigneurie de Civray appartenoit, en 1190, à *Othon*, fils de *Henri*, Duc de Bavière, & neveu de *Richard Cœur-de-Lion*, Roi d'Angleterre ; elle passa dans la maison de Lusignan, ensuite dans celle de Raoul d'Issoudun. En 1246, elle appartenoit à Alphonse, Comte de Poitou. Après la mort de ce Prince, la châtellenie de Civray fut réunie à la couronne ; puis elle passa avec plusieurs autres terres à *Raoul*, Comte d'Eu & de Guines, Connétable de France, qui, accusé d'avoir des intelligences avec les Anglois, fut condamné, sans forme de procédure, à avoir la tête tranchée ; il fut exécuté à Paris le 9 novembre 1350 ; tous ses biens furent confisqués, & Civray retourna à la couronne.

Plusieurs Historiens s'accordent à dire que cette exécution fut injuste, & que cette violence, commise au commencement du règne du Roi *Jean*, indisposa les esprits, & fut cause en partie des malheurs de ce Monarque.

François Ier, par son édit de 1541, érigea Civray en Comté, & y joignit plusieurs autres terres.

Cette terre est aujourd'hui possédée à titre d'engagement par M. le Prince de Condé.

Le domaine du Comté consiste en un vieux

château ruiné & en plusieurs droits seigneuriaux.

A une lieue de Civray, & sur le chemin de cette ville à Poitiers est une carrière de marbre, connue sous le nom de *marbre de la Bonardière*.

CHARROUX.

A une lieue de Civray, proche des bords de la Charente, est la petite ville de *Charroux*, célèbre par son abbaye d'hommes, de l'ordre de Saint-Benoît.

Ce monastère fut fondé, en 785, par *Roger*, Comte de Limoges, & par *Euphrasie* son épouse. Charlemagne lui donna de grands biens, une bibliothèque, & notemment des reliques qui devinrent une source de richesses pour cette maison. On distingue sur-tout un reliquaire, appelé autrefois la *Sainte Vertu*, à cause des prodiges qu'il opéroit; ce reliquaire contenoit, dit-on, un morceau de *chair rouge* encore sanglant du corps de Jésus-Christ; on croit aussi que c'est du nom de cette relique, appelée *Caro rubra*, chair rouge, qu'on a fait celui de *Charroux* (1).

---

(1) On raconte que les Moines de Charroux, pour sauver cette relique de la fureur des Normands, l'avoient mise en dépôt à *Angoulême*. *Alduin*, fils d'*Ulgrin*, Comte d'Angoulême, éprouva tant de dévotion pour cette relique, qu'il voulut la garder, & refusa de la rendre aux Moines de Charroux; alors, dit-on, Dieu punit, non seulement le Comte coupable, mais aussi tous les habitans de la ville, fort innocens, par une maladie contagieuse, appelée la *Fringalle* ou

Il ne faut pas douter que cette relique ne soit la même que celle qui depuis a obtenu tant de célébrité sous le nom de *Saint Circoncis* ou de *Saint Prépuce de Notre-Seigneur*.

Ce prépuce a causé plusieurs déclamations contre les fourberies des anciens Moines; les Calvinistes en ont plaisanté, & les Catholiques instruits ont nié son authenticité. Le savant Abbé *Thiers*, Curé de Camprond, Docteur de Sorbonne, ne doit pas être suspect aux personnes incertaines; il nous avertit qu'il existe un grand nombre de ces prépuces; que les Moines, en abusant les peuples, retirent une plus grande quantité d'offrandes, & il conclut que ce n'est pas seulement superstition, mais encore sacrilège, d'offrir de pareils objets à la vénération publique. Il s'appuie du sentiment de M. *Godeau*, Evêque de Valence, qui dit à ce sujet, « quelque pieuses que soient ces fraudes, quelques bons effets qu'elles produisent, ne méritent-elles pas que tous les foudres de l'église en exterminent les auteurs ? La foule du peuple qui vient dans une chapelle, les communions & les confessions qui s'y font, les sacrifices qui s'y offrent, les aumônes qui s'y donnent, les conversions de cent mille pécheurs, si l'on veut, peuvent-elles excuser ceux qui se servent d'un

---

faim canine; la récolte, le gibier ne pouvoient suffire à l'appétit glouton du peuple, qui dévoroit tout : les Angoumoisins se mangeoient les uns les autres. Cette rage de manger cessa aussi-tôt que le Comte renvoya la relique à Charroux.

moyen si peu proportionné à la fin qu'ils se proposent (1) ? »

Le méchant & superstitieux Louis XI, accablé de crimes, tremblant d'être assassiné ou empoisonné dans cette vie, & d'être damné dans l'autre, avoit recours à toutes les reliques de la France, pour éloigner ou adoucir le châtiment qu'il redoutoit; en conséquence il écrivit aux habitans de Poitiers cette lettre :

« Très-chers & bien-amés, nous avons voué au *saint vœu* de Charroux six lampes d'argent, lesquelles nous y envoyons par le porteur; & pour ce que désirous que lesdites lampes demeurent perpétuellement audit *saint vœu*, sans en être bougées, nous vous prions, néanmoins mandons qu'incontinent & sans délai vous envoyiez, avec ledit porteur, un ou deux des plus notables Echevins de notre ville de

―――――――――――
(1) Tout comme on compte plusieurs saints Suaires, plusieurs têtes de Saint-Jean-Baptiste, plusieurs nombrils de Jésus, &c.; de même on compte plusieurs prépuces. Outre celui de l'abbaye de *Charroux*, on en trouve un second à Rome, dans l'église de *Saint-Jean-de-Latran*; un troisième étoit à *Anvers*, qui fut enlevé, en 1566, par les hérétiques; un quatrième est conservé à *Hildesheim* en Allemagne; le cinquième dans l'église de Notre-Dame *du Puy* en Velai; le sixième dans l'abbaye de *Coulombs*, proche Nogent-le-Roi; & cependant Notre-Seigneur n'a été circoncis qu'une fois. Il y a même des Auteurs, tels que *Voragine*, *Suarès*, &c., qui soutiennent que *Jesus* ressuscita avec son prépuce, parce que le prépuce étant de la vérité & de l'intégrité de la nature humaine, ce fils de Dieu doit être ainsi dans le ciel.

Poitiers, pour *illec* prendre bonne & suffisante obligation, tant de l'Abbé que du couvent de ladite abbaye de Charroux, de non jamais aliéner ni transporter lesdites lampes du lieu où elles seront pendues en ladite église ; & ladite obligation ainsi faite & passée suffisamment, nous enverrez par ledit porteur, lequel nous envoyons expressément par delà, & gardez qu'en ce n'aie faute. Donné au Plessis du Parc-lès-Tours, le sept janvier. Signé *Louis* ».

Ces six lampes furent portées à Poitiers le 10 janvier, elles pesoient six cent vingt-six marcs & demi d'argent : deux Députés de cette ville vinrent offrir ce présent à l'abbaye de Charroux.

L'église de Charroux fut bâtie vers la fin du huitième siècle ; elle étoit alors une des plus belles du royaume ; au dessus de l'autel, placé au milieu de trois rangs de piliers, s'élevoit un dôme en forme de tiare, d'une hauteur prodigieuse, & dont la flèche a été renversée.

Cet édifice est presque entièrement ruiné ; les ravages des guerres de la religion & la négligence des Moines ont causé cette perte.

L'abbaye étoit occupée par des Bénédictins de l'ancienne congrégation des Exempts ; on travaille à les réunir au chapitre de Brioude.

POITIERS.

Ville ancienne, capitale du Poitou, avec un évêché suffragant de Bordeaux, une Université, un bureau des Finances, un hôtel des

Monnoies, &c., située sur une colline, à la rive gauche de la rivière du Clain, à vingt-sept lieues d'Angers, à vingt-six de Limoges, à trente-deux de Nantes, à trente-trois de la Rochelle, à soixante-quatre de Bordeaux, & à quatre-vingt-sept de Paris.

ORIGINE. Cette ville est fort ancienne; il est assez prouvé par plusieurs monumens antiques qui y sont conservés, qu'elle existoit au même lieu sous l'empire d'Auguste. On croit que l'Empereur Claude y fit plusieurs accroissemens, & qu'après avoir été ruinée par les barbares, qui, au cinquième siècle, inondèrent l'Europe, Dagobert la rétablit.

Plusieurs Ecrivains ont prétendu que l'ancienne capitale du Poitou existoit, même au commencement de la Monarchie, dans l'endroit appelé *vieux Poitiers*, situé à six lieues de Poitiers, sur la route de cette ville à Châtellerault, vis-à-vis *les Barres*, & à cent cinquante toises de la rivière de Clain, où l'on voit encore quelques restes d'antiquités, dont nous parlerons ci-après à l'article *Châtellerault*; cette opinion est détruite par une inscription qui constate que la ville de Poitiers, *Civitas Pictonum*, éleva un mausolée à la fille d'un Lieutenant de l'Empereur Auguste dans l'Aquitaine: on ne doit pas présumer qu'un marbre d'une telle pesanteur ait été transporté du vieux Poitiers. D'ailleurs cette capitale renferme plusieurs autres restes de monumens antiques, qui annoncent qu'elle étoit florissante sous les Empereurs Romains.

M. l'Abbé *Belley*, dans une Dissertation

insérée au tome XXXII des Mémoires de l'Académie des Inscriptions, prouve que Poitiers étoit la même ville que l'ancienne *Limonum*, place forte & célèbre du temps de la conquête des Gaules par César, qui, comme la plupart des villes capitales de ce pays, perdit son nom, & reçut celui des peuples de la province : ainsi, Poitiers n'est point une ville nouvelle; elle a toujours existé, depuis le siècle de Jules-César, dans la situation actuelle.

HISTOIRE. Cette ville, ainsi que le Poitou, faisoit partie du royaume d'Aquitaine, que possédoient les Visigoths; Clovis s'en rendit maître après la fameuse victoire qu'il remporta sur leur Roi *Alaric*, à cinq lieues de Poitiers, proche la rivière de Clain (1).

Cette ville fut assiégée & prise par *Gontran* deux fois dans l'espace d'une année. Au huitième siècle, les Sarrasins, conduits par *Abderame*, qui pénétrèrent en France jusqu'aux rives de la Loire, en passant, ravagèrent Poitiers. Les Normands, au neuvième siècle,

---

(1) Presque tous les Historiens anciens, & sur-tout les modernes, ont nommé *Vouillé* ou *Vouglé* le champ où s'est donnée cette célèbre bataille; cependant ce lieu paroît, à plusieurs égards, peu convenir à ce grand événement. M. *Touzalin de Lussabeau* a publié une Dissertation par laquelle il prouve que ce champ de bataille est proche *La Mothe-de-Ganne* & la rivière de *Clain*, à cinq lieues de Poitiers ; on trouve encore à une lieue de *la Mothe*, dans la paroisse de *Champagné-Saint-Hilaire*, un endroit qui porte le nom de champ d'*Alaric*.

vinrent dévaster cette ville, pillèrent & brûlèrent plusieurs églises. En 1152, Poitiers, par le mariage d'*Eléonore* d'Aquitaine avec *Henri*, Duc de Normandie, qui devint Roi d'Angleterre, passa sous la domination Angloise, & y resta jusqu'en 1204; cette ville fut alors réunie à la couronne par Philippe-Auguste, elle passa ensuite aux Anglois; *Jean*, Duc de Berri & Comte de Poitou, la retira, en 1356, de leurs mains; Charles VII, qui lui succéda dans la suite, la réunit à la couronne de France.

Dans ce temps malheureux, les Anglois, maîtres de Paris & de la plus grande partie de la France, ne laissoient à ce Roi qu'un petit nombre de provinces; Poitiers devint alors, pendant quatorze ans, la capitale du royaume; Charles VII y tint long-temps sa Cour, & le Parlement y fut transféré.

Cette ville, dont les Rois d'Angleterre avoient déjà étendu l'enceinte, reçut en cette occasion un nouvel accroissement; mais les guerres des seizième & dix-septième siècles diminuèrent beaucoup sa population & son commerce, & depuis ce temps elle n'a pu suivre, à proportion, le progrès des autres villes de France.

DESCRIPTION. Poitiers est une ville très-grande, mais sa population ne répond point à son étendue. La rivière du Clain, & une autre petite rivière qui s'y jette, l'entourent presque entièrement. Elle contient un très-grand nombre d'églises; on y compte vingt-deux paroisses, cinq chapitres, quatre abbayes, neuf couvens d'hommes, douze de filles, deux séminaires & trois hôpitaux. La grande route de Paris à Bordeaux passe par cette ville, & contribue à la rendre vivante. En 1778, M. Pallu du Parc, Maire, la fit diviser en quatre quartiers, sous les lettres A, B, C, D, & toutes les maisons de la ville & des faubourgs, d'après cette division, ont été numérotées, & à chaque coin est écrit le nom de la rue.

Cette ville est en général mal percée & mal bâtie; les rues y sont étroites, tortueuses & mal pavées; on y trouve plusieurs petites places, & très-peu de bâtimens remarquables, au moins par la beauté de leur construction.

La Place royale, sans être ni belle ni vaste, est la plus distinguée des places publiques de cette ville. Au milieu est la statue pédestre de Louis XIV, en stuc bronzé, élevée sur un piédestal carré, portant des inscriptions; aux angles sont quatre termes qui représentent quatre Nations; on y lit:

A la gloire de Louis-le-Grand
« que le ciel a accordé aux vœux de ses peuples, & qu'il a conservé pour leur félicité.

« Le corps des Marchands de Poitiers a consacré ce monument d'*éternelle* reconnoissance, pour le rétablissement des Arts & du commerce, du consentement de tous les ordres de la ville, & aux acclamations du peuple, l'an du salut 1687.

« Ce monument *éternel* (1) a été élevé à la

___
(1) Ce monument éternel est en stuc, & il est même mutilé en plusieurs endroits.

gloire

gloire de Louis-le-Grand, dans le marché vieux, qui, par un heureux changement, sera désormais nommé *la Place royale*; Ignace-François de *Saillant*, étant Evêque de Poitiers; Nicolas-Joseph *Foucauld*, Maître des Requêtes, Intendant de la province ».

« L'ouvrage fut commencé, Pierre de *Chessaud* étant Maire de la ville, & achevé sous Jacques *Rabereuil*, son successeur, la seconde année de l'entier rétablissement de la religion Catholique dans toute la France (1) ».

---

(1) On voit bien que ce monument fut élevé à l'occasion de la révocation de l'édit de Nantes, & en mémoire des violences odieuses exercées contre les Protestans, avant & après cette révocation, par une foule de tyrans qui, abusant de l'autorité & de la crédulité du Roi, portèrent la désolation dans des milliers de familles françoises, détruisirent le commerce de plusieurs provinces, & les dépeuplèrent de citoyens riches & utiles. Le récit de ces persécutions, qui déshonorèrent la fin d'un règne glorieux, excite la plus vive indignation contre ceux qui en étoient ou les auteurs ou les instrumens. Voyez ce que nous avons rapporté à cet égard dans le tableau général du Poitou, de ce volume, pag. 16 & 17.

Nicolas Foucauld, Intendant du Poitou, cité dans cette inscription, étoit le même que l'odieux *Foucauld*, Intendant du *Béarn*, qui inventa des moyens atroces pour persécuter les Protestans dans ce pays (voyez *tableau général du Béarn*, Part. III, pag. 204.), qui les persécuta à Montauban, enfin en Poitou; ce fut là le terme de ses cruautés; il voulut en quelque sorte les illustrer aux yeux de la postérité, en obligeant quelques citoyens subordonnés à consentir à l'érection de ce monument qui n'atteste que des crimes,

Partie IV. G

Ce monument, entouré d'une grille de fer, a été réparé en 1778.

L'Hôtel de ville est un bâtiment ancien & peu curieux.

L'horloge de la ville, appelée *grosse horloge*, fut achevée en 1390; on vient d'y faire des réparations que la vétusté de la charpente rendoit indispensables. Au dessous de cette horloge on avoit placé l'inscription suivante en langue Poitevine, dans laquelle on remarque une grande simplicité :

> Quiou qui cou reloge a fat foaire,
> L'est in moaire nommé Boilève ;
> A cause que les pouvres geants
> Gne saviant à quo l'houre ils diniants.

C'est-à-dire : « Celui qui cette horloge a fait » faire, c'est un Maire nommé Boilève, à cause » que les pauvres gens ne savoient à quelle » heure ils dînoient ».

Les Promenades publiques. Les plus fréquentées sont, *le Cours*, situé hors la ville, vis-à-vis l'abbaye de Saint-Cyprien.

Celle du *pont Guillon*, qui fut établie en 1736 sur l'emplacement de l'ancien château des Comtes de Poitou; le Clain la borde; la vue en est pittoresque, & offre en perspective, une chaîne de rochers & les ruines de l'ancien château.

La plus belle est sans contredit le *parc de Blossac*, ainsi appelée du nom de M. de la Bourdonnaye *de Blossac*, Intendant de la province, qui, pour procurer des secours aux pauvres; les employa aux travaux de cette place, commencée en 1752, & entièrement achevée en 1771. Cette promenade, fort élevée, & heureusement située, domine sur la rivière du Clain & sur la prairie; on y respire un air pur, & on jouit d'une vue très-étendue & très-variée; des vignobles immenses, des forêts, des villages, un lointain considérable, offrent un tableau riant & majestueux.

On met encore au rang des promenades la place *Saint-Pierre*, nouvellement plantée, qui, dans la suite, pourra devenir plus agréable & plus fréquentée.

L'ancien château de Poitiers, vaste forteresse, fameuse dans l'Histoire, n'offre plus aujourd'hui que des masures; il fut détruit sous le règne de Louis XIII, comme le furent alors la plupart des châteaux forts du royaume.

ANECDOTE. Au mois de septembre 1577, Henri III se trouvant au château de Poitiers, *René de Villequier*, Baron de Clairvaux, qui étoit dans les bonnes graces de ce Prince, entra un matin dans la chambre de sa femme, & comme elle sortoit de son lit, il la poignarda avec une de ses demoiselles « qui lui tenoit le miroir, dit l'Etoile, & lui aidoit à se *pinpelocher*, & ce, sur le sujet d'un paquet qu'il surprit, & duquel il prit assurance de sa paillardise, & que des pieça il étoit averti qu'elle commettoit avec plusieurs personnes ».

Le même Ecrivain assure que ce paquet étoit adressé au Seigneur de *Barbizy*, beau jeune homme Parisien, & contenoit non seulement la preuve de son infidélité, mais encore celle du projet qu'elle avoit formé d'empoisonner son mari.

Cette dame étoit *Françoise de la Marck*, fille naturelle du Seigneur d'Egmont ; quelques Historiens ont prétendu que son mari se porta à cette extrémité pour venger le Roi Henri III, piqué de ce qu'elle lui avoit refusé des faveurs dont il la croyoit libérale envers plusieurs autres. On a même dit que ce meurtre fut secrètement ordonné par le Roi, & ce qui sembleroit confirmer ce bruit, c'est que le crime ayant été commis dans une maison royale & sous les yeux de Henri III, l'auteur n'en avoit pas été puni, qu'il conserva même le premier rang parmi les favoris de ce Prince, & qu'il continua d'être l'Intendant de ses plaisirs (1).

ANTIQUITÉS. On trouve à Poitiers plusieurs restes d'antiquités qui sont précieux, quoique très-mal conservés.

Les ruines du palais Galien sont bien peu apparentes, les arceaux qu'on voit hors de la

___

(1) « Ce meurtre fut trouvé cruel, dit l'Etoile, comme commis en une femme grosse de deux enfans, & étrange, comme fait au logis du Roi, Sa Majesté y étant, & encore en la Cour, où la paillardise est publiquement pratiquée entre les Dames, qui la tiennent pour vertu ; mais l'issue & la facilité de la rémission qu'en obtint Villequier, sans aucune difficulté, firent croire qu'il y avoit en ce fait un secret commandement & tacite consentement du Roi, qui hayssoit cette Dame pour un refus en cas pareil ».

On fit alors courir une épitaphe épigrammatique en vers françois, où Villequier & sa femme étoient également maltraités.

ville, près de l'hermitage des Capucins, formoient anciennement un aquéduc qui aboutissoit à ce palais.

L'*Amphithéâtre* étoit près du même palais; la rue la plus proche de ses ruines conserve encore le nom *des arênes*; on y distingue, mais avec peine, la forme de cet édifice: son plan étoit elliptique; le milieu qui composoit l'*arêne*, est aujourd'hui cultivé en pré ou en jardin. On voit encore devant la maison *des Vreux* quelques restes du mur qui environnoit cette arêne, & formoit la première enceinte intérieure. C'est là qu'on distingue aussi les souterrains où l'on renfermoit les bêtes féroces, & qui servent aujourd'hui de caves à plusieurs particuliers. On parvenoit dans ces souterrains par une très-belle entrée à plein cintre qu'on voit encore dans la maison *des Vreux*, du côté de la cour; dans l'intérieur, on remarque à cette porte un reste de corniche dont on a, depuis quelques années, enlevé la plus grande partie. Dans les maisons qui environnent cet amphithéâtre, on découvre les galeries intérieures qui communiquoient aux vomitoires : on présume que cet édifice n'avoit pas plus de deux étages.

L'église de *Saint-Jean* est d'une construction antique; plusieurs Auteurs prétendent que dans sa première destination, ce bâtiment étoit le mausolée d'une dame Romaine; sa forme sépulcrale semble appuyer cette opinion. Cet édifice est peu considérable; la maçonnerie, revêtue en dehors de petites pierres de taille semblables à celles de l'amphithéâtre, & à celles de presque toutes les constructions romaines, porte des caractères évidens d'antiquité (1); à chacune de ses quatre faces étoient trois portes dont chaque ouverture formoit des arcades à plein cintre, accompagnées de petites colonnes de marbre. Au milieu s'élevoit, dit-on, un autel de marbre de cinq à six pieds en carré, sur lequel étoit placée la statue de la défunte, & l'urne qui contenoit ses cendres.

Aujourd'hui cet édifice n'est plus ouvert de tous côtés; on a muré les ouvertures de trois faces, & ces murs ont caché les colonnes qui les décoroient.

De l'autel antique il ne reste rien qu'un bloc de marbre d'environ six pieds de longueur, sur lequel est une inscription romaine; ce marbre même ne se trouve plus dans cette église; il étoit embarrassant; M. de *la Roche-Posay*, Evêque de Poitiers, le fit, dit-on, transporter, il y a environ un siècle, dans l'église cathédrale, qui n'est pas fort éloignée; on le voit encore près de la sacristie, & on y lit cette épitaphe en beaux caractères, avec des abréviations; voici comme on la rapporte :

Claudiæ Varenillæ, Claudii Vareni, Consulis filiæ, civitas Pictonum funus, locum, statuam, monumentum publicum, mœsta curavit, erexit, nuncupavit. Soranus Pavius, Legatus Augusti, Proprætor provinciæ Aquitanicæ, Consul designatus, maritus, honore contentus, suâ pecuniâ ponendum curavit.

---

(1) Cet édifice se trouve gravé dans les antiquités du Père de Montfaucon.

Suivant cette inscription, la ville de Poitiers s'étoit chargée des frais des obseques, de ceux de la statue, & de l'emplacement du mausolée de *Claudia Varenilla*, fille du Consul *Claude Varenus*, & épouse de *Soranus*, Lieutenant de l'Empereur Auguste dans l'Aquitaine, & Consul désigné, qui fit les frais de la construction de l'édifice (1).

Les premiers Chrétiens consacrèrent cet édifice à *Saint-Jean*, & le convertirent en *baptistaire*; c'étoit le seul endroit de Poitiers où le baptême étoit administré, & ce n'est que depuis environ deux cents ans que les paroisses de cette ville ont obtenu la permission d'avoir des fonts baptismaux. On voyoit encore, au commencement de ce siècle, le baptistaire de l'église de Saint-Jean; comme il masquoit le maître-autel, en 1703, M. de *la Poipe*, Evêque de Poitiers, le fit enlever.

La Cathédrale, située proche de l'église de Saint-Jean, est sous le titre de *Saint-Pierre*; cette église fut, à ce qu'on croit, fondée par Saint-Martial; elle subsista dans sa construction primitive jusqu'en 1021; à cette époque, elle fut détruite par un incendie qui consuma une grande partie de la ville. Guillaume IV, Comte de Poitiers & Duc d'Aquitaine, la fit rétablir. L'an 1161, Henri II, Roi d'Angleterre & Comte de Poitou, entreprit de la faire reconstruire telle qu'on la voit aujour-

---

(1) On peut voir à cet égard l'Histoire abrégée du Poitou par M. *Thibaudeau*, Avocat à Poitiers, tom. I, pag. 9, 19, &c.

d'hui ; elle ne fut achevée que deux cents & quelques années après, par le Duc de Berri, Comte de Poitou ; le 17 octobre 1379, elle fut consacrée par *Bertrand de Maumont*, Evêque de Poitiers, dont on voit le tombeau en pierre, élevé d'environ deux pieds, avec une épitaphe latine, dans la chapelle de Saint-André.

Cette église fut, en 1562, pillée par les Protestans qui brûlèrent un grand nombre de reliques, & s'emparèrent de plusieurs châsses & autres objets précieux (1).

M. de la Roche-Posay, Evêque de Poitiers, fit exécuter beaucoup de réparations dans cette église ; en 1623, il fit refaire le maître-autel, & un reliquaire d'argent qu'on y place, au haut duquel est un saphir qui échappa au pillage des soldats du parti Protestant.

―――――――――

(1) Parmi les *joyaux* d'églises, perdus en cette occasion, on se rappelle sur-tout une châsse d'or, enrichie d'un rubis oriental, de quatre saphirs, de quatre rubis balais, de trente-deux grosses perles, & de seize diamans ; cette châsse dont les pierreries avoient été données par le Duc de Berri, contenoit une partie de *la barbe de Saint-Pierre*. On gardoit aussi dans le chapitre deux sandales, dont l'une étoit de *Saint-Pierre*, & l'autre de *Saint-Martial*. Dans l'inventaire fait en 1406, on fait mention d'une crosse de cuivre pour les *Innocens : Item, quædam crossa cuprea pro Innocentibus* ; ce qui prouve que la fête des Innocens ou des fous se célébroit dans cette église comme dans plusieurs autres, avec toutes les cérémonies ordinaires, c'est-à-dire, avec des folies, des indécences qui seroient incroyables aujourd'hui, si elles n'étoient attestées par des autorités incontestables : nous avons eu occasion, dans plusieurs articles de cet Ouvrage, de donner des détails sur ces fêtes.

Cette église a depuis été réparée considérablement par M. *de Saint-Aulaire*, Evê. e de Poitiers ; ce Prélat a obtenu de Louis XV & de Louis XVI des fonds nécessaires pour ces réparations, qui ont été augmentés par la libéralité de quelques Chanoines.

On a construit en marbre le maître-autel, & on a élevé une tribune au dessus de la porte d'entrée, &c.

Cette église est très vaste, mais sa hauteur n'est pas en proportion avec son étendue.

Près de la sacristie est un marbre antique, chargé d'une inscription romaine, qui étoit autrefois dans l'église de Saint-Jean, & dont nous avons parlé ci-dessus, page 102.

Dans le chœur étoit autrefois le superbe tombeau de *Simon de Cramaud*, qui fut Evêque d'Agen, de Carcassonne, d'Avignon, de Poitiers, de Rheims, & Patriarche d'Alexandrie, & puis Cardinal ; il posséda plusieurs de ces dignités à la fois ; c'étoit alors un abus assez commun dans l'église, où l'avarice & l'ambition dominoient. Il se distingua par son éloquence au Concile de Constance, & mourut à Poitiers en 1426 ; son tombeau, sur lequel étoit sa statue, fut détruit par les Protestans ; il en reste seulement un tableau placé dans le mur de clôture du chœur, qui présente son portrait ; au bas, sur une pierre noire, est une longue inscription en lettres gothiques, rapportée dans le premier volume de la *Bibliothèque du Poitou*, pag. 385.

Anecdote. Cette église fut le théâtre de plusieurs événemens. En 1100 des Légats &

plusieurs Prélats du royaume s'y assemblèrent, dans le dessein d'excommunier *Philippe Ier*. Ce Roi ayant fait déclarer son mariage, avec la Reine Berthe, nul, à cause de parenté, avoit épousé Bertrade, femme du Comte d'Anjou. Guillaume VII, Comte de Poitou, s'opposa à cette excommunication; il assista à l'assemblée, & n'ayant pu, après plusieurs représentations, détourner les Prélats de leur projet, il sortit en colère de l'église, suivi d'une partie des Evêques & du peuple (1).

A l'instant, un homme, placé dans les tribunes, lança une pierre aux Légats, & cassa la tête à un Ecclésiastique qui étoit à leurs côtés; il s'éleva alors un grand tumulte dans l'église : les Evêques effrayés prirent tous la fuite; les Légats restèrent seuls, & prononcèrent courageusement l'excommunication.

L'église royale & collégiale de Saint-Hilaire-le-Grand appartient à un des plus cé-

---

(1) Ce même Comte *Guillaume* aimoit beaucoup la Vicomtesse de *Chatellerault*; il l'enleva, & la garda dans son palais. *Pierre*, Evêque de Poitiers, qui n'approuvoit pas ces amours, fit assembler le peuple dans la cathédrale, afin de prononcer solennellement la formule d'excommunication contre *Guillaume VII*. Mais ce Prince aussi-tôt entra dans l'église, saisit l'Evêque par les cheveux, & lui mettant le poignard sur la gorge, il lui dit : *Donne-moi l'absolution, ou je te tue*. Le Prélat, sans paroître épouvanté, le supplia de lui laisser un moment de liberté, & à peine fut-il libre, qu'il acheva de prononcer la formule de l'excommunication; puis il présenta sa tête au Comte. Ce Seigneur parvint à se contenir, & lui dit : *Je ne t'aime pas assez pour t'envoyer en paradis*; ensuite il le chassa de son siège, & l'exila à Chauvigny.

lèbres chapitres du royaume. L'église, fondée par *Saint-Hilaire*, fut rebâtie & dotée, à ce qu'on prétend, par Clovis, en action de grace de la victoire qu'il venoit de remporter sur Alaric (1).

Vers la fin du neuvième siècle, cette église, qui étoit celle d'un monastère de Religieux de l'ordre de Saint-Augustin, fut ravagée par les Normands; alors la maison fut abandonnée, & vingt-cinq ans après on y plaça des Chanoines séculiers, qui cependant vivoient en communauté (2).

Les Comtes du Poitou prirent long-temps la qualité d'*Abbé de Saint-Hilaire*. Ce Comté ayant été réuni à la couronne, les Rois de France ont eu le même titre d'*Abbé*; & lorsqu'il arrive qu'un de nos Rois fait son entrée dans cette collégiale, le Trésorier vient lui présenter le surplis, l'aumusse & la chappe; Louis XIV est le dernier qui ait fait une entrée solennelle dans cette église, & qui se soit soumis à cette cérémonie.

Après la dignité d'Abbé, dont le Roi est revêtu, la plus éminente est celle de Trésorier.

Le Trésorier, nommé par le Roi, est Chan-

---

(1) Le Père le Cointe, dans ses annales ecclésiastiques de France, année 511, a démontré la fausseté de la charte de Clovis qui établit cette fondation.

(2) Suivant des réglemens concernant les Chanoines de cette église, faits sous l'autorité du Pape Grégoire VII, il fut arrêté, qu'aucuns *fils de Prêtres*, de Diacres, de Sous-Diacres ou d'autres Clercs & autres bâtards, ne pourroient être Chanoines à Saint-Hilaire.

celier de l'Université de Poitiers, & Juge métropolitain de l'archevêché de Bordeaux. En cérémonie il porte la mitre & les gants, mais non point la crosse.

Adelle d'Angleterre, épouse d'*Ebles*, Comte de Poitou & Duc d'Aquitaine, fit, en 902, rebâtir l'église de Saint-Hilaire, qui avoit été détruite par les Normands : elle fut dans la suite endommagée par les guerres. *Agnès* de Bourgogne, épouse de *Guillaume*, Duc d'Aquitaine, fit rétablir les voûtes. La nouvelle dédicace de cette église eut lieu l'an 1049 ; on y voit encore les peintures qui, à cette époque, y furent faites.

Le portail, qui est vis-à-vis la place qu'on nomme *le Plan*, est plus moderne ; il fut rebâti par *Robert Poitevin*, Trésorier de cette église, en 1448.

Cette église contenoit plusieurs objets intéressans qu'on n'y voit plus les deux principales portes étoient en bronze & très-précieuses dans le temps par leur travail. Dagobert, quoiqu'il eût cédé une partie de l'Aquitaine, dont le Poitou dépendoit, à son frère *Charibert*, y exerçoit cependant des actes de Souverain, ou plutôt de tyran ; il fit enlever ces portes de bronze de l'église de Saint-Hilaire, & les fit transporter à l'église de Saint-Denis (1) : il fit encore enlever de cette église & transporter

---

(1) Une de ces portes, lorsqu'on les transféroit, tomba, & fut perdue dans la Seine ; l'autre est sans doute une des trois portes de bronze qu'on voit encore au portail de l'église de Saint-Denis en France.

dans celle de Saint-Denis, une magnifique cuve en porphyre, admirable par sa grandeur, & qui est peut-être le morceau de cette matière le plus curieux qu'il y ait en France: on la voit encore à Saint-Denis.

On voyoit aussi dans cette église un beau mausolée, qui contenoit le cœur de la Reine *Eléonore*; il n'en reste plus aucune trace: il fut sans doute détruit en 1562, lorsque les Protestans saccagèrent Poitiers. Le Comte de Boulainvilliers, Piganiol, &c., en ont parlé comme s'il existoit, quoique depuis long-temps on ne l'y trouve plus (1).

Le tombeau de *Gilbert de la Porée*, Evêque de Poitiers, a été conservé, quoiqu'à moitié brisé par les Protestans, qui tirèrent le corps de ce Prélat & le jetèrent au feu; ce tombeau, qu'on voit près de la sacristie, est de marbre blanc, d'environ sept pieds de long sur trois de large & trois de hauteur; il est orné de deux rangs de bas-reliefs représentant la vie de Jésus-

---

(1) On a souvent reproché aux Protestans d'avoir par fanatisme détruit des tombeaux dans les églises; si à cet égard ils sont criminels à nos yeux, comment devons-nous juger des Prêtres Catholiques, Moines ou Séculiers, qui, sans respect pour une propriété chèrement acquise, sans respect pour la mémoire de ceux à qui ils doivent une partie de leur subsistance, détruisent, pour le moindre intérêt, des monumens de leurs fondateurs ou de leurs bienfaiteurs; monumens souvent utiles aux Beaux-Arts, à l'Histoire. Si l'ignorance les leur a fait dédaigner, la reconnoissance devoit les leur faire conserver; la liste de pareilles infractions seroit fort longue.

Christ ; il est élevé de deux pieds au dessus de terre par quatre petits piliers ; le couvercle de ce monument est brisé, & le coffre sert actuellement à ramasser des cierges & quelques autres meubles du chœur.

Gilbert de la Porée, un des plus beaux esprits de son siècle, étoit le contemporain & le rival des *Bernard*, des *Abeillard*, &c. ; il parvint, par son talent, à l'évêché de Poitiers. « L'esprit de Gilbert étoit fait pour son siècle, dit M. *Dreux du Radier* ; la logique la plus hérissée, les idées les plus singulières, les conceptions les plus abstraites ne lui offroient que des fleurs » ; il mérita de son temps, ainsi que Pierre *Lombard* & *Abeillard*, le titre, superbe alors, de *labyrinthe de la France*, c'est-à-dire, de *Philosophe très-embarrassé & très-embarrassant*.

Gilbert de la Porée fut élevé à l'épiscopat en 1142, & mourut dans un âge très-avancé, le 4 septembre 1154 ; il a composé plusieurs Ouvrages de métaphysique, pleins de subtilités puériles, & qui lui firent des ennemis. Quelques propositions mal sonnantes sur la Trinité furent dénoncées au Pape, & il se vit obligé de se rétracter (1).

---

(1) Le dénonciateur de ce Prélat étoit un de ses Archidiacres, qui depuis long-temps nourrissoit contre lui une haine très-forte, parce qu'il avoit, sans succès, prétendu au siège épiscopal de Poitiers. Cet Archidiacre portoit un nom singulier, & conforme à son humeur envieuse & chagrine; il étoit nommé *Qui non ridet*, qui ne rie point. *Gilbert de la Porée* avoit eu pour prédécesseur à l'évêché de Poitiers, *Grimoard*, Abbé

Le célèbre *Fortunat* fut inhumé dans cette église. Proche le chevet on voit encore quelques restes de son tombeau; il fut un des plus beaux esprits de son temps, & a laissé plusieurs Ouvrages de poésie latine.

Dans une chambre qui est à côté de l'orgue, on montre, dit-on, le *berceau* de Saint-Hilaire; c'est la moitié d'une souche de chêne, d'environ six pieds de long sur deux pieds & demi de large, creusée en forme d'auge; on y attache les foux, afin que le bon sens leur revienne, & si la recette est bonne, on pourroit, avec succès, y attacher ceux qui y croyent.

Les superstitieux du pays révèrent dans cette église une pierre qui représentoit, dit-on, un Prêtre du Paganisme, & qui est aujourd'hui au rang de celles du parement du mur; à force d'être raclée elle n'a plus de saillie. Le Diable, qui autrefois rodoit souvent dans les églises, passa dans celle de Saint-Hilaire, s'assit sur cette pierre; & comme ce n'étoit pas un diable de la bonne compagnie, il commit, dans cette attitude, une incongruité dont la mauvaise odeur a tellement imprégné la pierre, qu'elle a toujours répandu depuis une exhalaison vrai-

---

de Notre-Dame des Alleuds, qui aimoit tant la retraite, que lorsqu'il fut élu Evêque, se croyant incapable de remplir dignement une charge si difficile, il dit : *J'aimerois mieux être lépreux qu'Abbé, être exilé, ou souffrir le martyre, qu'être Evêque.* On voit aujourd'hui des aspirans à la prélature qui ont des dispositions plus courageuses.

ment diabolique ; on l'appelle *la pierre qui pue*. Voici le miracle :

Cette pierre est une de celles que les anciens Naturalistes nomment *Lapis suillus, pierre de porc* ou *pierre puante*, & qui, lorsqu'on les frotte, exhalent une odeur insupportable d'urine de chat.

M. *Monnet*, qui en a fait l'analyse, la regarde, non comme la pierre puante des Anciens qui étoit fort dure, mais comme une pierre purement calcaire & puante au frottement, comme le sont plusieurs substances de cette nature (1).

Sainte-Radegonde est une église collégiale, fondée par *Radegonde*, fille de Bertaire, un des Rois de Thuringe ; cette Princesse, captive, puis femme de Clotaire, fils de Clovis, rebutée par les crimes que son époux commettoit chaque jour, voulut être voilée par Saint-Médard, qui, faisant des difficultés, parce qu'elle étoit mariée, céda enfin à ses sollicitations. Elle fut ensuite attirée à Poitiers par la célébrité de l'église de Saint-Hilaire; elle y fixa sa demeure, & y bâtit un couvent par les libéralités de Clotaire.

Ce Roi eut la fantaisie de reprendre son ancienne épouse *Radegonde*, & de l'enlever même de son monastère ; il vint à Poitiers dans ce

---

(1) A Paris, au dessus de la petite porte de l'église des Mathurins, on voit une grande pierre sculptée, qui représente en bas-relief les douze Apôtres; elle est également de la nature des pierres puantes; j'en ai parlé dans ma Description de Paris.

dessein ;

dessein; mais Saint-Germain, qui l'accompagnoit dans ce voyage, l'en détourna. Clotaire, pendant son séjour dans cette ville, y fonda, à la prière de son épouse, une communauté d'Ecclésiastiques sous le titre de *Notre-Dame*, mais qui porte aujourd'hui le nom de *Sainte-Radegonde*.

Cette église est d'une construction peu ancienne; il faut cependant en excepter le sanctuaire, dont l'architecture paroît d'un temps plus reculé.

C'est dans cette église, & dans une chapelle souterraine, qu'est le tombeau de Sainte-Radegonde; elle avoit choisi ce lieu pour sa sépulture & pour celle de ses Religieuses. Ce tombeau a été depuis entouré d'une balustrade de marbre; le corps de la Sainte n'y est point, il en fut tiré, en 1562, par les Protestans, qui le brûlèrent devant le portail.

Au jubé de cette église, du côté de la nef, on voit des peintures à fresque, qui, dans le même temps, ont été mutilées par les Religionnaires. Elles représentent un événement arrivé en 1412, lorsque le Duc de Berri, Comte de Poitou, fit ouvrir le tombeau de la Sainte. Son corps fut alors trouvé entier, dit l'Auteur de l'Histoire du Roi Clotaire, attibuée à Bouchet, « *Et si étoit voilé, couronné, & ses mains jointes, combien qu'il y eût huit cent vingt ans, moins deux mois, qu'il y eût été mis* ».

Le Duc voulut, en cette occasion, faire couper la tête de ce corps pour la porter à la Sainte Chapelle de Bourges; les ouvriers & les personnes qui étoient présentes à l'ouverture du tombeau, furent saisis d'une telle frayeur, qu'il leur fut impossible de se résoudre à faire cette amputation. La mal-adresse de quelques ouvriers qui furent blessés en ouvrant ce tombeau, l'attente où chacun étoit de voir quelques merveilles, suffirent pour produire un effroi général, qu'on regarda comme l'effet d'un miracle.

Le Duc de Berri se contenta d'emporter un anneau que la Sainte avoit encore au doigt.

Les peintures du jubé offrent à gauche cette inscription, dont quelques mots sont effacés :

« Comme l'an mille quatre cent douze, le
» 28 mai, Jean.... Régent en France, accom-
» pagné de plusieurs Prélats, Chanoines & au-
» tres, fit ouvrir le tombeau de Sainte-Rade-
» gonde, où il trouva le corps aussi entier que
» le jour qu'il y avoit été mis, & de ses mains,
» où il y avoit deux anneaux, ledit Duc prit
» celui du Roi Clotaire, & incontinent elle
» retira sa main pour retenir celui de la reli-
» gion ».

De l'autre côté, à droite, est peint le miracle du Maçon qui fut blessé à l'œil par un éclat de pierre, & guéri par l'attouchement de l'anneau que le Duc de Berri avoit tiré du doigt de la Sainte.

Sainte-Radegonde mourut le 13 août 587, l'Evêque *Grégoire de Tours*, à cause de l'absence de l'Evêque de Poitiers, fit la cérémonie de ses funérailles. Dans cette église fut aussi inhumé le Roi *Pepin*, qui mourut à Poitiers l'an 838. Le Comte de Boulainvilliers assuroit, de son temps, que le tombeau de ce Prince exiſtoit; mais aujourd'hui il eſt abſolument inconnu.

Cette égliſe eſt devenue célèbre par les miracles qui s'y ſont, dit-on, opérés. *Anne d'Autriche* y fit faire des prières publiques pendant la maladie de Louis XIV à Calais; elle y fonda deux meſſes, & donna au chapitre une lampe d'argent, qui brûle nuit & jour devant le tombeau de la Sainte. Louis XIV donna depuis un riche ornement à cette égliſe, & voua le premier Dauphin, ſon fils, à Sainte-Radegonde. Le Prince de Conti y voua également le Comte de la Marche ſon fils, & envoya un tableau, qu'on voit encore, qui repréſente la Princeſſe de Conti offrant ſon enfant à la Sainte placée ſur un nuage; ce tableau fut reçu en grande pompe par la ville & le Chapitre.

Dans la chapelle qui précède celle du tombeau, eſt inhumé *Agnès*, ſeconde Abbeſſe de Sainte-Croix, morte avant Sainte-Radegonde.

On voit dans l'égliſe pluſieurs tombeaux des Prieurs de cette collégiale, qui ſont repréſentés avec leur aumuſſe ſur la tête, comme c'étoit l'ancien uſage.

L'abbaye de Sainte-Croix. Sainte-Radegonde étant arrivée à Poitiers, comme nous l'avons dit, fonda un monaſtère de filles qui fut d'abord compoſé de près de deux cents Religieuſes de la plus haute naiſſance, pluſieurs même étoient du ſang royal; elle y établit la règle de Saint-Céſaire d'Arles, l'an 559 au plus tard. *Sainte-Richilde* en fut la première

H ij

Abbesse; Sainte-Agnès lui succéda bientôt dans cette dignité (1).

Sainte-Radegonde ne négligea rien pour donner à cette maison de la consistance & de la célébrité; elle fit demander à l'Empereur *Justin II*, du bois de la vraie croix. Ce Prince envoya des Ambassadeurs qui portèrent, non seulement un morceau de ce bois (2), mais aussi plusieurs autres reliques, entre lesquelles étoit un livre des Evangiles couvert d'or, & enrichi de pierres orientales.

Malgré ces pieuses intentions, cette fondatrice fut en butte aux traits de la médisance & de l'envie; on lui reprocha sa trop grande intimité avec *Fortunat*, Poëte célèbre dans son temps, qui lui adressoit des vers auxquels Radegonde répondoit, qui lui envoyoit des présens, & en recevoit d'elle; qui quoiqu'étranger en France, se fixa à Poitiers, près de Sainte-

---

(1) Nous adoptons ici le sentiment de Dom *Lyron*, qui a très-bien prouvé, dans ses *Singularités historiques & littéraires*, que *Richilde*, & non pas *Agnès*, fut la première Abbesse de ce monastère. Grégoire de Tours, qui n'est pas trop exact, avoit, à cet égard, induit en erreur tous les Historiens qui ont, d'après lui, parlé de ce monastère. Le même Dom *Lyron* démontre évidemment, contre le récit de Grégoire de Tours, que *Sainte-Radegonde* ne fit point le voyage d'Arles avec *Agnès*, pour recevoir la règle de Saint-Césaire, mais qu'elle en fit venir les constitutions, & les adopta.

(2) Dans l'église de *Saint-Pierre le Puellier* de la même ville, on conserve aussi un gros morceau du bois de la vraie Croix, & même quelques épines de sa couronne.

Radegonde, dont il étoit comme le Secrétaire, & devint Evêque de cette ville. Ce commerce familier entre deux personnes qui aimoient & cultivoient les Lettres, parut très-suspect. L'Evêque même de Poitiers, appelé *Mérovée*, soit par jalousie, ou par quelque autre motif, n'aprouva jamais la conduite de Radegonde (1); mais tous les soupçons élevés contre la sainteté de cette Princesse sont victorieusement détruits par les miracles nombreux qu'elle opéra, dit-on, après sa mort.

L'église de l'abbaye de *Sainte-Croix* doit ce nom au bois de la vraie croix qui y est conservé; elle fut bâtie, telle qu'on la voit aujourd'hui, du temps de Charlemagne; sa forme est celle d'une croix; les voûtes sont à plein cintre, soutenues par des colonnes semblables à celles de ce temps-là.

La nef sert de chœur aux Religieuses, comme dans presque tous les anciens monastères. Au dessus de chaque siège est un tableau de l'Ecole Flamande, peint sur cuivre; ces peintures sont

---

(1) L'Evêque *Mérovée* fut toujours opposé aux entreprises de Radegonde; il critiqua d'abord la règle de son monastère, ce qui la détermina à adopter celle de Saint Césaire d'Arles. Lorsque cette Princesse fit apporter à Poitiers du bois de la vraie Croix, cet Evêque, ainsi que les habitans de la ville, refusèrent de recevoir cette relique; il partit même pour la campagne, afin de ne pas se trouver à cette réception; ce fut l'Evêque de Tours qui fit la cérémonie; enfin lorsque Sainte-Radegonde fut morte, l'Evêque de Poitiers affecta de s'absenter de la ville pour ne point assister à ses funérailles.

belles; elles furent envoyées par le Prince d'Orange à Madame de *Naſſau* ſa ſœur, Abbeſſe de cette maiſon.

Le maître-autel eſt ſurmonté d'un rétable de vermeil, orné de pluſieurs figures.

On voit dans cette égliſe la forme d'un grand dragon que l'on promène chaque année aux proceſſions des Rogations, & que l'on dit avoir été tué par l'interceſſion de Sainte-Radegonde. (Voyez ci-après *Uſages*, pag. 136).

L'ancienne égliſe ſubſiſte encore à côté d'une chapelle qu'on nomme *le pas de Dieu*; elle fut, dit-on, bâtie ſur l'emplacement de la chambre qu'occupoit Sainte-Radegonde; on y montre dans une arcade fermée par une grille de fer, les reſtes de la meule dont la Sainte ſe ſervoit pour broyer le blé néceſſaire à ſa nourriture, & celui dont elle faiſoit le pain à conſacrer; on voit auſſi dans le même endroit un mortier dans lequel on prétend qu'elle piloït des drogues pour le ſoulagement des pauvres malades.

Flandrine de *Naſſau*, Abbeſſe de Sainte-Croix, dont nous avons parlé, contribua à la décoration de cette chapelle, & y fit placer de grands vitraux ſur leſquels eſt repréſenté Jéſus-Chriſt apparoiſſant à Sainte-Radegonde. D'après une relation fort incertaine, ce Dieu apparut à cette Sainte; mais ce fut une viſion qu'elle eut en dormant, comme le témoigne un ancien manuſcrit conſervé aux archives du chapitre de Sainte-Radegonde; dans une miniature qu'on y trouve, cette Sainte eſt repréſentée endormie pendant l'apparition. Néanmoins on raconte que *Jéſus*, ſous la forme d'un beau jeune homme, entra dans la cellule de Sainte-Radegonde, lui difant de ne point fe troubler, qu'il étoit venu pour la confoler, & qu'il la regardoit comme l'une des plus belles pierreries de fa couronne, & qu'ayant achevé ces mots, il difparut, en laiffant dans cette cellule l'empreinte d'un de fes pieds que l'on voit encore, & qu'on appelle le *pas de Dieu*.

ANECDOTE. A peine Sainte-Radegonde fut elle morte, que le défordre s'introduifit dans le monaftère de Sainte-Croix. *Leubovére*, qui avoit fuccédé à *Agnès*, & qui fut élue Abbeffe avant la mort de la fondatrice, fe vit tout à coup menacée d'être deftituée par les efforts de deux Princeffes Religieufes, *Chrodielde*, fille du Roi Charibert, & *Bafine*, fille de Chilperic 1er, fa coufine. Ces deux Religieufes, à la tête de quarante autres qu'elles avoient mifes dans leur parti, fortirent de leur monaftère, & fe mirent en route pour aller porter au Roi leurs plaintes contre l'Abbeffe (1).

Ces quarante Religieufes & leurs deux conductrices partirent de Poitiers, à pied, au mois de février, & dans un temps de pluie ; perfonne ne voulut les recevoir en chemin ; elles furent obligées de porter elles-mêmes leurs vivres & leurs bagages. Elles arrivèrent à Tours bien

_____

(1) Elles accufoient cette Abbeffe de plufieurs crimes, & fur-tout de ce qu'elle ne leur rendoit aucun des honneurs dus à leur naiffance ; *On ne nous traite point*, difoit Chrodielde, *comme deux filles de Roi, mais on nous fait vivre dans un état d'humiliation, comme fi nous étions nées de la moindre des fervantes.*

dégoutées d'un telle voyage. *Chrodielde* prit la résolution de laisser dans cette ville toutes les Religieuses qui la suivoient, & d'aller seule parler au Roi *Gontran*; en conséquence elle s'adressa à l'Evêque, le célèbre *Grégoire de Tours*, qui a, dans son Histoire, donné un long détail de la conduite peu édifiante de ces Religieuses. Ce Prélat voulut les déterminer à retourner à Poitiers; mais *Chrodielde* persista dans son entreprise d'aller porter ses plaintes au Roi. Elle se rendit à la Cour. *Gontran* lui ordonna de rentrer dans son monastère, convoqua, à Poitiers, un Concile, afin que ces différens fussent terminés, & que la paix fût rétablie parmi ces filles.

De retour à Poitiers, *Chrodielde* y fit naître de nouveaux désordres. Elle rassembla une foule de vagabonds & de scélerats (1), & leur ordonna de forcer, pendant la nuit, les portes du monastère, & d'en chasser l'Abbesse. Celle-ci essaya de sortir de la maison; mais, cruellement tourmentée par la goutte, elle ne put éviter son sort. Les brigands, entrés dans le couvent, après l'avoir cherchée de toutes parts, la trouvèrent dans l'église, couchée à terre devant la relique de la Sainte-Croix. Un des plus hardis s'avança pour la percer d'un coup de poignard; mais se sentant blessé lui-même par un de ses compagnons, il suspendit

---

(1) Grégoire de Tours dit que cette Princesse Religieuse s'étoit associée des homicides, des sorciers, des adultères, des vagabonds, & des gens coupables de tous les autres crimes.

son coup. Aussi-tôt arrivent plusieurs autres Religieuses qui éteignirent les lumières que portoient ces brigands, & cachèrent l'Abbesse avec le voile de l'autel ; mais ceux ci, armés de lances & d'épées, frappèrent au hasard, blessèrent plusieurs Religieuses, & dans l'obscurité ayant pris la Prieure pour l'Abbesse, ils lui arrachèrent ses vêtemens, la saisirent aux cheveux, & la traînèrent ainsi jusqu'à l'église de Saint-Hilaire. Le jour, qui commençoit à paroître, leur ayant fait apercevoir leur méprise, ils renvoyèrent cette Religieuse dans son monastère, y furent chercher l'Abbesse, la renfermèrent dans la prison de l'église de Saint-Hilaire, & y posèrent des sentinelles, afin que personne ne pût lui porter du secours.

Les fêtes de Pâques approchant, l'Evêque de Poitiers fit savoir à *Chrodielde*, que si, dans ce temps de réconciliation, elle ne délivroit pas l'Abbesse de sa prison, il ne célébreroit point la Pâque, & ne baptiseroit dans la ville aucun Cathécumène, & que si elle s'obstinoit à lui refuser la liberté, il se mettroit à la tête des habitans de Poitiers, & iroit lui-même la délivrer. L'implacable *Chrodielde* répondit sur le champ : *Si quelqu'un veut user de violence pour tirer l'Abbesse de sa prison, aussi-tôt je la fais poignarder.*

Enfin les Prélats, dans le Concile assemblé par ordre de Gontran, prononcèrent contre la Religieuse *Chrodielde* & contre ses complices une sentence d'excommunication. Alors ces filles rebelles, soutenues par la troupe des scélérats qui étoient à leurs ordres, fondent sur les Evêques

& autres Prêtres du Concile, blessent les uns, cassent la tête aux autres, les obligent tous à prendre la fuite, & les poursuivent jusques hors de la ville.

L'Abbesse fut délivrée de sa prison par un Officier du Roi; elle profita de sa liberté pour combattre son ennemie *Chrodielde*. L'on vit alors dans la ville deux armées, commandées chacune par une Religieuse, faire un carnage horrible, & ensanglanter jusqu'au tombeau de Sainte-Radegonde.

Le Roi envoya des troupes pour chasser les brigands qui s'étoient emparés de l'abbaye de Sainte-Croix; il fallut, pour ainsi dire, en faire le siège. Les assiégés furent contraints de céder à la force. *Chrodielde*, se voyant sur le point d'être vaincue, sortit du monastère, & dit aux assaillans : *Je vous prie de ne me point faire de violence; songez que je suis la fille d'un Roi, & la cousine d'un autre Roi; gardez-vous de me frapper; un temps viendra où je pourrois peut-être vous en faire repentir.*

Ces paroles n'arrêtèrent point les soldats, ils entrèrent dans le monastère, & en chassèrent les brigands qui s'en étoient emparés. Ces brigands furent saisis, & bientôt ils reçurent le châtiment de leurs crimes; les moins mal traités eurent ou le nez ou les oreilles coupés, & la sédition fut appaisée.

Les Evêques & les Ecclésiastiques n'ayant plus rien à craindre des fureurs de *Chrodielde*, tinrent un second Concile à Poitiers. Cette Religieuse, quoique vaincue, n'en étoit pas moins acharnée contre l'Abbesse. Dans cette assemblée elle l'accusa de plusieurs crimes, & sur-tout d'avoir un homme, qui, sous des habits de femme, vivoit avec elle dans la plus grande familiarité. *Le voilà cet homme*, s'écria-t-elle en le montrant au doigt.

Ce malheureux, qu'on venoit d'apostropher, & qui avoit toujours passé pour une femme, prétendit excuser son travestissement en annonçant son impuissance. *Je suis moins homme qu'on le pense*, dit-il, *puisqu'il me seroit impossible de me montrer tel auprès des Dames* (1), *& c'est à cause de ma nullité que je me suis déterminé à adopter ce costume de femme.* L'Abbesse ajouta qu'elle ne le connoissoit point, qu'elle ne l'avoit jamais vu, & qu'elle étoit absolument innocente du crime dont on l'accusoit.

Les Prélats parurent se contenter de ce désaveu. *Chrodielde* & *Basine* alléguèrent d'autres chefs d'accusations moins graves contre l'Abbesse, & dont elle se justifia pleinement. Les deux Religieuses rebelles furent excommuniées. Basine, moins emportée, reconnut sa faute, & rentra dans le monastère ; *Chrodielde* fut inflexible, & quoique dans la suite l'excommunication contre ces deux Princesses fût levée, celle-ci ne voulut jamais se soumettre à la clôture ;

─────────────

(1) *Dixit se nullum opus posse virile agere*, dit Grégoire de Tours, qui rapporte tous ces détails ; il n'ajoute pas si cet homme déguisé donna la preuve de ce qu'il avançoit ; c'étoit cependant le meilleur moyen pour détruire tous soupçons contre la vertu de l'Abbesse.

elle vécut & mourut dans une maison de campagne près de Poitiers.

Il y eut encore plusieurs autres troubles dans cette abbaye. En 876, les Religieuses furent divisées pour le choix d'une Abbesse : il se forma deux partis. *Rotrude*, fille du Roi Charles le Chauve, & *Odille*, toutes deux nommées Abbesses, étoient les deux chefs de cette division ; les débats furent vifs. *Frottier*, Archevêque de Bordeaux, s'y rendit par ordre du Roi, & eut beaucoup de peine à calmer ces bonnes Religieuses (1).

En 1511, nouveaux troubles ; *Marie Berland*, Abbesse de Sainte-Croix, fut chassée pour n'y avoir pas voulu admettre l'institut & l'habit des Religieuses de Fontevraud : l'Abbesse de la Trinité de Poitiers eut le même sort pour la même cause.

Depuis long-temps le bon ordre règne dans cette abbaye, & ce n'est plus que par leur piété que les Religieuses font parler d'elles.

Notre Dame-la-Grande est un chapitre composé de Chanoines Réguliers, qui depuis long-temps furent sécularisés.

L'église, une des plus anciennes de Poitiers, fut, dans l'origine, dédiée à *Saint-Nicolas*, &

---

(1) Il paroît que le trop grand nombre de Religieuses dont cette abbaye étoit alors composée, & d'Ecclésiastiques qui la desservoient, fut regardé comme la cause des désordres qui y régnèrent. Louis le Débonnaire, par un capitulaire de l'an 822, ordonna qu'à l'avenir il n'y auroit pas plus de cent Religieuses dans le monastère de Sainte-Croix, & pas plus de trente Clercs au dehors pour le service de leur église.

prit ensuite le titre de *Notre-Dame*, à cause d'un miracle opéré par cette Sainte, dont nous parlerons. Elle fut, dit-on, construite sous le règne de l'Empereur *Constantin*; on voit sur l'ancienne porte de cette église, du côté de la place, une statue équestre, qu'on dit être celle de *Constantin*; on sait que cet Empereur exigeoit que sa figure fût placée sur les églises qu'il permettoit aux Chrétiens de construire.

Cette statue, brisée par les Protestans, fut rétablie, en 1592, par l'*Abbé* de Notre-Dame, qui est le premier dignitaire du Chapitre; cet Abbé s'appeloit *Chevalier, Eques*; cette restauration est constatée par l'inscription suivante, qu'on peut à peine lire aujourd'hui :

Quàm Constantini pietas erexerat olim,
    Ast hostis rabies straverat effigiem,
Restituit, veteres cupiens imitarier hujus,
    Vidus Eques templi Cænobiarcha pius.

Le jubé de l'église a été rétabli en 1661; on y voit, sur la face du côté de la nef, les armes des quatre derniers Maires.

On remarque près du mur, en dehors du chœur, du côté droit en entrant, une colonne de six à sept pieds de hauteur sur laquelle est un écusson représentant un cœur surmonté d'un arbrisseau.

Anecdote. On raconte que cette colonne a été élevée sur le tombeau d'un jeune homme qui mourut de douleur & de repentir auprès d'une femme de mauvaise vie. *Bouchet*, dans ses Annales d'Aquitaine, dit que ce jeune homme ayant été inhumé en terre profane, il s'éleva quelques jours après, sur le lieu de sa sépulture, un rosier garni de fleurs; on découvrit sa tombe, & on lui trouva dans la bouche un billet portant le nom de *Marie*. Ce nom, qui pouvoit être celui de la femme débauchée auprès de laquelle il étoit mort, fut regardé comme le nom de la Mère de Dieu : le miracle parut suffisamment prouvé; on éleva la colonne dont nous avons parlé, & ce fut à cette occasion que cette église reçut le nom de *Notre-Dame*, au lieu de celui de *Saint-Nicolas* qu'elle portoit auparavant.

Ce monument, dont Bouchet ne parle point, paroît assez moderne; les bonnes femmes de Poitiers vont respectueusement baiser le cœur sculpté sur la colonne (1).

---

(1) Un autre miracle confirma à cette église le titre de *Notre-Dame*. En 1202, les Anglois étant devant Poitiers, parvinrent à séduire le Clerc du Maire de cette ville, qui s'engagea de leur livrer une des portes; dans ce dessein, il éveilla son maître à quatre heures du matin, & lui demanda les clefs de la ville, sous prétexte de laisser sortir un Officier qui devoit aller trouver le Roi Philippe. Le Maire chercha inutilement les clefs sous le chevet de son lit. Alarmé de ne les y point trouver, il se lève avec précipitation, fait prendre les armes aux Bourgeois, & va remercier Dieu dans l'église de Notre-Dame, d'avoir eu le temps de prévenir la trahison. En faisant sa prière devant l'image de la Vierge, il s'aperçut que cette statue tenoit les clefs de la ville dans ses mains, & les lui présentoit. Les cris de *miracle* se firent aussi-tôt entendre de toutes parts, & personne n'osa douter que la Sainte Vierge ne fût venue prendre

Le tombeau assez remarquable qu'on voit dans le mur de la chapelle de Sainte-Anne, est celui d'un *Dufou*, qu'on présume être celui de cette maison qui fut Sénéchal du Poitou.

Poitiers renferme plusieurs autres chapitres & abbaye considérables, qui ne présentent rien de bien intéressant pour les Lecteurs & pour les Voyageurs ; comme l'abbaye de *Saint-Cyprien*, du *Moutier-neuf*, de *la Trinité*, les chapitre de *Saint-Pierre le Puellier*, de *Saint-Hilaire-de-la-Celle*, &c.

Les Cordeliers furent fondés par Hugues & Guy de Lusignan ; & depuis leur couvent fut considérablement augmenté par *Alphonse*, Comte de Poitiers, qui est en regardé comme le fondateur.

Le chapitre de la cathédrale, par acte de 1290, leur donna l'emplacement où est bâti le couvent ; cet emplacement étoit auparavant occupé par un ordre de Moines nommés *Fratricelles*, *Frerots*, connus par les mœurs les plus dépravées & par les opinions les plus dangereuses.

---

elle-même, sous le chevet du Maire, les clefs de la ville pour les remettre entre les mains de sa statue. Des Critiques diront peut-être que ce miracle auroit pu s'opérer d'une manière plus simple & aussi avantageuse aux habitans de Poitiers ; mais alors les Chanoines de *Notre-Dame la Grande* n'en auroient pas retiré le même profit ; c'est à cette occasion qu'ils durent plusieurs privilèges, & sur-tout ceux de garder les clefs de la ville, d'exercer la justice pendant les trois jours des Rogations, & de délivrer un prisonnier.

L'église des Cordeliers, ainsi que celle des Jacobins de la même ville, renferme les cendres des plus illustres François qui furent tués à la malheureuse bataille de Poitiers, donnée en 1356, où le Roi *Jean* fut fait prisonnier par les Anglois; l'église, le cloître & le cimetière furent comblés des victimes les plus distinguées de cette bataille.

Au milieu du chœur de cette église, est un beau mausolée, composé d'un sarcophage de marbre noir, élevé d'environ quatre pieds, sur lequel sont les figures en bronze de *René de Mortemart* & de *Jeanne de Saulx* son épouse. Ces figures, de grandeur naturelle, sont représentées vêtues à la mode du temps, & à genoux devant un prié-Dieu; sur les côtés sont des épitaphes latines en vers & en prose.

Quelques pas en avant de ce mausolée étoit un lutrin triangulaire, formé par un pélican de cuivre; sur les trois faces de la base, on lisoit douze vers latins à la louange de *Jeanne de Saulx*, qui a fait élever ce monument; mais ce lutrin n'existe plus (1).

---

(1) *Jeanne de Saulx*, épouse de *René de Rochechouart*, Seigneur de *Mortemart*, Prince de Tonnay-Charente, fit élever ce monument en 1620, sous un caveau où sont placés les corps de ses père, mère, oncle, & de son mari. Quoique veuve, & encore jeune, elle refusa d'épouser un parti considérable, & répondit à ceux qui le lui proposoient: *Dieu sera mon bras droit pour me secourir; j'espère faire voir au monde que parfaite est l'amitié qui vit après la mort.* Cette Dame, fille du Maréchal de *Tavanne*, étoit fort pieuse; prévoyant de bonne heure la conversion d'Henri IV, elle

Jeanne

Jeanne de Saulx, après avoir fait élever ce mausolée, mourut le 22 octobre 1626, & donna beaucoup de biens aux Moines de Poitiers.

Dans la même église fut inhumée *Françoise-Athenaïs de Rochechouart*, plus connue sous le nom fameux de Madame de *Montespan*, maîtresse de Louis XIV, Cette femme hautaine, ambitieuse, & puis dévote, parvint, à force de manège, à remplacer Madame de *la Vallière*; l'espèce de célébrité que le titre de *favorite*

engagea son mari, en 1581, à conclure un singulier marché. Il vendit à un Gentilhomme trois de ses meilleurs chevaux pour cent livres, payables quand le Roi de Navarre, qui étoit alors à la tête du parti Protestant, embrasseroit la religion Catholique. Le débiteur obtint depuis des lettres de rescision contre son engagement, sous prétexte de sa minorité. L'affaire fut plaidée au Parlement en 1594; on y combla d'éloges Madame de Mortemart, pour avoir entrevu un événement qui fut si utile au bonheur des François.

Sicart, ancien Intendant de la maison de Mortemart, en a publié une généalogie avec la vie de Madame de Saulx; il fait descendre la maison de Saulx d'un *Faustus de Saulx*, Comte d'Autun, qui résidoit en sa ville du Saulx-Lieu. L'an 225, son frère fit bâtir un château appelé *Saulx-le-Duc*; il y fit faire une chapelle, « & Dieu, pour montrer, dit le véridique Généalogiste, combien cette race lui étoit agréable, remplir cette chapelle de feu qui paroît miraculeusement sur l'autel à la naissance & à la mort de chacun des Seigneurs de Saulx, jusqu'à présent 1627 »; il assure ensuite qu'à la naissance de *Jeanne de Saulx*, des étincelles de feu parurent visiblement sur l'autel de l'ancienne chapelle. C'est ici le langage d'un Intendant bien payé.

Partie IV. I

valut à Madame de Montespan, ne servit qu'à mettre ses défauts dans un plus grand jour.

Proche le maître-autel étoit autrefois un magnifique tombeau que le Pape Clément V fit élever à *Gauthier*, Evêque de Poitiers; ce tombeau fut détruit pendant les guerres civiles; les ossemens qu'il renfermoit ont depuis été déposés sous le maître-autel.

ANECDOTE. Cet Evêque Gauthier, un des Savans de son siècle, étoit de l'ordre des Cordeliers; ces Religieux le sanctifièrent, & gravèrent sur sa tombe une inscription où ils le qualifioient, *la perle de la sagesse, le miroir des mœurs, la terreur des méchans, le poignard de l'Eglise.* Ce Prélat avoit toutes les vertus de son temps; il étoit dur, inflexible, jaloux de ses droits, & d'une opiniâtreté qu'il conserva, dit-on, même après sa mort. Voici le fait.

Gauthier se mêla d'une querelle qui s'éleva entre deux Prélats du royaume, l'Archevêque de Bourges & celui de Bordeaux; ce dernier avoit pris la qualité de *Primat d'Aquitaine*, que l'Archevêque de Bourges lui disputoit. *Gauthier*, quoique suffragant de Bordeaux, se déclara fortement contre l'Archevêque de cette ville, & lui fit défense de se qualifier à l'avenir du titre de Primat d'Aquitaine, sous peine d'excommunication. L'Archevêque de Bordeaux ayant été, en 1305, élu Pape, sous le nom de *Clément V*, voulut venger son église & soi-même de l'injure qu'il avoit reçue de l'Evêque *Gauthier*. Par une bulle donnée à Lyon la première année de son pontificat, il le déposa de l'épiscopat, & lui enjoignit de se retirer dans le monastère des Cordeliers de Poitiers. *Gauthier* refusa hautement d'y obéir, & regardant sa déposition comme injuste, il en appela à Dieu & au futur Concile. Il fit plus, il ordonna en mourant qu'on l'inhumât avec son acte d'appel à la main ; il mourut le 21 janvier 1306, & fut enterré ainsi qu'il l'avoit désiré.

Quelques années après, le Pape Clément V. vint à Poitiers ; ayant appris dans quelles dispositions l'Evêque *Gauthier* étoit mort, & curieux de voir l'acte d'appel que le défunt tenoit à la main, il fit, pendant la nuit, ouvrir le tombeau, & ordonna à son Archidiacre d'y descendre & de s'emparer de cet acte. En vain l'Archidiacre essaya d'arracher cet écrit ; le mort le tenoit fermement, & ne le lâcha point. L'Archidiacre, dans la crainte de le déchirer, revint auprès du Pape lui rendre compte de la ténacité du mort. Le Pape lui dit d'enjoindre au défunt Evêque de lâcher cet appel, sous peine de désobéissance. L'Archidiacre revint trouver le mort, lui fit cette injonction, avec promesse de lui rapporter l'acte quand le Pape l'auroit lu. Le mort, trouvant la proposition raisonnable, ouvrit la main & lâcha l'écrit ; aussi-tôt l'Archidiacre l'envoya au S. Père ; mais lorsqu'il voulut sortir du tombeau, il se sentit arrêté par une force invisible, & se vit forcé d'y demeurer jusqu'à ce que le Pape eût rendu l'appel, & qu'il fût remis entre les mains de ce mort (1). On dit que ce Pontife, frappé de cet

---

(1) M. Dreux du Radier, dans sa Bibliothèque histo-

événement merveilleux, se détermina, pour appaiser l'humeur colérique du cadavre, de lui élever un superbe mausolée ; c'est celui dont nous avons parlé, & qui fut détruit pendant les guerres civiles.

En 1604, François de *Sousa*, Général des Cordeliers, fit, de son autorité privée, ouvrir le tombeau de *Gauthier*. L'Evêque de Poitiers en fut fort mécontent; on y trouva les ossemens enveloppés d'un étoffe de drap d'or ; les os des doigts étoient encore dans les gants, mais on n'y trouva plus l'acte d'appel ; ce Général lui arracha l'anneau épiscopal, & le porta au Pape.

Les Jacobins furent établis à Poitiers dans le treizième siècle. Dans la suite les Seigneurs de Mortemart & de Couhé firent rétablir l'église telle qu'on la voit aujourd'hui. En 1410, Guy de Lusignan, Comte de la Marche & d'Angoulême, y fut inhumé : sur son tombeau étoit sa figure en platine dorée. Ce monument fut détruit pendant les guerres civiles.

Les plus qualifiés des Gentilshommes tués à la bataille de Poitiers, furent enterrés, comme nous l'avons dit, dans le couvent des Cordeliers & dans celui des Jacobins.

Anecdote. Le corps du Duc de Bourbon, tué à cette bataille, fut transporté à l'église des Jacobins ; mais un grand obstacle s'opposoit à son inhumation. Ce Prince, de son vivant,

---

rique du Poitou, a rapporté la pièce originale qui contient cette aventure ; nous n'avons pas besoin de dire que c'est une fable.

avoit fait beaucoup de dettes, & ne payoit pas ses créanciers. Pour le corriger de cette négligeance, le Pape l'avoit excommunié, & personne n'osoit rendre les derniers devoirs au corps d'un Prince excommunié. Ce cadavre resta quelques jours en dépôt dans l'église des Jacobins. Dans cette situation alarmante, le fils du mort s'obligea à payer ses dettes, & obtint, à ce prix, du Pape Innocent VI, l'absolution de son père, & le mort reçut dévotement cette absolution (1).

La Pierre levée est une des curiosités de la ville de Poitiers ; ce n'est point par sa forme, mais par son ancienne destination, que ce monument intéresse. Cette pierre est à un quart de lieue de Poitiers ; on la trouve, en sortant par la porte de Pont-Joubert, à gauche du chemin qui conduit à Bourges.

C'est une masse de forme oblongue & irrégulière, qui a environ vingt pieds de long sur dix-sept de large ; elle est élevée sur cinq piliers à peu près à la hauteur de trois pieds & demi ; elle est brute, ainsi que les piliers ou espèces de bornes qui la supportent ; rien n'y fait soupçonner l'art, de quelque côté qu'on l'examine.

Selon la tradition populaire, Sainte-Radegonde apporta cette pierre sur sa tête, & les piliers dans son tablier ; elle plaça ces pierres comme on les voit aujourd'hui ; on ajoute aussi que la Sainte avoit apporté un sixième pilier,

---

(1) Son corps fut ensuite transporté à Paris, & inhumé aux Jacobins de cette capitale.

mais l'ayant laissé tomber, le diable le ramassa & l'emporta.

Bouchet, dans ses Annales d'Aquitaine, dit que cette masse fut élevée par ordre d'*Eléonore*, fille de Guillaume X, Comtesse du Poitou, vers le milieu du douzième siècle, pour servir de marque à un droit de foire qu'elle accorda, & qui se tient chaque année, au mois d'octobre, dans ce même lieu; mais Bouchet ne donne aucune preuve de ce qu'il avance.

L'opinion de Rabelais sur cette pierre levée est aussi bien fondée que les deux premières. Il assure que ce fut *Pantagruel*, qui, pendant qu'il étudioit à Poitiers, posa ainsi cette pierre, afin que les Ecoliers de l'Université, « quand ils ne sauroient autre chose faire, dit-il, passassent le temps à monter sur ladite pierre, & là, banqueter à force flacons, jambons & pâtés, & écrire leurs noms dessus avec un couteau, & de présent s'appelle *la Pierre levée*; en mémoire de ce, n'est aujourd'hui passé aucun en la matricule de ladite Université de Poitiers, qui n'ait bu en la fontaine cabaline de *Croutelle*, passé à passe-lourdin, & monté sur la *pierre levée* ».

On a fait plusieurs recherches sur la destination de ces pierres dont il existe un grand nombre semblables en France, & même en Poitou (1), qui se trouvent presque toujours pla-

---

(1) On voit une pareille pierre, également élevée sur des piliers, près du village de Bellefois, paroisse de Neuville, sur l'ancien chemin de Poitiers à Mirebeau. Au milieu du même chemin, est une autre grosse pierre, mais qui n'est point élevée.

cées sur les bords des chemins ; il est prouvé aujourd'hui qu'elles n'indiquent, ni des limites, ni des tombeaux, mais des autels dédiés à *Mercure*, Dieu des chemins. Voyez ce que nous avons dit à cet égard aux articles *Cahors*, Part. III, pag. 13, & *Saintes*, même Partie, pag. 285 & 286.

L'Université de Poitiers fut fondée en 1431 par Charles VII. Il y avoit déjà eu depuis long-temps des Ecoles célèbres dans cette ville ; le nouvel établissement attira un si grand concours d'Etudians, que les salles ne pouvoient les contenir (1).

---

(1) *Longueil*, Professeur de Droit à Poitiers, raconte qu'étant obligé de faire la harangue pour l'ouverture des classes en 1511, comme il expliquoit les Pandectes, il se vit tout à coup investi par une troupe de jeunes Gascons, armés d'épées nues, lui criant de descendre de la chaire pour faire place au Professeur qui devoit, à l'heure présente, commencer sa leçon. *Longueil* refusa d'obéir. Un des Gascons alors monte sur l'escalier de la chaire, saisit un pan de sa robe, & le tire avec effort pour l'obliger à descendre. D'un coup de pied, le Professeur renverse le Gascon au bas de la chaire ; un autre Gascon plus furieux s'élance, & veut venger son compagnon. *Longueil* avoit devant lui trois énormes volumes du *Digeste*, il en lança un avec force contre cet agresseur, & le renversa du coup. « Un troisième qui lui succéda, dit-il, ne fut pas mieux accueilli ; je lui jette mon second volume, & le mets hors de combat. Comme le tumulte alloit toujours croissant, un quatrième en profita pour sauter sur le bord de ma chaire, afin de s'élancer dedans, & m'en chasser plus aisément ; mais de mon dernier volume, lui ayant écrasé les doigts, je lui

USAGE. Les processions des Rogations, instituées par Saint-Mamert en 428, avoient cessé d'être en usage dans Poitiers. *Alphonse*, frère du Roi Saint-Louis, les rétablit, & elles furent alors pratiquées avec beaucoup de cérémonies. *Bouchet*, témoin oculaire, raconte que lorsque cette procession passoit dans le faubourg du Pont-Joubert, le trompette de la ville, monté sur un rocher, lançoit, contre la châsse de la cathédrale, une bouteille pleine de vin; s'il étoit assez adroit pour y toucher, il avoit la valeur de la partie de la châsse qui étoit mouillée par le vin; mais aussi il étoit excommunié: par là, on figuroit, dit-on, la persécution des Infidèles, qui, en pervertissant les Chrétiens, sont maudits & damnés. Cette cérémonie avoit été abolie depuis peu, du temps de Bouchet, c'est-à-dire, vers le commencement du seizième siècle, parce qu'il se trouvoit des gens qui s'en moquoient, *ce qui étoit aux bonnes personnes scandale & occasion de pécher*.

---

fit lâcher prise, & perdre l'envie de revenir. Ainsi, contre l'attente des assistans, on vit cette fois les armes céder à la Robe, & moi-même je fus étonné de me voir victorieux & vivant ». Ce Professeur ajoute que ses auditeurs, qui étoient au nombre de plus de six cents, se jetèrent sur les Gascons, & les forcèrent à prendre la fuite. On procéda contre les turbulens Ecoliers. Longueil eut la générosité d'arrêter les poursuites de la justice, & se contenta d'exiger d'eux une légère satisfaction, à laquelle ils ne voulurent pas se soumettre; enfin les Gascons, tant Maîtres qu'Étudians, furent condamnés à vider l'Université de Poitiers.

Si l'on a dépouillé cette procession de quelques cérémonies peu édifiantes, on a cependant conservé l'usage d'y porter la figure d'un dragon volant, que le peuple nomme *la bonne sainte vermine*; ce dragon est, dit-on, l'emblême de l'hérésie ou du diable, ou bien il est la représentation de quelque serpent aîlé, qui peut-être anciennement a ravagé ce pays.

Dans plusieurs églises de France on conserve la figure d'un dragon, & on la promène aussi aux processions (1)..

ÉVÉNEMENS remarquables. Ce fut le 17 septembre 1356, dans un champ appelé *Maupertuis*, à une lieue environ de Poitiers, entre l'abbaye de *Nouaillé* & le village de *Beauvoir*, que se donna la fameuse bataille dite de *Poitiers* ou de *Maupertuis*. La guerre étoit allumée depuis long-temps entre la France & l'Angleterre; déjà Poitiers avoit été pillé par les Anglois, & plusieurs provinces méridionales de la

---

(1) Le grand nombre de témoignages que l'on a de l'existence de ces dragons, la quantité de leur figure ou de leur peau conservée dans les églises, semblent prouver suffisamment que plusieurs ont existé, & ont causé autrefois de grands ravages. Le desséchement des marais, la culture universelle du sol de la France, s'opposent sans doute à la naissance ou à l'accroissement de ces animaux extraordinaires. Dom Calmet dit que près de *Montureux* sur Saône, au diocèse de Besançon, on avoit vu deux dragons, qui, effrayés, se réfugièrent dans un puits, où les Paysans les accablèrent de pierres, de bois, de pailles, & y mirent le feu. Voyez ce que nous avons dit à cet égard dans la première Partie de cet ouvrage, pag. 16, art. *Tarascon*. Voyez aussi *Rouen* & *Metz*.

France étoient désolées par leurs troupes, commandées par le Prince de Galles. Le Roi *Jean II* se détermina enfin à marcher contre lui à la tête d'une armée considérable, composée de ce que la Noblesse de France avoit de plus brillant. A son approche, le Prince de Galles, sentant l'infériorité de ses forces, offrit de payer tout le dommage qu'il avoit fait dans ses courses, de rendre tous les prisonniers, & de ne point porter les armes contre la France pendant sept ans. Ses troupes fatiguées manquoient de vivres, de fourrages, & étoient enveloppées de toutes parts par une armée six fois plus nombreuse. Le Roi de France, présumant trop de son avantage, rejeta ces offres, & demanda que le Prince de Galles se rendît prisonnier lui & toute son armée : il auroit pu, sans verser de sang, le forcer à accepter ces dernières conditions, s'il eût seulement attendu trois jours ; mais une ardeur téméraire l'emporta, il voulut sur le champ attaquer le Général Anglois dans ses retranchemens. Il comptoit sous ses drapeaux plus de soixante mille combattans. Jamais la France n'avoit vu des troupes plus brillantes, & conduites par des chefs plus illustres. Les quatre fils du Roi, les Princes du Sang, les plus grands Seigneurs, ne nul Chevalier, dit un Historien du temps, ne Ecuyer n'avoit osé demeurer à l'hôtel, de peur d'être déshonoré ».

Le Roi ayant disposé son armée en bataille, parcourut les rangs, & harangua ainsi ses soldats : « Entre vous autres, quand vous êtes à Paris, à Chartres, à Rouen ou à Orléans, vous menacez les Anglois, & défirez avoir le bacinet en la tête devant eux : or y êtes-vous; je vous les montre, fi leur veuillez rencontrer leur maltalent, & contre-venger vos ennemis, & les dommages qu'il vous ont faits, car fans faute nous combattrons ». On donne le fignal, les François s'avancent & s'engagent dans des défilés; les Archers Anglois les reçoivent à coups de traits; en un moment la terre eft couverte de morts & de bleffés : ce premier échec décide du fort de la bataille. Les François, accablés par l'ennemi, reculent en défordre, fe culbutent les uns fur les autres, fe précipitent fur un corps de vingt mille hommes que commandoit le Dauphin, & y répandent la terreur : tous fuient devant fix cents Anglois. Le Duc d'Orléans, qui commandoit une autre division, avant même d'être attaqué, prend auffi-tôt la fuite avec fes foldats; il ne refte plus dans la plaine que la troupe qui combattoit fous les drapeaux du Monarque.

Le Prince de Galles, du haut d'une colline, avoit aperçu la déroute des deux tiers de l'armée françoife. « Adreffons-nous, lui dit *Chandos*, devers notre adverfaire, le Roi de France; car en cette part gît tout le fort de la befogne; bien fais que par vaillance il ne fuira point, fi nous demourera, s'il plaît à Dieu & à la Sainte-Vierge. Allons, *Jean*, reprit le Prince, vous ne me verrez d'aujourd'hui retourner en arrière ». Ils s'avancent avec impétuofité fur les troupes qui entourent le Roi Jean. Il fe fait un carnage affreux. Le Monarque françois oppofe une ferme réfiftance & fait des prodiges de valeur. *Philippe*, son jeune fils, âgé pour lors de treize ans, combattoit à ses côtés avec une ardeur héroïque; il fut blessé en s'opposant aux coups qu'on portoit à son père. Déjà tous les Chefs François étoient tombés couverts de blessures; la bannière de France restoit étendue par terre, entre les bras de Charny, qui n'avoit pas voulu l'abandonner, même en expirant. Le Roi, environné de corps morts, une hache à la main, effrayoit tous ceux qui osoient l'approcher; chaque coup qu'il portoit étoit un coup mortel; en vain lui crioit-on de toutes parts: *Rendez-vous, Sire! rendez-vous!* il ne répondoit que par de nouveaux efforts; enfin ayant reçu deux blessures au visage, il fut de nouveau sollicité de se rendre, par un Gentilhomme François, banni de sa patrie pour crime. *Hé! à qui me rendrai-je?* dit le Roi; *où est mon cousin le Prince de Galles? si je le voyois, je parlerois.* Il n'est pas ici, répondit le Chevalier, *mais rendez-vous à moi, & je vous menerai devers lui.* — Qui êtes-vous? — *Sire, je suis Denis Morbec, Chevalier d'Artois; je sers le Roi d'Angleterre, parce que je ne puis être au royaume de France, pourtant que j'ai forfait tout le mien.* Alors le Roi tira le gantelet de sa main droite, & le remit à *Denis*, en lui disant: *Je me rends à vous* (1).

―――――――――――――――

(1) Avant d'arriver vers la tente du Prince de Galles, le Roi eut beaucoup à souffrir de la part de plusieurs militaires, qui, pour avoir part à la rançon, disputèrent à Denis *Morbec* l'avantage d'avoir fait cet

« Chier Sire, lui dit le Prince de Galles en l'invitant à entrer dans son pavillon, ne veuillez mie vous attrister, si Dieu n'a pas voulu aujourd'hui consentir à votre volonté; car certainement Monseigneur mon père vous fera tout honneur & amitié, & s'accordera avec vous si raisonnablement, que vous demeurerez bons amis ensemble à toujours; à l'égard de l'événement du combat, quoique la journée ne soit pas vôtre, vous avez acquis la plus haute réputation de prouesse, & avez passé aujourd'hui tous les mieux combattans. Je ne le dis mie, chier frère, pour vous louer, car tous ceux de notre parti qui ont vu les uns & les autres, se sont par pleine conscience à ce accordés, & vous en donnent le prix ».

Le Roi fut traité avec le plus grand respect. Le Prince de Galles ne voulut point s'asseoir à table avec lui. Quelque temps après, il le conduisit à Londres : son entrée fut un triom-

---

illustre prisonnier; ils s'arrachoient réciproquement ce Roi d'entre leurs mains. *C'est moi qui l'ai pris,* s'écrioient-ils tous en même temps. Le Roi, tenant son fils par la main, avoit beau dire: *Seigneurs, menez-moi courtoisement & mon fils devers le Prince mon cousin, & ne vous querellez pas pour ma prise, car je suis assez grand Seigneur pour vous faire tous riches.* Ces promesses calmoient un instant la cupidité de ces Chevaliers; mais bientôt les disputes renaissoient, & chaque disputant s'efforçoit d'entraîner de son côté le Roi & son fils; enfin deux Seigneurs Anglois, que le Prince de Galles avoit envoyés pour chercher le Roi de France, arrivèrent auprès de lui, & le délivrèrent du supplice que lui faisoit endurer l'avidité de ces guerriers.

phe dont les honneurs, attribués au Roi prisonnier, ne servoient qu'à relever la gloire des vainqueurs.

Dans cette journée si fatale à la France, périrent six mille guerriers, l'élite de la nation; les lâches se sauvèrent en fuyant : ces six mille morts furent tous transféérs à Poitiers, & les plus qualifiés furent enterrés en grande pompe dans les églises, cloîtres ou cimetières des Jacobins & des Cordeliers de cette ville.

Poitiers, dont le plus grand nombre des habitans avoient adopté les opinions nouvelles, fut en butte aux premières révolutions des guerres de la religion. Les Catholiques, par le massacre de Vassi & par quelques autres attentats, avoient violé l'édit de janvier 1562. Le Prince de Condé se mit à la tête des sectaires opprimés, écrivit plusieurs lettres aux habitans de Poitiers, & n'en recevant aucune réponse satisfaisante, il chargea *Sainte-Gemme* de s'assurer de cette ville. Le 26 mai 1562, ce Capitaine y entra sans obstacle avec ses troupes, & s'empara de tous les postes avantageux; les Protestans alors maîtres de Poitiers, indignés des mauvais traitemens que les Catholiques avoient exercés contre eux, des insultes qu'ils en avoient reçues même dans cette ville, y commirent plusieurs violences; ils ne massacrèrent personne, comme on les avoit récemment massacrés à Vassi, mais ils pillèrent les églises, brûlèrent les statues des Saints & leurs reliques (1).

---

(1) Avant cette expédition, les Protestans de Poitiers

Quelque temps après, Poitiers fut repris par le parti des Catholiques. Le Maréchal de Saint-André étant venu au camp des assaillans le premier août 1562, fit donner l'assaut; il ne seroit peut-être pas parvenu à prendre cette place, si la garnison du château ne se fût déclarée pour lui en tirant des coups de canon contre la ville & contre les Protestans. Les assiégeans entrèrent alors sans de grandes difficultés; on combattit encore avec beaucoup d'acharnement, mais il n'y avoit plus d'espoir pour les assiégés. Le Capitaine Mangot de

---

avoient beaucoup à se plaindre des Catholiques de la même ville. En 1561, il s'y forma une société de gens qui s'appeloient *les Siffleurs*, parce qu'ils portoient au cou de petits sifflets; le but de cette société étoit de tourner en ridicule les pratiques les plus sacrées des Protestans, leur cène & leur communion. Ces *Siffleurs* s'assembloient tous les soirs, & faisoient prêter serment à tous leurs associés en cette forme: *Vous jurez, par la chair, le ventre, la mort, la double tête farcie de reliques, & par toute la divinité qui est dans cette pinte, que vous serez bons & dévocieux Siffleurs, & que sans aller ni à presche ni à messe, vous irez tous les jours deux fois au B.... & choisirez la plus belle, & encore que vous n'en ayez pas envie, vous ne laisserez pas d'y aller pour donner bon exemple*. Après le serment, le Capitaine prenoit un verre de trois pintes, & après y avoir bu, le donnoit aux nouveaux agrégés en leur disant: *Le Seigneur te bénisse, soldat*; & le soldat répondoit: *Le Seigneur vous conserve, Capitaine*; puis le Capitaine prononçoit, dit-on, plusieurs blasphêmes horribles qui étoient répétés par l'assemblée. Les Protestans se plaignoient dans le temps que cette société de libertins étoit tolérée, parce qu'on voyoit qu'elle ne tendoit qu'à les insulter.

Loudun imagina fort à propos de faire rompre les barrières qui fermoient la porte de Saint-Cyprien, & par cette ouverture six cents soldats sortirent de la ville, & se dérobèrent à la fureur des vainqueurs Catholiques.

Saint-André, entièrement maître de Poitiers, abandonna cette ville à la licence des soldats, & fit pendre *Herbert* qui en étoit Maire, ainsi que plusieurs autres particuliers. Un Ministre, nommé *Mariel*, fut attaché à une potence, & tué à coup d'arquebuse. Le pillage, les massacres, les viols & toutes les cruautés imaginables furent pendant huit jours exercées contre les malheureux habitans par les chefs & les soldats Catholiques (1).

En 1569, Poitiers soutint encore un long siège. L'Amiral *Coligny*, à la tête d'une armée considérable, s'avança vers cette ville à la fin de juillet; les habitans se défendirent avec beaucoup d'activité & de valeur; les femmes mêmes contribuèrent à plusieurs travaux nécessaires à la défense (2): cette place, quoique munie d'une

---

(1) De Serres rapporte qu'un militaire de la compagnie du Maréchal de Saint-André *fit une fricassée d'oreilles d'hommes, conviant à ce banquet quelques siens compagnons, où les blasphêmes furent prononcés si horribles, qu'ils ne peuvent s'écrire.*

(2) Les Dames les plus qualifiées de la ville s'empressoient à fournir aux soldats tout ce qui leur étoit nécessaire; elles s'occupoient, au commencement du siège, à coudre des toiles destinées à couvrir les rues où les Arquebusiers ennemis tiroient à vue, & tuoient tous les passans; elles faisoient distribuer du vin à ceux qui combattoient à la brèche. Des Dames étrangères

garnison

garnison considérable que commandoit le Duc de Guise, auroit indubitablement été prise, si les habitans ne se fussent avisés de fermer les arcades du pont de Rochereil, & de faire remonter l'eau de la rivière du Clain jusqu'à la brèche. Ce travail difficile étoit la seule ressource des assiégés : il fut très efficace. L'inondation qu'il produisit dérangea tous les projets des Protestans, qui furent enfin obligés de lever le siège.

Les habitans de Poitiers eurent encore à craindre plusieurs conjurations contre leur tranquillité, ce qui les obligea de veiller eux-mêmes soigneusement à leur conservation. Ils créèrent des compagnies ecclésiastiques pour garder la ville avec les autres citoyens. L'Abbé de Notre-Dame étoit Capitaine d'une de ces compagnies ; un Chanoine de la même église étoit Porte-Enseigne, & presque tous les Prêtres de la ville, armés comme des Spadassins, faisoient, à leur tour, la ronde chaque nuit autour des murs ; ils y étoient même contraints par une ordonnance rendue en cette occasion, sous peine de dix livres d'amende : ces compagnies ecclésiastiques existoient encore sous le règne de Louis XIII.

---

s'étoient retirées au château, dans la crainte d'un événement malheureux, qui auroit pu les exposer à la brutalité des soldats ; celles de la ville montrèrent plus de courage, elles formèrent, au nombre de soixante-quinze, une haie de cavalerie, & prirent, dit d'Aubigné, leur place de bataille assez près du combat pour être fidèles & dangereux témoins des valeurs & des lâchetés.

Partie IV. K

La Ligue fut reçue à Poitiers, & s'y maintint par les menées de l'Evêque, du Maire, & par les prédications séditieuses de quelques Moines, jusqu'au temps où Henri IV fit abjuration (1). Les habitans les plus raisonnables désiroient ardemment la paix, & n'osoient élever la voix contre une populace révoltée. Mais Henri IV s'étant fait Catholique, la reli-

---

(1) On connoît assez les sermons indécens & séditieux des Prédicateurs de Paris, gagés par la Ligue. A Poitiers, le Père *Protaise*, Cordelier, satellite de l'Evêque, ne leur cédoit en rien dans l'art de soulever le peuple contre son Souverain; ses expressions n'étoient pas moins indécentes que séditieuses, & ne prouvoient pas toujours la régularité de ses mœurs. Un jour, en prêchant sur l'adultère, il désigna le Médecin *Umeau* qui avoit une jolie femme, & qui cependant ne respectoit guère le lien conjugal; *nous apprenons même*, disoit-il, *qu'il y a des gens assez perdus pour s'abandonner à ce péché, bien qu'ils ayent dans leurs maisons des femmes qui sont telles, que, quant à nous,* ajoutoit-il, *nous nous en contenterions bien.*

Le même Prédicateur, pour paroître plus savant en chaire, débitoit impudemment du bas Breton pour de l'*Hébreu*; Scaliger, qui l'entendit, découvrit sa fourberie. Pendant qu'Henri IV étoit Roi de Navarre, *Protaise* n'avoit cessé de déclamer contre lui dans ses sermons; quand il fut Roi de France, ce Moine s'excusa en disant à ses Auditeurs: « Il est vrai que j'ai fort déclamé contre le Roi de Navarre, mais quel Roi de Navarre pensez-vous que j'entendois? Ce n'étoit pas notre bon Roi, que Dieu nous conserve, & qui est en effet Roi de Navarre de droit & de justice; mais c'étoit ce méchant *Philippe*, usurpateur & injuste possesseur de Navarre, que je nommois ainsi, parce qu'effectivement il possède ce royaume dont notre Roi n'a que le nom & la prétention ».

gion ne pouvant plus servir de prétexte à la Ligue, *Scevole de Sainte-Marthe*, qui avoit été obligé de sortir de Poitiers lorsque les Ligueurs s'en étoient rendus maîtres, fut député auprès de ce Roi pour porter le serment de fidélité à Sa Majesté, au nom des habitans de cette ville.

Henri IV fut ravi de voir qu'une ville de cette importance, & si éloignée de la capitale du royaume, se fût d'elle-même rangée sous ses lois ; il reçut très-bien Sainte-Marthe & ceux qui l'accompagnoient, & écrivit aux habitans une lettre où sa sensibilité & sa joie se font assez connoître : « Nous vous dirons que nous avons été très-joyeux d'être, par ce moyen, rendu content de vos bonnes intentions, & que les avons reçues comme un bon père embrasse ses enfans, lorsque, rentrant en leur devoir, ils lui donnent occasion d'oublier les offenses qu'ils lui peuvent avoir faites, &c. »

CARACTÈRES des habitans. Les habitans de cette ville n'ont pas un caractère bien prononcé ; en général, ils sont doux, spirituels, peu actifs, peu propres au commerce ; leur zèle pour les Sciences, les Beaux-Arts, est fort tranquille ; ils semblent très-disposés à sacrifier, aux plaisirs de la société & de la table, la gloire d'une réputation qui coûteroit des travaux & des inquiétudes. Le luxe & la fatuité que de jeunes citoyens vont puiser à Paris, & qu'ils viennent ensuite offrir en triomphe à leur patrie, y dérangent quelques cerveaux, & y répandent des ridicules. On y trouve cependant plusieurs particuliers lettrés, raisonnables, & qui n'ont pas été infectés par la contagion à la mode.

POPULATION, &c. Le commerce de Poitiers est très-peu considérable, ses manufactures méritent à peine d'être indiquées. Si l'on rend enfin la rivière du Clain navigable, comme on l'a depuis long-temps projeté, cette ville pourra en retirer de grands avantages; quant à présent, elle ne doit sa richesse & sa population qu'aux établissemens qu'elle contient, comme l'Université, la Cour des Aides, &c. La population de la ville & de ses faubourgs peut être estimée à vingt-deux mille ames.

CHATELLERAULT.

Ville très-commerçante, située sur les bords de la Vienne, à sept lieues de Poitiers, & sur la route de cette capitale à Paris.

ORIGINE. Cette ville tire son nom d'un de ses anciens Seigneurs qui se nommoit *Heraut*; il fit bâtir un château qui fut appelé *Châtel-Heraut*, d'où on a fait Châtellerault. En 900 ce lieu avoit déjà le titre de Vicomté. Cette Vicomté passa, de plusieurs maisons illustres de France, dans celle de Bourbon. *Amée de Bourbon* fut la première de sa maison qui posséda ce domaine; elle le donna à Charles de Bourbon, qui avoit épousé sa fille *Susanne*, & s'en réserva cependant l'usufruit; elle fit même long-temps sa résidence dans la maison de la *Berlandière*, située près de cette ville (1).

───────────────────────────────

(1) Cette Princesse alloit à pied de cette maison à

Histoire. Charles de Bourbon vendit la Vicomté de Châtellerault à François de Bourbon son frère. François Ier, en 1514, l'érigea en Duché-Pairie. François de Bourbon ayant été tué à la bataille de Marignan, Charles de Bourbon rentra en possession du Duché de Châtellerault; ce fut ce Charles de Bourbon qui fut Connétable de France, si fameux sous le règne de François Ier, & qui fut tué au siège de Rome.

Le titre de Duché fut, en 1545, éteint par lettres patentes; cette seigneurie fut remise en son premier état, & réunie au Comté de Poitou. Henri II rétablit le Duché de Châtellerault en faveur du Comte d'*Aran*, Ecossois, pour le récompenser d'avoir engagé les Etats d'Ecosse au mariage du Dauphin avec la Reine de ce royaume.

Le Comte d'*Aran*, ayant embrassé le parti des Protestans & trempé dans la conspiration d'Amboise, fut obligé de prendre la fuite. François II fit alors saisir le Duché de Châtellerault, & le réunit à la couronne. Charles IX le donna, en usufruit seulement, à *Diane*, légitimée de France, sa sœur. Le Roi Henri III le retira des mains de cette Princesse, pour le donner à François de *Bourbon* de Montpensier, à qui il appartenoit légitimement, comme successeur & parent du fameux Connétable de

---

l'église de Notre Dame; elle fit faire exprès un chemin derrière le faubourg de Château-neuf, qui se nomme encore *le chemin de Madame*.

Bourbon. Par une des conditions du traité de paix fait entre François Ier & Charles-Quint, il est stipulé que la mémoire du Connétable, qui avoit pris les armes contre la France, seroit rétablie, & que ses grands biens seroient rendus à sa famille. Ce Duché passa ensuite dans la maison de la *Trémouille*; puis, par succession, au Duc d'*Uzès*, & au Marquis de *Bonnelle*, qui en ont joui par indivis. Le Marquis de Bonnelle étant mort, le Marquis de *Perusse d'Escar* s'est rendu, en 1770, adjudicataire par licitation du Duché de Châtellerault.

DESCRIPTION. Châtellerault est dans une situation agréable & avantageuse pour le commerce; la rivière de Vienne, qui commence en cet endroit à être navigable, facilite le transport des denrées & des marchandises dans toutes les provinces du royaume. La grande route, qui de Paris conduit à Poitiers, à Bordeaux, &c. contribue aussi à vivifier le commerce.

On y voit encore le vieux château bâti par *Heraut*, dont le nom a formé celui de la ville; ce château sert aujourd'hui de prison pour les faux-sauniers.

Le château neuf fut bâti, à ce qu'on présume, dans le seizième siècle, par *Louise de Savoie*, mère de François Ier; ses armes étoient sur la principale porte, qu'on a depuis détruite pour en construire une plus belle.

Le Chapitre de *Notre-Dame* fut érigé, en 1196, par les Seigneurs de la maison de Surgères, qui, dans le douzième siècle, étoient Vicomtes de Châtellerault. Les Barons & Comtes d'Harcourt; qui, depuis furent Seigneurs de cette ville pendant deux siécles, firent encore plusieurs fondations dans l'église de Notre-Dame. Louis d'Harcourt, Archevêque de Rouen & Vicomte de Châtellerault, y fut inhumé auprès d'*Alix* de Brabant sa bisaïeule (1).

Les Seigneurs de la même Maison fondèrent aussi le couvent des *Cordeliers*, où ils choisirent leur sépulture. Marie d'Alençon, épouse de Jean Comte d'Harcourt, mourut à Châtellerault, & fut inhumée dans l'église de ces Religieux.

Les *Minimes* furent fondés par *Jean d'Armagnac*, & par Yolande *de la Haie* son épouse. Ce couvent fut ensuite enrichi par les libéralités de *Nicolas Lallemand*, Seigneur du Châtellet. Jean d'Armagnac, fondateur, mourut à Châtellerault, & fut inhumé dans l'église des Minimes.

On trouve dans cette ville plusieurs autres communautés religieuses, tant d'hommes que de filles, dont nous n'avons rien à dire.

Le pont sur la Vienne est beau, mais il est bien dégradé; le célèbre Ministre *Sully* en fit achever la construction en 1609.

---

(1) *Gallehand d'Alongny*, nommé Gouverneur de Châtellerault, qui vivoit sous les règnes de Louis XI & de Charles VIII, fit aussi plusieurs dons au Chapitre de Notre-Dame de cette ville, qui lui en rendit hommage en 1494, & qui accorda à lui & à ses successeurs le droit d'entrer dans le chœur de cette église, l'oiseau sur le poing, botté, éperonné, de prendre séance dans les stalles, & d'assister dans le même état à toutes les processions.

La plus belle promenade de Châtellerault est celle que M. de *Blossac*, Intendant de Poitiers, a fait faire par les ateliers de charité.

Le commerce & l'industrie des habitans de cette ville en fait la plus grande richesse. *La manufacture de coutellerie* est renommée par la bonne qualité des couteaux & des ciseaux; cinq cents familles sont occupées à perfectioner les ouvrages de ce genre, qui ne sont mis en vente & envoyés qu'après avoir été vus & visités par des Maîtres-Jurés qui y apposent leur poinçons, & qui sont autorisés à condamner à l'amende ceux qu'ils trouvent en contravention. Le débit de cette marchandise est considérable; on en fait des envois en Amérique, aux foires de Bordeaux, de Beaucaire, en Normandie, en Bretagne & ailleurs.

La manufacture de cire blanche, qui fournit à plusieurs provinces voisines & à Paris, est estimée; il s'en fabrique environ cent milliers tous les ans.

La manufacture de toiles écrues & blanchies forme encore une branche assez considérable du commerce de cette ville.

La rivière de *Vienne* facilite le transport des denrées dans différentes provinces du royaume, dont Châtellerault est l'entrepôt; dans cinq ou six jours les bateaux qui partent de cette ville arrivent à Nantes, en passant par Saumur; cette rivière se joint à la Loire à Cande; on peut remonter à Tours, à Blois, à Orléans, & arriver, par le canal de cette ville, à Montargis à la Seine, à Paris, à Rouen, &c.

Châtellerault est la seconde ville du Poitou, & ses habitans jouissent d'une réputation de probité, de bonne foi, qui doit établir la confiance de tous ceux qui commercent avec eux.

ÉVÉNEMENS remarquables. Le Duc de *Clèves* s'étant retiré en France en 1541, épousa *Jeanne d'Albret*, fille du Roi de Navarre, & de Marguerite, sœur du Roi François Ier; ce mariage fut célébré à Châtellerault (1). Le Roi, la Reine, le Dauphin, le Duc d'Orléans, le Connétable, l'Amiral, le Cardinal de Lorraine, & tous ceux qui composoient la brillante Cour de François Ier, s'y rendirent. Les tournois, les bals, les festins s'y succédoient avec un nouvel éclat, & se donnèrent dans la garenne de Châtellerault, où on avoit pratiqué des salles de verdure. Les fêtes furent magnifiques, & la profusion la plus excessive. « Tandis que François premier, dit l'Auteur de la nouvelle Histoire du Poitou, faisoit

---

(1) *Jeanne d'Albret* n'ayant alors que onze ans, ce mariage ne fut point consommé; elle épousa depuis Antoine de Bourbon, Duc de *Vendôme*, & fut mère d'Henri IV. C'étoit un usage fort commun alors entre les Princes & les personnes de qualité, de marier leurs enfans très-jeunes & même au berceau. *Louis XI*, à l'âge de quatre ans & demi, fut marié à *Marguerite d'Écosse*, qui n'avoit que trois ans. *Marguerite d'Autriche*, fille de Maximilien Ier, n'avoit que trois ans lorsqu'elle épousa le Dauphin, qui fut depuis Charles VIII; ce Prince la renvoya pour épouser Anne de Bretagne. Le Marquis de *Pescaire*, qui n'avoit qu'un fils âgé d'un an, le maria à la dernière fille de Fabrice de Colonne; on pourroit citer plusieurs autres exemples de ces alliances prématurées.

tant de dépenses inutiles, il prenoit des mesures pour les faire payer à la province. Ce fut dans ce même temps, & dans la ville de Châtellerault, qu'il fit rédiger l'édit qui établit la *gabelle* en Poitou ; il est daté de cette ville ».

L'établissement de cette imposition consterna tous les habitans des provinces qui y furent assujettis. Les Préposés à sa perception abusèrent de leur autorité, commirent des vexation qui soulevèrent les peuples de la Guienne, de la Saintonge, & du Poitou ; on vit des armées de révoltés assiéger des villes, massacrer, piller les Directeurs, Commis & autres Préposés pour le fait des gabelles. Le Poitou se rédima pour une somme considérable, & cet impôt y fut aboli en 1549. Henri II supprima dans cette province tous les magasins à sel, « & les Officiers institués pour l'administration d'iceux, *comme étant incommodes au Roi & à la chose publique* », suivant les expressions de l'édit de suppression.

Sous le règne de Louis XIII, en 1618, on jugea que si l'impôt de la gabelle étoit *incommode* au public, il ne le seroit pas au Roi. Sans avoir égard au contrat que les habitans avoient passé avec Henri II, on rétablit l'impôt de la gabelle. Cette extorsion fiscale occasionna des troubles dans le Poitou ; on fit de vives représentations : après la paix, le Roi les écouta favorablement, & les habitans furent soulagés de cette injuste charge.

Les habitans de Châtellerault éprouvèrent de nouvelles alarmes à l'occasion de la gabelle. Les Fermiers Généraux prétendirent qu'ils faisoient un considérable versement de sel dans les dépendances de la Touraine & du Berri, & obtinrent la permission d'établir dans cette ville & dans ses faubourgs, ce qu'on nomme un *dépôt à sel*. Cet établissement gênant, & si contraire à la liberté & au contrat passé entre Henri II & les habitans du Poitou, où ceux de Châtellerault étoient compris, irrita la plupart des habitans. Le 25 novembre 1654, le sieur *Petit*, assesseur de la Maréchaussée provinciale, qui avoit reçu ordre de tenir la main à l'exécution d'un arrêt portant l'établissement d'un Commis pour empêcher la contrebande, demanda à *Leigné*, Lieutenant de la compagnie de milice bourgeoise de Châteauneuf, dont il étoit Capitaine, de lui prêter main forte. Loin d'obéir, *Leigné* déclara qu'il ne vouloit point soutenir une pareille injustice, qu'il s'y opposeroit de toutes ses forces. Il fut assez hardi pour exciter la populace, déjà indisposée, contre la gabelle; on le vit bientôt marcher dans les rues à la tête d'une troupe de gens armés qui menaçoient de tuer & de brûler les maisons de ceux qui se prêteroient à l'établissement du grenier à sel. Ils allèrent armés jusqu'au lieu de *la Haie*, en Touraine, dans le dessein d'y trouver le sieur *Petit*, qu'ils regardoient comme l'auteur de cet établissement; ne l'ayant pas rencontré, ils forcèrent les prisons de cette ville, tuèrent un homme qui voulut leur résister, & firent sortir les prisonniers, & sur-tout ceux qui étoient renfermés pour fait de contrebande; puis ils rasèrent la maison du sieur *Petit*. La Cour, informée de ce désordre, envoya six compagnies de Gardes françoises, commandées par M. de *Fournil*, à Châtellerault, pour y vivre à discrétion. Ces troupes arrivèrent dans cette ville le 14 février 1655, y restèrent cinquante-six jours, pendant lesquels les habitans furent traités avec la plus grande rigueur : l'innocent fut souvent confondu avec le coupable.

Ce châtiment rigoureux ne parut pas suffisant ; on nomma une commission qui vint à Châtellerault faire des informations contre les séditieux : plusieurs furent condamnés, par contumace, à des peines afflictives & à des amendes considérables.

Ces maux, & mille autres plus violens, occasionnés par l'impôt du sel, qui durent depuis plus de deux siècles, & qui dureront encore long-temps, ont été causés par la prodigalité de François Ier. C'est ainsi que la magnificence des Rois devient pour les Sujets des sources intarissables de malheur.

En 1569, la Noue s'étoit rendu maître, sans difficulté, de la ville de Châtellerault. Le Duc d'Anjou tenta, la même année, de reprendre cette place. Le canon fit une brèche de plus de cinquante pieds à la porte de Sainte-Catherine. Les troupes Italiennes qui étoient dans cette armée, voulurent, malgré les François, monter à l'assaut ; il y eut même à cet égard une dispute assez vive : ils obtinrent enfin cette faveur. Ils s'avancèrent d'abord sur les ruines de la muraille sans trouver d'obstacles ; mais quand ils voulurent entrer dans la ville, un feu terrible partit des retranchemens que les habitans avoient faits, & les foudroya ; plusieurs restèrent sur la place, les autres voulurent reculer; mais les François, piqués d'avoir été obligés de céder à ces étrangers l'honneur de monter à l'assaut, les forcèrent de revenir à la charge; les uns & les autres y coururent avec une ardeur incroyable. Les habitans dirigèrent alors sur eux toute leur artillerie. Le péril étoit certain; les Maréchaux de Camp furent obligés de faire retirer les plus acharnés, & le Duc d'Anjou, découragé par une si belle défense, leva le siège de Châtellerault.

Vieux Poitiers. A une lieue de Châtellerault, proche la route de cette ville à Poitiers, vis-à-vis le village *des Barres*, de l'autre côté de la rivière du Clain, sont les ruines d'un lieu appelé *Vieux Poitiers*.

Plusieurs Historiens ont cru que la capitale du Poitou fut d'abord bâtie en cet endroit; mais on a démontré depuis que cette opinion est destituée de fondement. Ce lieu est nommé *Vieux Poitiers*, *Vetus Pictavium*, dans Eginhard, qui raconte que les deux frères, *Carloman & Pepin*, y firent, en 742, le partage de leurs Etats. *Charles le Chauve*, dans une charte qu'il y fit expédier, en 849, en faveur de l'abbaye de Saint-Florent-le-Vieux, nomme ce lieu *Vetus Pictavis*. Il falloit qu'alors il existât en cet endroit un château. Dans un dénombrement de l'an 1408, il est indiqué de cette manière : *Les murailles du Vieux Poitiers, avec les terres & autres choses appartenantes à icelui, &c.*

On présume que ces murailles sont les restes

d'un ancien temple; le porche est encore entier; ce porche présente une tour carrée de quinze pieds de large sur soixante de haut. Le principal portique, qui a son aspect au levant, est assez bien conservé; sa hauteur est de vingt-quatre pieds, & sa largeur de huit: il paroît, par la naissance des voûtes, que ce portique étoit accompagné de deux autres qui avoient les mêmes proportions que celui du milieu.

Les murs du midi & du couchant de ce temple sont absolument détruits; il n'existe plus que le porche dont nous venons de parler, & le mur du côté du nord, qui offre quatre formes de portiques en maçonnerie; on ne voit, dans ce qui subsiste, aucune ouverture par laquelle le jour pût pénétrer dans le temple. Il avoit cent pieds de long sur soixante de large, &, si l'on en juge par les murs que l'on voit encore, sa hauteur pouvoit être de soixante pieds; les paremens des murs de cet édifice sont en petites pierres taillées, de six pouces en carré, comme elles le sont dans la plupart des monumens antiques; les moellons sont liés avec un ciment rouge plus dur que la pierre même.

On a découvert depuis peu plusieurs colonnes milliaires creusées en forme de tombeaux, dans le cimetière de *Senon*, au confluent de la Vienne & du Clain, près de Vieux Poitiers : quatre de ces colonnes portent le nom d'*Antonin Pie*. On a trouvé aussi près du même lieu une pierre pyramidale, haute de douze pieds, qui porte une inscription à la mémoire d'un soldat de Tarbes, nommé *Brivatus*. Tous les jours on déterre plusieurs antiquités dans les environs de Vieux Poitiers ; la plupart de ces objets se voient au château du *Fou*, appartenant à M. le Marquis de la Roche du Maine.

THOUARS.

Petite ville, avec titre de Duché-Pairie, située sur une colline, au bord de la rivière de Thoué, à cinq lieues de Loudun, à sept de Saumur, & à douze de Poitiers.

ORIGINE. Thouars, en latin *Toarcis*, fut d'abord un château qui appartint à des Vicomtes de ce nom. Pepin, accompagné de son fils Charlemagne, dans les conquêtes qu'il fit en Poitou sur Waifre, Duc d'Aquitaine, prit & brûla, en 762, le château de Thouars. Vers le milieu du douzième siècle, ce lieu étoit déjà nommé ville. Henri II, Roi d'Angleterre & Comte de Poitou, la prit d'assaut.

HISTOIRE. *Louis*, dernier Vicomte de Thouars, n'eut que deux filles de son mariage avec *Jeanne*, Comtesse de Dreux, *Peronelle* & *Isabeau*. Cette dernière, mariée en secondes noces, à *Ingerger Ier*, Seigneur d'*Amboise*, eut *Pierre d'Amboise*, qui, en 1398, devint Seigneur de Thouars. N'ayant point eu de postérité, son neveu, *Louis d'Amboise*, lui succéda, & fut Vicomte de Thouars, Prince de Talmond, Seigneur d'Amboise, Montrichard, &c.

Ce Louis d'Amboise possédoit des terres immenses ; sa richesse & son nom le déterminèrent à ne marier ses trois filles qu'à des Princes puissans. *Françoise*, sa fille aînée, avoit été promise à *Pierre II*, fils puîné de *Jean*, Duc de Bretagne; le Sire de la Trémouille désiroit depuis long-temps que cette fille épousât son fils aîné. Il avoit toute la confiance de Charles VII, & gouvernoit le royaume; il mit tout en usage pour faire réussir cette alliance; mais *Louis* s'y refusa constamment. La Trémouille, piqué de ce refus, résolut de s'en venger, & pour exécuter avec plus de succès ses projets de vengeance, il ne craignit pas de compromettre l'autorité de Charles VII. Ce Roi, trompé sans doute par les fausses insinuations de son Courtisan, indiqua lui-même un lieu où *Louis d'Amboise* & le Connétable de *Richemont*, son ami, devoient se trouver avec le Sire de *la Trémouille*, sous le prétexte d'y conférer ensemble sur une matière importante. Le Connétable ne put aller au rendez-vous, que le Roi avoit fixé près de la ville de Parthenai. Louis d'Amboise s'y rendit sans méfiance. La Trémouille, profitant de l'occasion, se saisit de sa personne, le chargea de fers & le conduisit au château de Poitiers. On lui fit son procès, & le Parlement, qui siégeoit alors à Poitiers, le condamna à mort, le 8 mai 1431, comme criminel de lèze-majesté, « pour avoir entrepris, est-il dit dans l'arrêt, de se saisir de la personne du Roi, en arrêtant le Seigneur de la Trémouille, gouvernant le royaume, & par ce moyen, gouverner l'Etat & mettre gens à sa dévotion, & pour ce, est dit qu'il a forfait de corps & de biens; mais pour certaines causes, le Roi le relève de la peine de mort ».

Ainsi, Louis d'Amboise ne perdit point la vie.

Comme

Comme ses biens immenses étoient son plus grand crime, ils furent confisqués, & unis à la couronne ; lorsqu'on l'eut si injustement dépouillé, on le laissa dans sa prison, d'où il ne sortit que trois ans après, à la sollicitation de la Reine Marie d'Anjou, & de Charles d'Anjou, Comte du Maine ; alors le Roi, par lettres du mois de septembre 1434, lui restitua la Vicomté de Thouars.

En 1437, ses autres domaines, à l'exception de la Baronnie d'Amboise, dont il perdit la propriété pour lui & sa postérité, lui furent rendus.

Dans les lettres qui constatent cette seconde restitution, le Roi déclare que les fautes de Louis d'Amboise ne concernoient point sa personne, ni l'Etat ; que l'arrêt de confiscation avoit été rendu à l'instigation de quelques malveillans, sans forme de procès ; & ce Prince y parle ensuite avec éloge des services que le Vicomte de Thouars a rendus à l'Etat.

Louis d'Amboise, devenu plus heureux, maria, comme il l'avoit désiré, sa fille *Françoise* à *Pierre*, Duc de Bourgogne ; & sa fille cadette, *Peronnelle*, à *Guillaume*, Comte de Tancarville, Maréchal de France ; sa troisième fille, nommée *Marguerite*, fut donnée à Louis de la Trémouille, dont le père, quelques années auparavant, s'étoit montré le plus cruel ennemi de Louis d'Amboise. C'est par ce dernier mariage que tous les biens de cette Maison passèrent dans celle de la Trémouille.

La destinée de Louis d'Amboise sembloit consacrée au malheur. Ce Seigneur éprouva

Partie IV. L

bien d'autres chagrins. Ses enfans l'accusèrent de libertinage & de dissipation, & le firent interdire (1). Louis XI, par des moyens tour à tour violens ou artificieux, le força de lui donner la Vicomté de Thouars, enfin l'Historien Commines, aussi peu délicat que son maître, voulut comme lui s'approprier une partie de sa succession, au préjudice de la Maison de la Trémouille. Cette affaire, trop compliquée pour être rapportée ici, offre une longue suite d'iniquités, de violences, de perfidies; on peut en voir des détails dans la Nouvelle Histoire du Poitou, tom. 3; nous nous bornerons à en rapporter à la fin de cet article un des traits les plus remarquables.

---

(1) Entre autres reproches, ses enfans lui faisoient celui d'entretenir dans son château de Thouars, trois sœurs, dont l'une étoit mariée, & desquelles il avoit des enfans; que ces femmes prenoient tant d'empire sur lui, & qu'il avoit l'esprit si foible, qu'elles le faisoient rire & pleurer quand elles vouloient; qu'il leur avoit donné une infinité de bijoux & de robes; que chacune étoit servie par des Demoiselles, des Femmes & Valets de chambre jusqu'au nombre de sept à huit; que chacune jouissoit d'un logement séparé, & tenoit un état de Dame ou de Princesse, ayant Confesseur, Médecin, chariots garnis de grand nombre de beaux chevaux dont le moindre seroit prisé trois ou quatre cents écus, & y en a tel qui a cousté mille écus. On ajoutoit aussi qu'il avoit battu sa femme, & l'avoit tenue emprisonnée au château de Thouars; enfin que pour entretenir le faste de ses concubines, il avoit aliéné une partie de ses biens; qu'au surplus ces femmes l'avoient ensorcelé, & qu'il le disoit lui-même. Le Vicomte se justifia comme il put, & nia une partie des chefs d'accusations; mais il n'en fut pas moins interdit par arrêt provisoire du 26 janvier 1457.

Louis XI, après s'être saisi de la Vicomté de Thouars, la donna à sa fille, Anne de France; mais ce Monarque, aux approches de la mort, dévoré par les remords, ou plutôt par la crainte de l'enfer, déclara que tous les contrats qu'il avoit faits avec Louis d'Amboise, étoient des actes simulés, & chargea son successeur de restituer à la Maison de la Trémouille la Vicomté de Thouars & toutes les autres terres dont il s'étoit mis injustement en possession après la mort du Vicomte. Cet acte de la dernière volonté du Roi ne fut point écrit, il eut néanmoins son exécution. Un arrêt de 1489 rétablit Louis II de la Trémouille dans la possession de cette Vicomté, qui, en 1563, fut érigée en Duché en faveur de Louis III, fils de François de la Trémouille, & en Pairie en 1595, en faveur de Guillaume de la Trémouille, second Duc de Thouars.

DESCRIPTION. La ville de Thouars n'est ni bien bâtie ni bien percée; la plus grande rue est celle qui conduit au château.

Le château est vaste, & d'une architecture magnifique pour son temps; il est accompagné de belles promenades, & d'une superbe orangerie. On compte dans cette ville cinq paroisses, deux chapitres & plusieurs communautés religieuses.

La Sainte Chapelle est une collégiale nommée *Notre-Dame du château*; elle fut fondée par *Louis II*, Sire de la *Trémouille*, & par *Gabrielle de Bourbon* sa femme. Au milieu du chœur de cette église, on voit le tombeau en marbre de ces deux Fondateurs,

L ij

sur lequel sont couchées leurs deux figures. Autour de ce tombeau est l'inscription suivante :

Cy gissent les corps de très-haut & très-illustre Prince Louis de la Trémoille, second du nom, qui fut tué à la bataille de Pavie, le 24 janvier 1524, âgé de soixante-trois ans quatre mois vingt-deux jours, & de très-haute & très-illustre Princesse Gabrielle de Bourbon, son épouse, qui mourut à Thouars le 30 novembre 1516.
Priez Dieu pour le repos de leurs ames.

Louis II, Sire de *la Trémouille*, étoit surnommé *le Chevalier sans reproche* ; il fut Vicomte de Thouars après la mort de son père *Louis Ier*, Sire de *la Trémouille* ; il se distingua par sa valeur dans plusieurs combats, principalement à la journée de Saint-Aubin, où il fit prisonnier le Duc d'Orléans, qui fut depuis Roi de France sous le nom de Louis XII.

Sur ce tombeau il est représenté armé de toutes pièces, couvert d'une cotte d'armes, & ayant le collier de l'ordre de Saint-Michel.

Gabrielle de Bourbon, fille de Louis de Bourbon, Comte de Montpensier, est à côté de lui ; elle a le costume de son temps ; un rosaire lui descend du cou jusqu'au dessous de la ceinture ; là, les deux rangs de grains s'éloignent, & sont disposés en forme de couronne.

Aux deux côtés du maître-autel, sont encore deux tombeaux de marbre ; du côté de l'évangile est celui de *Charles de la Trémouille*, qui fut tué à la bataille de Marignan le 12 septembre 1516, & de *Louise Coëtivy* sa femme, morte en 1533.

Le tombeau qui est du côté de l'épître fut élevé à *Jean de la Trémouille*, Cardinal, Archevêque d'Auch, qui mourut à Milan en 1507.

Dans une chapelle souterraine sont les cercueils de plomb de la Maison de la Trémouille.

L'abbaye de Notre-Dame de Bonneval, occupée par des Bénédictines, est fort ancienne; mais on ignore l'époque de sa fondation; la plupart des titres en ont été dissipés pendant les guerres de la religion. Le Calvinisme avoit fait de grands progrès dans cette maison. L'Abbesse, nommée *Philippe de Châtaigner*, & huit de ses Religieuses abandonnèrent leur couvent, & se retirèrent à Genève, dit-on, où elles se marièrent. Une seule Religieuse résista à la contagion, resta dans son monastère, le préserva de l'invasion des Seigneurs de Thouars, & demanda au Roi une Abbesse, qui rétablit cette maison abandonnée.

L'abbaye de Saint-Laon, occupée depuis 1655 par les Chanoines Réguliers de Sainte-Geneviève, fut fondée en 1107 par *Achart* & *Roscie* sa femme; ils y firent transporter le corps de Saint-Laon, & y placèrent d'abord quatre Chanoines. Deux Evêques de Poitiers, nommés *Isembert*, donnèrent plusieurs églises à ce monastère. Le nombre des Chanoines augmenta. *Aimery*, Vicomte de Thouars; *Henri*, Roi d'Angleterre; *Marguerite* d'Ecosse, femme du Dauphin, qui fut depuis Louis XI, furent successivement les bienfaiteurs de cette abbaye.

Marguerite d'Ecosse, morte à Châlons sur Marne le 16 août 1444, âgée de vingt-six ans, fut transférée dans cette église, & y fut inhumée dans la chapelle de Notre Seigneur, qu'elle avoit fait bâtir. Son tombeau, détruit par les Protestans, fut réparé, en 1658, par Abraham de *Ribier*, Abbé de Saint-Laon.

Cette Princesse ne fut jamais aimée du Prince son époux ; il n'étoit pas né pour éprouver des sentimens aussi délicats que ceux de l'amour ou de l'amitié ; elle protégea les Lettres, & ce fut elle qui donna le baiser fameux sur la bouche d'*Alain Chartier*, pendant que cet Auteur dormoit ; elle s'excusa de cette action singulière en disant : *Je n'ai pas baisé l'homme, mais j'ai baisé la bouche d'où il est sorti tant de belles choses.*

La Duché-Pairie de Thouars est une des plus étendues du royaume, on compte dix-sept cents vassaux qui en relèvent.

Evénemens remarquables. Après la mort de *Louis d'Amboise*, Vicomte de Thouars, Louis XI, qui l'avoit forcé à lui faire une donation de sa Vicomté, envoya Jacques de Beaumont, Seigneur de Bressuire, pour s'emparer du château de Thouars. L'Historien *Commines*, espérant profiter d'une partie de la dépouille du Vicomte, avoit porté le Roi à cet acte de violence & d'injustice. Il se fit donner en effet plusieurs de ses terres. La confiscation de ces biens étoit autorisée par leur réunion à la couronne, qu'en avoit faite, plusieurs années avant, Charles VII ; mais comme ce Roi avoit reconnu, ainsi que nous l'avons dit plus haut, par des lettres authentiques, l'injustice de cette réunion, & l'innocence du Vicomte Louis d'Amboise, il importoit à Louis XI & à son favori *Commines*, pour ne laisser aucune trace de leur extorsion, & prévenir tous motifs de réclamation, de faire disparoître ces lettres de réhabilitation & de restitution, que Charles VII avoit accordées au Vicomte. Commines, assisté de Beaumont & de plusieurs Commissaires, se rendit, par ordre du Roi, au château de Thouars, pour chercher dans les archives. Ils firent ensemble l'ouverture d'un coffre placé dans la chambre où étoit décédé Louis d'Amboise; ils y trouvèrent les lettres qui rétablissoient ce Vicomte dans ses possessions. Beaumont tenoit ces lettres lorsque Commines eut la hardiesse de les lui arracher des mains, en disant que le Roi vouloit qu'elles fussent brûlées, & sur le champ il les jeta au feu. *Jean Chambon*, un des Commissaires, indigné du procédé de Commines, les retira promptement du feu, & s'écria: *Quel diable est ceci? c'est mal fait; elles ne seront pas brûlées; il faut les porter au Roi*. Commines, qui connoissoit l'intention de Louis XI, consentit à la volonté de Chambon. Ces lettres furent donc portées à ce Roi, qui étoit alors à Candes; il les reçut avec beaucoup de satisfaction, les jeta lui-même au feu, & fit jurer à tous ceux qui avoient connoissance du fait, de n'en point parler. On savoit de quel châtiment les indiscrets étoient menacés; ainsi, tant que vécut ce Monarque, rien ne fut révélé; mais sous le règne de son successeur, les domaines des Vicomtes de Thouars furent restitués à ceux qui en avoient été dépouillés, & Commines fut honteusement condamné à rendre tous les biens qu'il avoit extorqués.

PARTHENAI.

Ville capitale du pays de *Gâtine*, située sur la rivière du Thoué, à dix lieues de Poitiers, & à quatre de Saint-Maixent.

L'ancien château, dont on voit encore quelques ruines, a donné naissance à cette ville ; son nom a été celui d'une des plus anciennes maisons du Poitou. *Josselin*, ou *Gosselin de Parthenai*, étoit, en 1059, Archevêque de Bordeaux & Trésorier de Saint-Hilaire ; cette Maison se fondit dans celle de Rohan. *Catherine de Parthenai* épousa le Baron de Pons en Bretagne, qui prit le nom de *Soubise* ; ce Seigneur, un des chefs des Protestans, fut tué au massacre de la Saint-Barthelemi ; avant sa mort cette dame s'en étoit déjà séparée pour cause d'impuissance, & avoit épousé René, Vicomte de *Rohan*, dont elle eut quatre enfans ; les deux mâles, *Henri* & *Benjamin*, jouèrent un rôle célèbre dans l'Histoire de leur temps.

Charles VII, n'étant encore que Dauphin, acquit de Jean Parthenai, surnommé l'*Archevêque*, la terre de Parthenai pour le prix de cent quarante mille écus d'or ; le vendeur s'en réserva l'usufruit. En 1425, ce Prince étant alors Roi de France, donna, du consentement de *Jean l'Archevêque*, la terre de Parthenai à *Artus III de Bretagne*, Comte de Riche-

mont & Connétable de France, & à ses enfans mâles, à défaut desquels elle devoit passer à *Pierre*, Duc de Bretagne, & à ses héritiers mâles.

Jean l'Archevêque étant mort, le Connétable de *Richemont* prit, en 1426, possession de Parthenai, &, suivant les intentions du Roi, adopta *Pierre de Bretagne*, son neveu, pour son successeur à cette terre ; mais il en jouit jusqu'à sa mort, & il fit de ce château son séjour ordinaire.

Les deux beaux-frères du défunt, *Jean de Parthenai*, prétendirent qu'il n'avoit pas eu le droit d'aliéner cette terre, & que les clauses des contrats de mariages de leurs femmes lui interdisoient cette faculté ; cette contestation ne fut point jugée.

ÉVÉNEMENS remarquables. Jacques d'*Harcourt*, petit-fils de Jeanne de Parthenai, avoit aussi des prétentions sur cette terre ; bien disposé à les faire valoir, il vint la même année 1428 à Parthenai, sous prétexte de visiter le Seigneur, qui étoit son oncle ; on lui fit grande chère, & il fut honorablement accueilli.

Cependant Jacques d'Harcourt examinoit attentivement l'intérieur & les dehors de la place, & dans l'instant que son oncle le combloit d'honnêtetés, il méditoit contre lui une trahison qu'il ne tarda pas à exécuter.

Il quitta Parthenai, & quelque temps après il y retourna accompagné de gens armés. Il fit placer une ambuscade près du pont-levis du château, & une autre à l'entrée d'un souterrain secret qui y communiquoit. Tout étant disposé, il entra dans le château; son oncle le reçut avec le même empressement, & le fit dîner avec lui. Après le repas, Jacques d'Harcourt déclara à son oncle qu'il vouloit être maître du château, & qu'il étoit résolu de tuer le premier qui oseroit s'y opposer. Les gens qui l'accompagnoient mirent aussi-tôt les armes à la main. Le Seigneur de Parthenai effrayé songea à se défendre. Ses Domestiques s'armèrent aussi-tôt; plusieurs se retirèrent dans la tour du pont-levis, & par leur cris, répandirent l'alarme dans la ville. Aussi-tôt les habitans volèrent au secours de leur Seigneur. Ils dressèrent des échelles, &, à l'aide de ceux qui étoient dans la tour, abattirent le pont-levis, entrèrent dans la place, tuèrent tous les gens de *Jacques d'Harcourt*; lui-même, poursuivi de tous côtés, se réfugia dans une tour basse, où il fut vivement assailli; il eut les deux cuisses percées d'un coup de lance; enfin il fut tué, & enterré dans le cimetière de la ville : ses gens reçurent tous la mort, & furent jetés dans la rivière.

Le fameux Comte de *Dunois*, tige de la maison de Longueville, ayant épousé Jeanne d'Harcourt, petite-fille de Jeanne de Parthenai, demanda à Charles VII, pour lui & pour ses héritiers, la concession de la terre de Parthenai; ce Roi, du consentement du Duc de Bretagne, lui en fit la concession, qui excita plusieurs réclamations de la part des héritiers de cette Maison; réclamations qui n'ont cessé qu'au siècle dernier.

Un autre événement digne d'être remarqué, se passa plusieurs siècles avant dans cette ville.

Guillaume VIII, Comte du Poitou, & dixième Duc d'Aquitaine, lors des deux élections des Papes *Innocent II* & *Anaclet*, avoit embraſſé le parti de ce dernier. *Bernard*, le célèbre Abbé de Clairvaux, avoit déjà déployé toutes les reſſources de ſon éloquence, pour favoriſer le parti d'*Innocent II* (1). Il vint à Poitiers, afin de détourner le Comte Guillaume de l'inclination qu'il avoit pour la cauſe du Pape *Anaclet*. Il mit en uſage un de ces moyens violens, ſeuls capables d'ébranler des eſprits groſſiers. En diſant la meſſe dans la cathédrale de Poitiers, *Bernard* ſaiſit l'inſtant favorable, ſe tourne vers le Comte, &, tenant l'hoſtie à la main, il le ſomme par trois fois, au nom du Dieu vivant, d'abandonner le parti d'*Anaclet*.

Le Comte répondit froidement : *J'y penſerai*.

Le coup étoit manqué : Bernard, pour mieux réuſſir, employa dans la ſuite les mêmes armes, mais avec un appareil qui les rendit plus puiſſantes.

Quelques années après, il entra dans le Poitou, s'avança juſqu'à Parthenai, & là, demanda au Comte une entrevue. Ce Prince s'y rendit, &

___

(1) Pendant que Bernard plaidoit ſi vivement en France pour Innocent II, ce Pape ſoutenoit, en Italie, ſa cauſe les armes à la main ; il ſe fit Général d'armée, & combattit d'abord avec ſuccès *Roger*, Duc de la Pouille; mais bientôt il en fut battu & fait priſonnier. Ce Saint Pontife, après avoir commandé une armée en Italie, ſe réfugia en France, où il préſida à pluſieurs Conciles.

déclara à l'Abbé de Clairvaux qu'il n'étoit pas éloigné de reconnoître le Pape *Innocent II*, mais qu'il ne consentiroit jamais à rappeler les Evêques qu'il avoit chassés, parce que ces Prélats l'avoient outragé, & qu'il avoit promis de ne jamais leur pardonner.

Bernard alla dire la messe dans l'église paroissiale de la *Couldre*, qui est aujourd'hui celle des *Ursulines* de Parthenai ; le Comte l'accompagna, & resta à la porte de l'église, parce qu'il étoit excommunié. Après la consécration, l'Abbé de Clairvaux, plein d'une sainte colère, quitte brusquement l'autel, & tenant l'hostie à la main, s'avance vers le Comte & lui dit avec véhémence : *Je vous ai supplié, & vous avez méprisé ma prière ; voici maintenant votre juge & votre maître, tombez à ses pieds, & soumettez-vous.*

Le Comte, étonné, confondu par un procédé aussi inattendu, ne sut que répondre ; il se troubla, & fléchit les genoux. Bernard lui ordonna de se lever & d'écouter son jugement. *Voici l'Evêque de Poitiers*, lui dit-il, *que vous avez chassé, réconciliez-vous avec lui ; promettez de le rétablir sur son siège ; reconnoissez pour Pape Innocent II, & réparez le mal que vous avez fait* ; le Prince, déconcerté, promit tout.

Le célèbre Abbé *Thiers*, dans son Traité des Superstitions, ne pense pas que Saint-Bernard ait, envers le Comte, agi fort régulièrement. « L'Eglise n'approuveroit pas, dit-il, qu'on suivît à la lettre la conduite que tint Saint-

Bernard en cette occasion ». Ce Saint avoit un zèle fort démesuré.

La ville de Parthenai, après avoir soutenu plusieurs sièges pendant les guerres contre les Anglois, fut prise, en 1568, par *Dandelot*, frère de l'Amiral Coligni. La place n'étoit pas tenable; *Malo*, qui en étoit Gouverneur, se réfugia dans le château; on s'en empara, & il fut pendu.

Le chapitre de *Sainte-Croix*, dont toutes les dignités sont à la nomination du Comte d'Artois, n'est pas fort considérable; l'église étoit l'ancienne chapelle du château.

Au milieu du chœur, on voit le tombeau en marbre de *Charles de la Porte*, Duc de la Meilleraye, qui mourut à Paris en 1664, un an après que la terre de ce nom fut érigée en Duché-Pairie. Son fils épousa *Hortense de Mancini*, nièce du *Cardinal Mazarin*. Son grand-père, *François de la Porte*, Bâtonnier des Avocats, respectable par ses talents & ses vertus, eut, de son premier mariage, une fille, *Susanne de la Porte*, qui fut mère du fameux *Cardinal de Richelieu* (1).

───────────────

(1) Jean-François *de la Porte*, Seigneur de la Lupardière, la Soblinière & de la Villeneuve, étoit un des plus célèbres Avocats du Parlement de Paris. Par une destinée singulière il eut, pour petit-fils & pour petit-neveu, deux Cardinaux, *Richelieu* & *Mazarin*, qui furent tous les deux Ministres despotes, & détestés des François. Le roturier *de la Porte* mérita l'estime de ses Contemporains. Un jour le Président *de Thou*, impatienté d'entendre le fameux Avocat *du Moulin*, qui, en plaidant, parloit avec quelque difficulté, lui

On trouve aussi dans cette ville un Chapitre régulier de l'Ordre de Saint-Augustin, plusieurs églises paroissiales, & quelques maisons religieuses.

Il y a une jurisdiction qui a excité plusieurs différens entre la ville de Parthenai & quelques autres villes du Poitou; elle a été justice royale, aujourd'hui elle n'est plus que seigneuriale, & a le titre de *Bailliage ducal*.

A deux lieues, & au sud de Parthenai, est la terre de *la Meilleraye*, qui fut érigée en Duché-Pairie par Louis XIII.

LOUDUN.

Ville, chef-lieu du petit pays appelé *Loudunois*, qui se trouve enclavé entre les provinces d'Anjou, de Touraine & de Poitou; située sur une montagne, à dix lieues de Poitiers, à dix-sept d'Angers & à quinze de Tours.

ORIGINE. Sous le règne de Hugues Capet, Guillaume II, dit *Fier-à-Bras*, Comte de Poitou, & quatrième Duc d'Aquitaine, après

---

imposa silence en termes fort durs; du Moulin se retira. Alors le corps des Avocats, partageant cet outrage, députa François de *la Porte*, Bâtonnier, au Président de Thou. Il lui dit, avec une noble fermeté: *Que croyez-vous avoir fait en offensant du Moulin? vous avez offensé un homme plus savant que vous ne le serez jamais*. M. de Thou avoit l'ame trop grande pour s'irriter de ce trait hardi, il reconnut sa faute, & la répara le lendemain publiquement, en avouant qu'elle étoit l'effet d'un premier mouvement de vivacité, & en priant les Avocats, & sur-tout du Moulin, de vouloir bien l'oublier.

avoir fait la guerre à *Geoffroy Grise-Gonelle*, Comte d'Anjou, lui donna le château de Loudun avec quelques autres terres en Poitou, à la charge de lui en faire hommage.

HISTOIRE. Loudun n'étoit alors qu'un château nommé *Castrum Lodunum*, il s'accrut insensiblement, & fut réuni à la couronne avec le pays de Loudunois, sous Philippe-Auguste. Ce pays, sous Charles V, en fut détaché; mais Louis XI, en 1476, le réunit à son domaine. Henri III l'érigea en Duché, en faveur de Françoise de *Rohan*; mais après la mort de cette Dame, le Duché fut supprimé.

Dans cette ville fut conclu, en 1616, entre le parti des Protestans & celui du Roi, le traité appelé de *Loudun*. La paix fut alors rétablie dans le royaume pour quelques années. Les zélés Protestans furent mécontens de ce traité que d'Aubigné appeloit *une Foire publique de perfidies particulières & de lâchetés générales.*

DESCRIPTION. Cette ville est bâtie sur une montagne qui domine une plaine fertile, de douze lieues de diamètre, entourée de côteaux & de monticules, couverts de bois & de vignobles.

La ville est grande, mais dépeuplée; elle pourroit contenir quinze ou vingt mille habitans, & on n'en compte pas actuellement plus de quatre ou cinq mille. La destruction du Château de cette ville, sous le règne du Cardinal de Richelieu, & la révocation de l'édit de Nantes, ont causé cette dépopulation. On y trouve de grandes rues bien percées, des maisons spacieuses & commodes. Dans l'emplacement de l'ancien château on a formé une promenade publique, dont la position est très-agréable & la vue très-variée & très-étendue; l'air y est si vif, qu'il occasionne, chez les personnes délicates, des maux de tête violens, & des douleurs qui se font sentir aux yeux, à la gorge, & même à la poitrine (1).

Il est resté encore de l'ancien château une tour carrée, dépendante aujourd'hui de l'Hôtel Dieu ; elle est très-élevée, & se voit de Mirebeau qui est à cinq lieues de Loudun.

Il y a dans cette ville deux paroisses, celle *Saint-Pierre du Martroy* ou *des Martyrs*, & celle de *Saint-Pierre du Marché*; on voit dans cette dernière église l'épitaphe du célèbre *Scevole de Sainte-Marthe*, natif de Loudun. Son nom rappelle les sciences, les talens, & une longue suite d'hommes Illustres de sa famille, utiles aux Lettres & à la Nation. Le trop fameux *Urbain Grandier*, Curé de cette église, y prononça son oraison funèbre onze ans avant l'horrible catastrophe qui termina sa vie. Cette ville contient aussi un Chapitre royal sous l'invocation de Sainte-Croix, une Commanderie, une communauté de Cordeliers, une autre de Carmes, &c. ; on y trouve encore un Collège fondé au commencement du siècle dernier par *Guy Chauvet*, né à Loudun, & Avocat au Parlement de Paris, qui légua pour cet établissement dix mille livres,

---

(1) *Topographie de la ville de Loudun*, par M. Mafereau, Médecin de l'Hôtel-Dieu de cette ville.

L'Hôtel Dieu

L'*Hôtel-Dieu* de Loudun tire son origine d'une ancienne *Ladrerie* située au bas du Martrois, dans un lieu qu'on appelle encore aujourd'hui *Sanitale*; elle étoit une de celles à qui Louis VIII légua cent sous de revenu. En 1648, on s'occupa de former un nouvel établissement destiné à secourir les pauvres malades. Madame *La Haie du Hou* eut une grande part à sa fondation, qui fut confirmée par lettres patentes du mois d'août 1671; cet hôpital, situé à mi-côte, n'est ni considérable ni riche.

Il y a plusieurs communautés de filles religieuses. Telles sont les Religieuses du *Calvaire*, de *la Visitation*, & les Dames de l'*Union Chrétienne*, qui sont arrivées à Loudun en 1672, & qui occupent, depuis 1771, la maison des anciennes *Ursulines*; maison fameuse par les scènes ridicules, indécentes & scélérates qui s'y passoient pendant la prétendue possession des Religieuses.

Il faut bien donner ici quelques détails de cette Histoire aussi singulière que révoltante.

Un Prêtre, nommé *Urbain Grandier*, étoit Curé de *Saint-Pierre du Marché*, & Chanoine de *Sainte-Croix*; la possession de ces deux bénéfices lui fit des ennemis parmi les Ecclésiastiques de la ville; sa beauté, son éloquence, son goût pour la galanterie lui attirèrent des jaloux & des rivaux dans plusieurs états de la société. Brouillé avec les Prêtres & les maris, favorisé des femmes, il avoit cependant su gagner l'estime des Savans & des honnêtes gens de son pays (1). Les Moines furent sur-tout acharnés contre lui, parce qu'il avoit prêché contre les confréries. Voilà quels étoient les crimes d'Urbain Grandier, & quelle étoit la disposition des esprits à son égard.

Si Grandier n'eût eu que de semblables ennemis, il en auroit facilement triomphé ; son génie, son éloquence lui donnoient sur eux de grands avantages ; mais il eut contre lui un homme souverainement puissant, qui avoit tout de pouvoir d'un Monarque, sans en avoir les vertus : c'étoit le Cardinal de *Richelieu*. Il fit voir, en cette occasion, que sa haine égaloit son ambition ; tout le monde sait que son ambition étoit sans bornes.

Lorsque Richelieu fut obligé de se retirer dans son prieuré de *Couffay*, en Loudunois, il eut quelques démêlés avec Grandier. Celui-ci, en qualité de Curé de Loudun, étant le premier Ecclésiastique de la ville, n'avoit point

---

(1) *Urbain Grandier* naquit à Rouères, près de Sablé en Anjou, de *Pierre Grandier*, Notaire royal de Sablé ; il fit ses études à Bordeaux, chez les Jésuites, qui remarquèrent en lui des talens rares. Il eut la réputation de grand Prédicateur. Il avoit la parole & la composition faciles. Il fit & prononça l'éloge funèbre de *Scévole de Sainte-Marthe*. Ce grand homme mourut entre les bras de Grandier, *qui lui avoit servi, dans ses dernières heures, de père, de fils & d'ami,* comme s'exprime Abel de Sainte-Marthe, fils de Scévole. Grandier composa un *Traité du célibat des Prêtres*, qui fut brûlé par ses ennemis ; mais il ne fut point l'Auteur de la satyre intitulée : *Lettre de la Cordonnière de la Reine Mère à M. de Baradas*, ouvrage rempli d'injures & qu'il a constamment désavoué.

voulu, dans une procession, céder le pas à Richelieu, qui n'étoit que Prieur de Coussay. Richelieu ne put alors se venger du Curé Grandier; mais lorsqu'il fut parvenu au ministère, il en trouva l'occasion. Voici comme elle se présenta.

Quelques Pensionnaires des Ursulines de Loudun, pour épouvanter des Religieuses de la communauté, s'étoient amusées à jouer le rôle de revenans. Les ennemis de Grandier, assez nombreux dans la ville, aperçurent, dans ces espiègleries, des moyens qui pouvoient favoriser leur vengeance. Jean *Mignon*, Chanoine de l'église collégiale de Sainte-Croix, fut alors choisi pour être le Confesseur des Ursulines; il étoit un des plus furieux ennemis de Grandier, & brûloit de faire éclater contre lui le vif ressentiment qui le dominoit. Quelques vieilles & crédules Religieuses avouèrent au nouveau Confesseur qu'elles avoient été fort effrayées par des esprits & des revenans qui fréquentoient la communauté; il ne chercha pas à les dissuader. Les jeunes, qui avoient produit les prétendues apparitions, lui déclarèrent aussi leur jeu; loin de le leur défendre, il les exhorta à le continuer, & fit servir également à ses projets la gaîté des unes & la crédulité des autres. Au lieu d'esprits, de revenans, il substitua des Diables & des possédées; insensiblement il habitua les plus déterminées du couvent à faire des tours de souplesse, à tomber à propos en convulsions, enfin à jouer passablement le rôle de démoniaques.

Ces Religieuses, persuadées que les farces

honteuses auxquelles elles alloient se prêter devoient tourner à la gloire de la Religion & de leurs Directeurs, déclarèrent hardiment dans le premier exorcisme public, que le malin Esprit étoit entré dans leur corps par le moyen d'un bouquet de roses dont elles avoient respiré l'odeur ; quand on leur demanda le nom de celui qui leur avoit envoyé ces fleurs, elles répondirent : *Urbain Grandier.*

Dans les séances qui suivirent celle-ci, les possédées déclarèrent que le Diable avoit eu accès chez elles par l'*eau*; mais que c'étoit toujours *Urbain Grandier* qui le leur avoit envoyé. Lorsque ces exorcismes s'exécutoient devant des personnes désintéressées, devant le Bailli de Loudun & quelques autres particuliers, le Diable répondoit fort mal aux questions qu'on lui faisoit ; il refusoit de répondre, ou bien il abandonnoit le corps de la possédée (1).

---

(1) Lorsque les Moines & autres Exorcistes virent que des Médecins raisonnables & le Bailli de Loudun n'étoient pas aussi crédules qu'ils le désiroient, ils refusèrent souvent de les admettre aux exorcismes, ou ils les empêchoient de faire des questions qui tendoient à découvrir évidemment la vérité ou la fourberie de la prétendue possession. Le Bailli demanda à la Supérieure en quel endroit étoit, dans le moment où on l'interrogeoit, *Urbain Grandier.* Le Diable qui la possédoit répondit : *Dans la grande salle du château.* On envoya aussi-tôt vérifier le fait, il se trouva faux. Quand on pressoit le Diable de répondre en grec, en hébreu, ou dans quelque autre langue peu connue, il refusoit de répondre, ou se tiroit d'affaire en disant : *nimia curiositas*, c'est trop de curiosité. Ce Diable mal instruit, ou qui sans doute avoit oublié sa leçon, répondit à

On découvrit bientôt la supercherie; mais comme les Moines, les Ecclésiastiques, quelques Magistrats de la ville, & même l'Evêque de Poitiers étoient ennemis de Grandier; ces exorcismes & les blasphêmes, indécences & calomnies qui les accompagnoient, continuèrent pendant plusieurs mois. Enfin l'Archevêque de Bordeaux étant à son prieuré de *Saint-Jouin*, situé à deux lieues de Loudun, fut instruit de cette prétendue possession; il sentit que la vive animosité des Prêtres & des Moines du pays étoit le seul Diable qui présidoit à des farces aussi révoltantes, aussi sacrilèges. Il rendit, au commencement de l'année 1633, une ordonnance par laquelle il fixoit l'ordre qu'on devoit observer dans les exorcismes, de manière à prévenir toute espèce de tromperie, & de mettre au jour la trame scélérate des Exorcistes & l'impudence des possédées. Cette ordonnance fut un coup de foudre pour la cabale des ennemis de Grandier, & produisit un miracle. Les Diables abandonnèrent le couvent, les exorcismes cessèrent, tout parut appaisé. Le public indigné accabloit journellement de reproches les auteurs de cette trame aussi criminelle que mal ourdie. Les parens retirèrent les Pensionnaires du couvent des Ursulines; on cessa d'y envoyer les jeunes filles à l'école. Grandier croyoit avoir triomphé pleinement de ses ennemis; mais leur désespoir

---

question embarrassante par une faute qu'un Ecolier de sixième n'auroit pas faite, *Deus non volo*, dit-il, pour *Deus non vult*; Dieu ne le veut pas.

& la honte de leurs mauvais succès ne firent qu'accroître leur fureur, & l'occasion de la faire éclater se présenta bientôt.

Le Cardinal de Richelieu ayant ordonné la destruction de tous les châteaux & forteresses de la France, à l'exception de celles des frontières, chargea *Laubardemont*, Conseiller d'Etat, de faire démolir le château de Loudun. Cet homme n'avoit d'autres vertus, d'autres principes que la volonté du Cardinal; depuis long-temps il lui obéissoit avec le dévouement le plus servile & le plus empressé; il fut long-temps l'agent secret de ses expéditions tyranniques ou sanglantes: justice, raison, n'étoient rien, les désirs & l'argent de son maître étoient tout pour lui.

Arrivé à Loudun, il fut assiégé, sollicité par les ennemis de *Grandier*, qui lui peignirent ce Curé comme un magicien qui avoit ensorcelé des filles de Loudun & les Religieuses Ursulines, & le dénoncèrent comme l'Auteur d'un Libelle fait autrefois contre le Cardinal de Richelieu; ouvrage grossier & sans goût, dont Grandier ne fut jamais l'Auteur. Ils conduisirent ensuite *Laubardemont* au couvent des Ursulines, & le firent jouir du spectacle des exorcismes: les Religieuses, plus exercées, déployèrent en cette occasion toute l'étendue de leur talent en diablerie.

Laubardemont partit, & promit aux Exorcistes une vengeance assurée. Alors, au grand étonnement de tout le monde, une infinité de Diables reparurent à Loudun; ces Religieuses ne furent pas en assez grand nombre pour les loger tous ; les dévotes de la ville en furent aussi possédées, & c'étoit pour plusieurs une chose glorieuse que d'avoir le Diable au corps.

Les exorcismes recommencèrent ; le Récollet *Lactance* composa un Livre intitulé, *La Démonomanie de Loudun*, dans lequel on lisoit les noms des Diables, celui des filles qui en étoient possédées, & les souffrances qu'elles en éprouvoient : le but de cet Ouvrage étoit de mettre, dans le parti des Exorcistes, tous les gens simples & crédules.

Pendant que ces farces sacrilèges se renouveloient à Loudun, que les Moines excitoient avec une nouvelle ardeur le peuple à croire aux possessions ; les Capucins de cette ville écrivoient au fameux Père *Joseph*, satellite du Cardinal de Richelieu, que Grandier étoit l'Auteur du Libelle connu sous le nom de *la Cordonnière de Loudun*. Laubardemont instruisoit le Cardinal de la haîne qu'on portoit au Curé de Loudun, allumoit sa colère en lui rappelant les anciens démêlés qu'il avoit eus, pendant qu'il étoit Prieur de Couffay, avec ce Curé, & l'accusoit aussi d'être l'Auteur du Libelle dont nous avons parlé.

Il en falloit moins pour exciter la vengeance de ce terrible Prélat. Il donna le pouvoir le plus étendu à Laubardemont, qui se promit bien de satisfaire son maître en dépit des lois, de la raison & des bienséances. Il arriva secrètement à Loudun le 3 décembre 1633, & assembla tous les ennemis d'Urbain Grandier. Dans un mystérieux comité on projeta la ruine de ce Curé. Le premier usage que Laubardemont fit de son pouvoir, fut d'ordonner, contre toutes les règles de la justice, l'emprisonnement de l'accusé, avant d'avoir fait aucune information contre lui ; ce fut-là le prélude de la procédure la plus irrégulière, des moyens les plus révoltans, les plus exécrables ; les annales de la méchanceté des hommes n'offrent rien de si odieux.

On saisit Grandier pendant qu'il se rendoit à l'église, on le fit transporter au château d'Angers, où, pendant quatre mois qu'il y fut enfermé, il édifia tous ceux qui le virent, par sa résignation & sa piété. Toutes les démarches que purent faire les parens de ce Curé, devinrent inutiles ; tous les moyens que les loix offrent aux plus grands scélérats pour se justifier, lui furent refusés : mais ce n'étoit pas sa justification, c'étoit sa mort qu'on désiroit.

Le 9 avril 1634, Urbain Grandier fut tiré des prisons d'Angers, & transféré à Loudun dans une prison extraordinaire, que *Mignon*, Confesseur des Religieuses Ursulines, lui fit préparer, & dont il fit murer ou griller les fenêtres. On l'y laissa sans lit & couché sur la paille. Voici ce qu'à cette époque ce malheureux Curé écrivoit à sa mère.

« Ma mère, j'ai reçu la vôtre, & tout ce que vous m'avez envoyé, excepté les bas de serge. Je supporte mon affliction avec patience, & plains plus la vôtre que la mienne. Je suis fort incommodé, n'ayant point de lit ; tâchez de me faire apporter le mien, car si le corps ne repose, l'esprit succombe ; enfin envoyez-moi un Bréviaire, une Bible, un Saint-Thomas, pour ma consolation : au reste, ne vous affligez point ; j'espere que Dieu mettra mon innocence au jour : je me recommande à mon frère, à ma sœur, & à tous nos bons amis, &c. »

L'Evêque de Poitiers, nommé *la Rochepofai,* son Théologal, un Récollet, nommé le Père *Lactance* ; quatre Capucins, les Pères *Luc, Tranquille, Protais & Elifée* ; deux Carmes, les Pères de *Saint-Thomas* & de *Saint-Mathurin* ; *Barré*, Curé de Saint Jacques de Chinon ; *Mignon*, Directeur des Religieuses Ursulines : voilà les principaux Exorcistes ennemis de Grandier, & les principaux complices de l'attentat qu'avoit résolu de commettre le Cardinal de Richelieu ; il faut y joindre le plus criminel de la bande, *Laubardemont*, avec tous ceux de la commission (1).

---

(1) Ces Commissaires étoient les sieurs *Roatin, Richard* & *Chevalier*, Conseillers au Présidial de Poitiers ; *Houmain*, Lieutenant Criminel au Présidial d'Orléans ; *Cottereau*, Président ; *Piqueneau*, Lieutenant Particulier, & *Burges*, Conseiller au Présidial de Tours ; *Taixier*, Lieutenant Général au siège Présidial de Saint-Maixent ; *Dreux*, Lieutenant Général, & *de la Barre*, Lieutenant Particulier au siège royal de Chinon ; *la Picherie*, Lieutenant Particulier au siège royal de Châtellerault ; *Rivrain*, Lieutenant Général au siège royal de Beaufort ; & *Jacques Deniau*, faisant les fonctions de Procureur Général de la Commission, &c. Si nous dénonçons à l'indignation publique les noms de ces lâches ou aveugles instrumens de la fureur du Ministre, nous devons honorer la mémoire du petit nombre de ceux qui eurent assez de probité, d'énergie, pour résister aux volontés du tyran, & ne point se rendre complices de ce mystère d'iniquité. *Constant*, Avocat du

Le fameux Père *Joseph*, Capucin, se rendit bientôt à Loudun, & ne voulut jamais admettre les Jésuites au rang des Exorcistes, parce qu'il ne les jugeoit pas assez soumis à ses volontés.

Ce Moine turbulent, ce Courtisan cruel, cet être amphibie, avoit conçu le projet d'établir cette singulière proposition qui se trouva dans le Livre que le Père *Tranquille* avoit composé à l'occasion de la possession de Loudun : *Que le Diable dûment exorcisé est contraint de dire la vérité, & que l'on pouvoit, sur sa déposition, asseoir un jugement raisonnable.* Cette étrange doctrine fut d'abord établie à Loudun, & servit de base à la condamnation de *Grandier*, quoiqu'elle fût contraire à la décision précise de la Sorbonne, qui déclara que, le Diable étant père du men-

---

Roi au Présidial de Poitiers, avoit été compris dans la commission, & refusa d'y avoir part; le *Bailli* de Loudun, homme intègre & judicieux, montra beaucoup de fermeté en cette affaire, & beaucoup de mépris pour tous les vils agens de la vengeance du Cardinal de Richelieu. *Auguste du Moutiers* & *Charles Chauvet*, Assesseur, avoient été sollicités, même avec menaces, par Laubardemont d'être du nombre de ceux qui formoient la Commission; ils refusèrent constamment. *Auguste du Moutiers* fut même la victime de son héroïsme. Laubardemont, cherchant l'occasion de lui nuire, profita d'une sédition arrivée à Loudun, pour le faire décréter comme en étant le moteur. *Du Moutiers* fut mené, pieds & mains liés, au Fort-l'Évêque pour purger son décret; mais il en sortit peu de temps après, déchargé de l'accusation, comme calomnieuse.

songe, on ne doit jamais l'admetre à accuser autrui, & moins encore employer les exorcismes pour connoître les fautes de quelqu'un, &c. : néanmoins le Père *Joseph* en vouloit faire un article de foi, & prétendoit par-là prouver incontestablement la présence corporelle de Jésus-Christ dans l'Eucharistie. Il espéroit encore que cette doctrine, une fois établie, il pourroit introduire une espèce d'inquisition, & que ce seroit un moyen assuré pour faire dépendre les biens, l'honneur & la vie des citoyens, & principalement des Protestans, de la volonté des Moines.

Les exorcismes se continuèrent avec beaucoup plus d'appareil. Une foule de dévots ou d'incrédules se rendoient à Loudun, de toutes parts, pour être témoins de tant de merveilles; mais les Diables qui s'étoient logés dans le corps des Religieuses, n'opéroient jamais les miracles attendus avec impatience, qu'ils promettoient de faire, & dont les Exorcistes éludoient toujours l'accomplissement (1). On murmuroit

―――――

(1) Un des Diables de la Supérieure (elle en avoit sept) ayant promis de l'enlever à deux pieds de haut; le Père *Lactance* somma, à plusieurs reprises, ce Diable d'accomplir sa promesse. Il n'en faisoit rien, mais la Supérieure, pour tromper les yeux du public, essaya de s'élever de quelque manière. Un des spectateurs, peu crédule, releva le bas de sa robe, & fit voir à toute l'assemblée qu'elle touchoit la terre du bout d'un de ses pieds. Le Démon *Eazas* avoit aussi promis d'enlever une Religieuse possédée, appelée *Nogaret*, à la hauteur de trois pieds; un autre Démon, nommé *Cerbère*, devoit également enlever la sœur de la *Nogaret* à deux pieds

beaucoup contre ces farces indignes, & les plus

de haut; mais ni l'un ni l'autre ne furent Diables à tenir leur parole. Le Démon *Béherit*, pour réparer l'honneur de ses confrères, promit d'enlever la calotte de Laubardemont de dessus sa tête, & de la tenir suspendue en l'air pendant la durée d'un *Miserere*. Le temps fixé pour ce miracle étant venu, le Diable, ayant été canoniquement sommé de l'opérer, fut sourd aux prières & aux menaces qu'on lui fit, &, au grand chagrin des Exorcistes, la calotte de Laubardemont resta sur sa tête. Un particulier, qui ne croyoit guère à la parole du Diable, étant monté au dessus de la voûte de l'église où se faisoient les exorcismes, y avoit découvert un petit trou au dessous duquel étoit directement placé Laubardemont assis dans un fauteuil; il avoit enlevé un fil au bout duquel pendoit un petit crochet que le Magistrat devoit attacher à sa calotte en faisant mine de l'ajuster; ainsi la diablerie fut en défaut.

Le Diable d'une Religieuse, voyant que plusieurs personnes doutoient de son pouvoir, menaça un jour d'enlever jusqu'à la voûte de l'église le premier incrédule qui auroit la hardiesse de le défier. L'Abbé *Quillet*, piqué de ces absurdes forfanteries, vient hardiment s'offrir en présence des Exorcistes, & se moquer de ces menaces; le Diable resta coi, & toute la diablerie fut déconcertée. *Laubardemont* scandalisé fit décréter de prise de corps l'Abbé *Quillet*, qui, voyant l'orage dont il étoit menacé, sortit promptement de Loudun & de France, & se réfugia en Italie: il savoit comment le Cardinal & ses Agens rendoient la justice. Vingt autres épreuves de cette nature mirent dans le plus grand jour la supercherie de ces possessions, & démontrèrent que les Exorcistes & leurs adhérens ne péchoient point par une aveugle superstition, comme on seroit porté à le croire au premier abord; mais par la plus soutenue, la plus impudente des fourberies: ils joignoient à toutes les fureurs du fanatisme, tous les artifices de la scélératesse.

crédules commençoient à accuser de fourberie les Exorcistes, lorsque ceux-ci firent publier, parmi le peuple, qu'*il falloit croire la possession, puisque le Roi, le Cardinal & l'Evêque la croyoient*. Laubardemont fit même rendre & afficher dans les rues une ordonnance par laquelle il étoit expressément défendu *de médire, ni autrement entreprendre de parler contre les Religieuses & autres personnes de Loudun, affligées du malin Esprit, leurs Exorcistes, ni ceux qui les assistent... à peine de dix mille livres d'amende, & autre plus grande somme & punition corporelle, si le cas y échoit*.

Les paroles lascives, les postures indécentes, les blasphêmes que les exorcismes produisoient chez les Religieuses possédées, étoient regardés par la cabale des Exorcistes, comme des témoignages assurés de la possession. Les scènes les plus scandaleuses & les plus alarmantes pour la pudeur, devenoient pour eux des scènes de triomphe. L'impudence & l'effronterie des Religieuses leur tenoient lieu des miracles qu'ils ne pouvoient opérer (1).

_____

(1) Les postures forcées qu'exécutoient ces Religieuses pendant qu'on les exorcisoit en public, & l'indécence de leurs dépositions prouvent également leur libertinage & leur impudence. La Sœur *Elisabeth Blanchard*, en présence de *Monsieur*, Frère du Roi, & d'une nombreuse compagnie, se renversa trois fois en arrière ; son corps formoit un arc, en sorte qu'elle ne touchoit à terre que de la pointe des pieds & du bout du nez. La Sœur *Claire de Sazilli* étant exorcisée, le Diable la rendoit, dit-on, *souple & maniable comme une lame de*

Le rôle étrange & fatigant que jouoient de plomb; l'Exorciste lui plia le corps en diverses façons, en arrière, en avant & des deux côtés, en sorte qu'elle touchoit presque la terre avec la tête; elle se roula ensuite plusieurs fois par terre, & porta cinq ou six fois son pied gauche, par dessus l'épaule, à la joue, tenant cependant la jambe embrassée du même côté. Je ne crois pas qu'une Dame puisse décemment faire ce tour de force sans caleçons. La mère Supérieure, que Ménage nomme *Jeanne Eclcie*, avoit ses tours particuliers. Pendant les exorcismes, le Diable lui faisoit si bien écarter les jambes, que, malgré la petitesse de sa taille, il y avoit sept pieds de distance d'un talon à l'autre; elle savoit aussi mettre le ventre contre terre, lever les pieds & les bras en l'air, *de sorte que les deux paumes de ses mains touchoient des deux côtés la plante des pieds*. Dans les grandes occasions la Supérieure ne manquoit jamais ce tour. Ces Religieuses, dans leur déposition ainsi que dans leur confrontation avec *Grandier*, soutinrent que pendant quatre mois elles furent nuit & jour tourmentées du désir de s'unir à ce Curé; son image pendant le jour s'offroit sans cesse à elles; pendant la nuit elles le voyoient en songe avec plus d'intimité. Sœur *Claire de Sazilli* déclara s'être trouvée si fort tentée de coucher avec son grand ami, qu'elle disoit être ledit Grandier, qu'un jour s'étant approchée pour recevoir la sainte Communion, elle se leva soudain, & monta dans sa chambre.... Je souillerois cet Ouvrage si j'indiquois seulement le libertinage mêlé de sacrilège dont cette Sœur se rendit coupable; il faut croire que cet acte horrible n'eut point lieu, & fut inventé par les Exorcistes, afin de rendre Grandier plus odieux. *Elizabeth Blanchard* ne parle ni de songe, ni d'illusion, ni de désirs violens; elle dépose sans façon *avoir été connue charnellement par l'accusé, lequel un jour, après avoir couché avec elle, lui dit que si elle vouloit aller au sabat, il la feroit Princesse des Magiciens*. Ici l'absurdité de la déposition en décèle tout le mensonge.

puis long-temps ces Religieuses, d'abord pour s'amuser, ensuite pour servir l'animosité des ennemis de Grandier, enfin pour ne pas se démentir, commençoit cependant à les lasser. La Sœur *Claire* déclara publiquement, dans l'église du château, où on l'avoit menée pour l'exorciser, que tout ce qu'elle avoit dit depuis quinze jours n'étoit que de pures calomnies, & des impostures que lui avoient suggérées le Père *Lactance*, le Curé *Mignon* & les Carmes; que si on l'éloignoit de ces Exorcistes, & qu'on voulût l'interroger en particulier, il seroit facile de découvrir toutes leurs malices & leurs fourberies ; elle répéta cet aveu les deux jours suivans; elle essaya même d'échapper des mains des Exorcistes en sortant de l'église : mais un Moine l'arrêta, & la fit rentrer avec menaces.

La Sœur *Agnès*, enhardie par l'exemple de Sœur *Claire*, se rétracta publiquement, & sollicita, les larmes aux yeux, les assistans de la délivrer de l'horrible captivité dans laquelle elle gémissoit. Elle refusoit un jour de communier, assurant très-sincèrement son Exorciste qu'elle n'étoit point dans un état convenable à recevoir ce Sacrement; le Moine lui dit que c'étoit son Démon qui lui causoit cette répugnance, & il la communia malgré elle. Ces deux filles déclarèrent qu'elles s'attendoient à être bien maltraitées dans le couvent, pour avoir révélé un secret si recommandé, mais qu'elles y étoient forcées, pour le repos de leur conscience. La *Nogaret* protesta aussi qu'elle avoit accusé un innocent, & qu'elle en demandoit pardon à

Dieu; & se tournant tantôt du côté de l'Evêque de Poitiers, tantôt du côté de Laubardemont, elle leur dit qu'en conscience elle se sentoit obligée de faire cette confession. Laubardemont ne fit que rire de cet aveu sincère, l'Evêque & les Exorcistes soutinrent que le Diable usoit de cet artifice pour entretenir les gens dans l'incrédulité.

Un Médecin interrogea en grec une autre Religieuse possédée, qui, aussi lasse que les précédentes du rôle insupportable qu'on lui faisoit jouer, dit avec beaucoup de franchise: *Je n'entends point une langue que je n'ai point apprise; je ne suis point possédée; il y a long-temps qu'on me tourmente pour me persuader de faire des contorsions & des grimaces devant le monde; si Dieu ne m'avoit soutenue, je me serois désespérée; que je suis malheureuse d'être entre les mains de ces gens-là!*

Nous éviterons à nos Lecteurs le récit des moyens artificieux ou violens employés par Laubardemont & par les Moines ses agens, pour donner au mensonge le plus odieux, à l'injustice la plus criante, l'apparence de la vérité & de la justice; nous ne parlerons pas non plus de tant de procédures irrégulières, tant de dénis de justice, tant de refus d'écouter seulement les défenses de l'accusé, de recevoir les requêtes & les pièces qu'il présentoit, & de lui communiquer celles qu'on produisoit contre lui. Enfin, après une longue suite d'iniquités, de séductions, de violences; après ce que le fanatisme & l'animosité religieuse peuvent inspirer de plus révoltant, de plus absurde, Laubardemont

Laubardemont & ses viles satellites, qui composoient la commission, s'assemblèrent, le 18 août 1634, au couvent des Carmes, & rendirent, contre Urbain Grandier, l'arrêt dont voici la substance : « Déclarons ledit Urbain Grandier dûment atteint & convaincu de *crime de magie, maléfice & possessions arrivées par son fait, ez personnnes d'aucunes Religieuses Ursulines* de cette ville de Loudun, & autres séculières. Avons icelui Grandier condamné à faire amende honorable nu-tête, la corde au cou, tenant en main une torche ardente du poids de deux livres, devant la principale porte de l'église de Saint-Pierre du marché, & devant celle de Sainte-Ursule de cettedite ville, & là, à genoux, demander pardon à Dieu, au Roi, & à la Justice; & ce fait, être conduit en la place publique de Sainte-Croix, pour y être attaché à un poteau, sur un bucher, qui, pour cet effet, sera dressé audit lieu, & y être son corps brûlé vif, avec les *pactes & caractères magiques* restant au greffe (1), ensemble le Livre manuscrit par

---

(1) Suivant ses accusateurs, *Grandier* avoit fait un *pacte* formel avec le Diable. Pour autoriser cette calomnie, ils supposèrent ce pacte absurde, qu'ils produisirent au procès, & dont voici les expressions : « Monsieur & maître *Lucifer*, je vous reconnois pour mon Dieu, & vous promets de vous servir pendant que je vivrai. Je renonce à un autre Dieu & à Jésus-Christ, & aux autres Saints & Saintes, & à l'Eglise Apostolique & Romaine, & à tous les Sacremens d'icelle, & à toutes les prières & oraisons qu'on pourroit faire pour moi, & vous promets de faire tout le mal que je pourrai, &

lui composé contre le célibat des Prêtres, & ses cendres jetées au vent, &c. »

Avant que de prononcer cet arrêt de mort, on fit transporter par force le Chirurgien *Fourneau* dans la prison de Grandier. Ce Chirurgien entendit ce Curé qui disoit à un des Exorcistes : *Cruel bourreau, es tu venu pour m'achever ? Tu sais, inhumain, les cruautés que tu as exercées sur mon corps ; tiens, continue, acheve de me tuer.* Un des Juges alors ordonna au Chirurgien de lui couper les cheveux, de lui enlever tous les poils de son corps, de lui arracher même les sourcils & les ongles. Le patient témoigna sa soumission, mais le Chirurgien refusa de se prêter à un ordre aussi barbare. *Je crois que vous êtes le seul*, lui dit Grandier, *qui ayez pitié de moi*; Fourneau répondit : *Monsieur, vous ne voyez pas tout le monde.* On chercha sur son corps quelques signes du Diable, mais on ne trouva rien que de naturel. Un autre Chirurgien, son ennemi, lui avoit déjà enfoncé plusieurs fois une

---

d'attirer à faire du mal le plus de personnes que je pourrai, & renonce à Chrême & à Baptême, & à tous les mérites de Jésus-Christ & de ses Saints ; & au cas que je manque à vous servir & adorer & faire hommage trois fois le jour, je vous donne ma vie comme étant à vous. La minute est aux enfers, en un coin de la terre, au cabinet de Lucifer, signée du sang du Magicien. » Cette piéce curieuse nous apprend que la terre a un coin, que l'enfer est placé dans ce coin, que Lucifer a un cabinet où il conserve des minutes... Ces inventions monacales ressemblent assez bien aux *imaginations de M. Oufle*, & de son Abbé *Doudou*.

sonde dans la chair, pour découvrir les prétendues marques que le Diable imprime, dit-on, sur les sorciers, & lui avoit fait éprouver des supplices horribles. Enfin il fut conduit dans la salle du palais, où plusieurs Dames de qualité & la Dame de *Laubardemont* étoient assises sur les sièges des Juges. Il y reçut encore de mauvais traitemens, & fut exorcisé par le Récollet *Lactance*, puis alors le Greffier lut son arrêt. Grandier entendit cette lecture sans émotion, alors s'adressant à ses Juges, il dit : *Messeigneurs, j'atteste Dieu le Père, le Fils, le Saint-Esprit & la Vierge, mon unique avocate, que je n'ai jamais été magicien, que je n'ai jamais commis de sacrilège, que je ne connois point d'autre magie que celle de l'Ecriture Sainte, laquelle j'ai toujours prêchée, & que je n'ai point eu d'autre créance que celle de notre mère Sainte Eglise catholique, apostolique & romaine. Je renonce au Diable & à ses pompes ; j'avoue mon Sauveur, & je le prie que le sang de sa croix me soit méritoire ; & vous, Messeigneurs, modérez, je vous prie, la rigueur de mon supplice, & ne mettez pas mon ame au désespoir.*

Ces paroles, accompagnées de larmes, ne touchèrent personne ; tant le fanatisme rend les cœurs endurcis ! On lui fit donner la question pour lui arracher l'aveu des complices qu'il n'avoit point. Le Récollet & les Capucins étoient présens pour exorciser les coins, les bois, les marteaux, & tous les instrumens de ce supplice, dans la crainte, disoient-ils, que le Diable n'empêchât les effets de la torture ; on vit même ces Religieux se saisir des instrumens du supplice, & les appliquer avec effort sur le corps du patient, en l'accablant d'injures. Grandier, depuis si long-temps affoibli, ne put supporter les douleurs de cette torture, il s'évanouit plusieurs fois au milieu de ses bourreaux ; & on le rappeloit à la vie par des coups redoublés. On lui fit éprouver la pression de deux coins de plus qu'à l'ordinaire ; ses jambes crevèrent, la moelle sortit des os. On le coucha sur le carreau, & il s'évanouit de nouveau. Revenu à lui-même, il protesta encore qu'il n'avoit point de complices, & qu'il étoit innocent. Il demanda pour Confesseur le Père *Grillaut*, Gardien des Cordeliers, qui avoit été son ami ; mais il lui fut constamment refusé : on lui offrit le *Père Lactance*, le plus acharné de ses persécuteurs. Le Père *Grillaut* parvint cependant jusqu'à lui, un instant avant son supplice. *Monsieur*, lui dit-il, *souvenez-vous que Notre-Seigneur Jésus-Christ est monté à Dieu son père par les tourmens & par la croix. Ne vous perdez pas, je vous apporte la bénédiction de votre mère ; elle & moi prions Dieu qu'il vous fasse miséricorde.* Ces paroles consolantes semblèrent animer & réjouir le malheureux Grandier. Il s'adressa avec confiance à ce bon Religieux, le pria de consoler sa mère, de lui servir de fils, & l'assura qu'il alloit mourir avec la satisfaction d'être innocent, & l'espoir de la miséricorde de Dieu.

Le Lieutenant du Prévôt promit, en présence

de tous les Juges, qu'on laisseroit au patient quelques momens pour parler au peuple, & qu'on le feroit étrangler avant que d'allumer le feu. Voici quels moyens employèrent les Moines exorcistes pour empêcher l'effet de l'une & de l'autre de ces promesses.

Grandier, étant monté sur le bûcher, se disposoit à parler au peuple ; ces Moines, qui avoient un grand intérêt à le faire taire, lui jetèrent une si grande quantité d'eau bénite sur le visage, qu'il en fut suffoqué ; & comme il ouvroit la bouche une seconde fois pour commencer son discours, un autre Moine vint lui donner un baiser, pour s'opposer à ses paroles. Grandier, indigné de cet artifice hypocrite qui le privoit de la précieuse consolation de détromper le public sur la cause de son supplice, dit au Moine : *Voilà le baiser de Judas.* Cet Exorciste furieux, feignant de lui faire baiser un crucifix de fer dont il étoit armé, lui en frappa plusieurs fois le visage. Le patient se contenta d'adresser à Dieu de ferventes prières ; ces Moines, l'interrompant toujours pour l'empêcher de se justifier en public, lui demandèrent pour la quatrième fois s'il ne vouloit pas se reconnoître. *Mes Pères,* dit-il, *j'ai tout dit, j'ai tout dit, j'espère en Dieu & en sa miséricorde.*

La promesse qu'avoit faite le Lieutenant du Prévôt à Grandier, de le faire étrangler avant d'être jeté dans les flammes, fut également éludée par ces Moines ; ils avoient noué la corde destinée à cette exécution. Ce Curé eut encore assez de force pour hausser cette corde, &

l'accommoder comme elle devoit être; mais aussi-tôt le Père *Lactance* prit une poignée de paille, & l'ayant allumée à un flambeau, il la porta toute enflammée au visage du patient, en lui criant; *Ne veux-tu pas te reconnoître, malheureux, & renoncer au Diable ? Il est temps, tu n'as plus qu'un moment à vivre.* — *Je ne connois point le Diable,* répondit Grandier, *j'y renonce & à toutes ses pompes, & je prie Dieu qu'il me fasse miséricorde.*

Ce Récollet, sans attendre l'ordre du Lieutenant du Prévôt, se hâta de faire lui-même l'office de bourreau, en mettant le feu au bûcher. Le malheureux Grandier, voyant cette action barbare, s'écrioit: *Est-ce là ce qu'on m'avoit promis ? où est la charité, Père Lactance ? il y a un Dieu au ciel qui sera le juge de toi & de moi* (1), puis levant les yeux au ciel, il prononça cette prière: *Deus meus ad te vigilo, miserere mei*; alors les Capucins, pour empêcher le peuple d'entendre ces dernières paroles, lui jetèrent au visage ce qui leur restoit d'eau bénite.

Le Lieutenant du Prévôt cria au bourreau d'étrangler le patient, comme on en étoit con-

---

(1) On dit que Grandier ajouta au Père Lactance: *Je t'ajourne au tribunal de Dieu avant un mois.* Ces mots ont sans doute été écrits après l'événement de la mort de ce Récollet, pour faire quadrer la prophétie; ce Père mourut en effet un mois après l'exécution de Grandier. Ce qu'il y a de certain, c'est que ce monstre encapuchonné, déchiré par les remords que lui causoit l'énormité de ses crimes, mourut en désespéré.

venu ; mais il ne put obéir à cet ordre ; le Capucin, cent fois plus bourreau que l'exécuteur, avoit trop tôt allumé le bûcher, les progrès de la flamme l'empêchèrent d'approcher, le corps de cette malheureuse victime tomba bientôt dans le feu, & fut brûlé tout vif.

Ce fut par ces moyens absurdes, iniques & atroces que la vengeance de Richelieu & l'animosité d'une troupe de Prêtres & de Moines furent satisfaites. Ce Cardinal avoit commandé qu'on trouvât *Grandier* coupable, & une foule de scélérats, par haîne ou par une basse & coupable obéissance, s'empressèrent, sous des apparences juridiques, de lui imputer des crimes imaginaires, & de le faire périr au milieu des flammes.

Si Laubardemont eût été moins scélérat, peut-être que la force de la vérité & de la raison auroit triomphé de cet enchaînement de fourberies avec lesquelles on repoussoit continuellement l'évidence ; mais le Cardinal sans doute connoissoit bien son Laubardemont ; il s'étoit déjà avantageusement servi des talens de ce Magistrat ; c'est pourquoi il le trouva seul digne de commettre avec succès tous les crimes nécessaires à sa vengeance.

Le jour de l'exécution de Grandier, on fit contre Laubardemont ce quatrain :

> Vous tous qui voyez la misère
> De ce corps qu'on brûle aujourd'hui,
> Apprenez que son Commissaire
> Mérite mieux la mort que lui.

Richelieu, bientôt après, entendit de toutes parts crier contre la fourberie des Exorcistes de Loudun. Mademoiselle de *Combalet*, sa nièce, ayant été témoin des scènes ridicules qu'on faisoit jouer aux Religieuses, lui dit avec franchise, « que la tromperie étoit trop grossière, & qu'il falloit être la plus grande dupe du monde pour s'y laisser surprendre ». Ce Cardinal, dont la colère étoit satisfaite par la mort de Grandier, redoutant la trop grande publicité de tant d'injustices & de supercheries, retrancha quatre mille livres de pension qu'il faisoit aux Exorcistes. Il sembloit que le Diable n'attendît que cette circonstance pour déserter Loudun. On ne vit bientôt plus dans cette ville ni possédées ni Exorcistes ; il ne resta que la mémoire de tant d'atrocités, & la profonde indignation contre ceux qui en étoient les auteurs (1).

---

(1) Ce qui doit surprendre en cette affaire, ce n'est pas l'injustice & la cruauté du Cardinal de Richelieu ; il s'étoit déjà rendu redoutable par de semblables expéditions, & aucun crime ne doit étonner de la part d'un homme puissant, dévoré par l'ambition ; ce n'est pas non plus la fureur que manifestèrent les Moines en cette occasion, ni leur ardeur à établir les mensonges les plus révoltans à la place des vérités les plus évidentes, l'Histoire des Templiers, celle des Albigeois, des Vaudois, &c., &c. nous fournissent dans des temps plus barbares, de fréquens & pareils exemples ; mais que la haîne ou le désir de se venger employe, pour se satisfaire, des moyens aussi opposés au sens commun, aussi absurdes, aussi grossiers, cela est un peu surprenant dans le siècle dernier, ce siècle si brillant, si vanté, ce siècle des beaux Esprits, du génie, qui produisit les

Les habitans de Loudun sont encore, depuis plus d'un siècle & demi, pénétrés de cet affreux événement; si leur ville en a été le théâtre, on peut dire qu'en exceptant quelques Ecclésiastiques jaloux, quelques Moines, hommes étrangers en tous lieux, ils n'y ont eu aucune part. Les Juges de la commission, & tous les fauteurs de cet assassinat solennel n'étoient point de la ville de Loudun. Ces habitans présentèrent même une requête au Roi, où ils dévoilèrent l'imposture des Exorcistes, & lui demandèrent d'interposer son autorité contre les injustices de Laubardemont & de ses agens; mais cette requête fut rejetée, comme toutes celles que présentèrent Grandier & ses parens.

CARACTÈRE. Les Loudunois, suivant M. *Nosereau*, ont un tempérament sanguin & bilieux; leurs nerfs sont mobiles & facilement agaçables; ils sont vifs, spirituels, & ont une

---

Corneille, les *Molière*, les *la Fontaine*. Richelieu, ce Cardinal tant prôné, que l'Académie Françoise reconnoît pour son fondateur, prétendoit-il cacher sa cruauté aux yeux du public, en employant ouvertement des moyens qui portent l'empreinte de l'erreur la plus honteuse, de l'ignorance la plus barbare? Certes, ce Ministre eût été bien moins criminel s'il se fût contenté d'envoyer à Loudun un assassin qui eût poignardé le Curé Grandier dans son lit; mais il crut couvrir son crime par plusieurs autres; il crut, qu'en violant publiquement toutes les lois de la justice & de la raison, l'éclat de sa puissance suprême aveugleroit ses contemporains & que nul n'oseroit trouver ses attentats injustes. Il falloit qu'alors l'opinion publique fût bien méprisable ou bien peu respectée.

aptitude naturelle pour les Sciences; plusieurs les ont cultivées avec grand succès. *Gaucher de Sainte-Marthe*, plus connu sous le nom de *Scévole*, ainsi que son illustre famille, chez laquelle la science, les talens & la probité semblent héréditaires, en fournit la preuve.

MIREBEAU.

Petite ville, chef-lieu du petit pays appelé *Mirebalais*, du diocèse de Poitiers, & de la généralité de Tours, à dix lieues de Saumur, à cinq de Poitiers, à cinq de Loudun, & située entre ces deux dernières villes.

ORIGINE. Mirebeau n'étoit dans le onzième siècle qu'un château bâti par *Foulques Néra*, Comte d'Anjou; il s'y établit dans la suite plusieurs particuliers dont les habitations formèrent une ville.

HISTOIRE. En 1201, cette ville fut assiégée par *Artus*, fils de Richard, Comte de Poitou. Ce Seigneur prit la ville; mais il ne put s'emparer du château: en attendant qu'il reçût de nouvelles troupes pour s'en rendre maître, il se renferma dans la ville avec toutes ses forces. Le Roi *Jean*, son oncle, vint bientôt l'y assiéger. Le siège alloit être de longue durée. Un particulier nommé Guillaume *Desroches*, qui étoit dans l'armée du Roi Jean, offrit à ce Monarque de le rendre maître de la ville, pourvu qu'il promît de ne faire aucun mal aux assiégés, & de donner à son neveu *Artus* toute la satisfaction que ses Barons jugeroient convenable. Le Roi *Jean* y consentit,

& en fit ferment en préfence des chefs de fon armée : on va voir comment ce ferment fut rempli.

Defroches, fatisfait de la promeffe du Roi, exécuta fon projet, & parvint, par le moyen des intelligences qu'il avoit, à introduire dans la ville, pendant la nuit, le Roi & fon armée. Ce Monarque, étant maître de la place, fe faifit d'*Artus*, & de tous les grands Seigneurs qui avoient fuivi fon parti ; il les fit renfermer avec quelques autres Capitaines, au nombre de vingt deux, dans le château de *Corf*, & les y laiffa mourir de faim. *Artus* fut étroitement renfermé dans une prifon particulière.

Le Prince de Condé, pendant les guerres de la religion, foumit la ville & le château de Mirebeau. Il y prit le Père *Babelot*, Cordelier, célèbre par fon zele à conduire au gibet tous les Proteftans dont pouvoit s'emparer le Duc de Montpenfier. Ce Moine, qui avoit aidé à pendre tant de Proteftans, fut pendu à fon tour par ordre du Prince de Condé (1).

Mirebeau fut pris quelque temps après par les Catholiques. Les affiégés s'étoient réfugiés dans le château, bâti fur une éminence ; *Chouppe*

─────────────

(1) Ce Cordelier *Babelot* étoit Confeffeur du Duc de Montpenfier, il l'accompagnoit prefque toujours dans fes expéditions militaires. Auffi-tôt que ce Prince avoit pris un Proteftant, il lui difoit : *Vous êtes Huguenot, mon ami, je vous recommande au Père Babelot*. Le malheureux auffi-tôt étoit livré au Cordelier, qui, malgré lui, le prêchoit, le confeffoit, lui donnoit l'abfolution, & le faifoit pendre.

étoit chargé de le défendre. Les Catholiques menacèrent d'égorger sa femme & de brûler sa maison, s'il résistoit encore. Chouppe, à cette menace, capitula peu avantageusement; mais les articles de cette capitulation ne furent point observés par les soldats Catholiques, qui firent main basse sur la garnison du château. *Laborde*, qui avoit le commandement de la ville, fut tué de sang froid. *Chouppe* avoit à craindre le même sort; mais ses amis le firent évader. Les Protestans se vengèrent bientôt de cette perfidie.

On regardoit alors comme une bonne action celle d'assassiner des hérétiques, de violer, à leur égard, les engagemens qu'on leur avoit juré d'observer. Cette opinion, établie par les Moines, fut la cause de ces sanglantes représailles entre les deux parties, de ces massacres réciproques dont l'histoire du temps offre un si affligeant tableau.

DESCRIPTION. Cette ville, située sur une hauteur au pied de laquelle coule un petit ruisseau, a le titre de baronnie; elle contient trois paroisses.

L'église collégiale de *Notre-Dame* étoit autrefois enfermée dans l'enclos de l'ancien château. Le chapitre fut fondé, en 1217, par Maurice de *Blazon*, Evêque de Poitiers, de la Maison de Mirebeau.

Ce fondateur fut enterré au-milieu du chœur de cette église; son tombeau, sur lequel étoit, dit-on, sa figure en bois, fut détruit par les Protestans.

Dans l'église des Cordeliers est inhumée, dans une chapelle qu'elle avoit fondée, *Jeanne* de France, Dame de Mirebeau.

Cette ville n'est ni grande ni bien bâtie; son commerce consiste en bestiaux & en laines.

Le Mirebalais, dont Mirebeau est le chef-lieu, est un petit pays qui fut d'abord dépendant du Poitou, ensuite de la province d'Anjou; il est actuellement compris dans le gouvernement militaire du Saumurois; les moutons, & sur-tout les ânes du Mirebalais jouissent d'une grande réputation.

RICHELIEU.

Ville nouvelle, chef-lieu d'une élection, avec le titre de Duché-Pairie, dans la partie du Saumurois qui dépend du Poitou, & du diocèse de Poitiers, comprise dans la généralité de Tours, & située sur les bords de deux petites rivières, l'*Amable* & *la Vide*, qui, à quelque distance, vont se jeter dans la Vienne, à dix lieues de Poitiers, & à quatre de Loudun.

Le Cardinal de Richelieu, jaloux d'illustrer le lieu de sa naissance, qui consistoit en un petit village, avec un petit château, se détermina à bâtir cette ville, avec un château magnifique. En 1631, il fit ériger ce lieu en Duché-Pairie, & les années suivantes il fit jeter les fondemens de la ville & du château.

DESCRIPTION. Il est aussi facile de décrire cette ville que de la parcourir. Un parallélograme de trois cent cinquante toises de long sur deux cent cinquante de large; au milieu une rue large de six toises, longue d'environ cent quarante, & au bout de laquelle est le château ; cette grande rue traversée à angle droit devant la place du château, par une seconde rue moins considérable : voilà le plan de toute la ville.

La grande rue est construite de bâtimens uniformes dans toute sa longueur ; elle présente, de chaque côté, quatorze grands pavillons symétriques, couverts d'ardoises, & dont l'architecture rappelle celle des bâtimens qui entourent la Place royale à Paris.

Chacun de ces hôtels a sur la rue une porte cochère, en dedans une cour, & derrière un jardin ; ils furent construits à peu près à la même époque & sur les mêmes dessins. Plusieurs Secrétaires & Conseillers d'Etat qui rampoient autour du Cardinal, s'empressèrent, pour lui être agréables, de faire élever, dans cette rue, chacun un hôtel sur un dessin uniforme ; cette uniformité de construction est l'emblême de l'égale & vile soumission qu'ils avoient tous pour les volontés tyranniques de ce Ministre tout-puissant.

Malgré la régularité & la beauté de cette petite ville, malgré les privilèges & les exemptions dont jouissent les habitans, elle est très-mal peuplée ; sa situation dans un pays stérile, éloigné des grandes routes & des rivières navigables, en fait un lieu monotone & un peu triste ; c'est un village qui a la magnificence d'un beau quartier de ville, sans en avoir la population & l'activité.

Une paroisse, deux ou trois maisons religieuses, un collège & un hôpital suffisent aux besoins spirituels & temporels des habitans. La Fontaine, dans la relation de son voyage en Limousin, a décrit cette ville dans les vers suivans :

> Enfin elle est, à mon avis,
> Mal située & bien bâtie ;
> On en a fait tous les logis
> D'une pareille symétrie.
>
> Ce sont des bâtimens fort hauts,
> Leur aspect vous plairoit sans faute :
> Les dedans ont quelques défauts ;
> Le plus grand c'est qu'ils manquent d'hôte.
>
> La plupart sont inhabités,
> Je ne vis personne en la rue,
> Il m'en déplut ; j'aime aux Cités
> Un peu de bruit & de cohue.
>
> J'ai dit la rue, & j'ai bien dit,
> Car elle est seule, & des plus droites ;
> Que Dieu lui donne le crédit
> De se voir un jour des cadettes !
>
> Vous vous souviendrez bien & beau,
> Qu'à chaque bout est une place
> Grande, carrée & de niveau ;
> Ce qui, sans doute, a bonne grace.

Le palais ou siège de justice est dans la prin-

cipale place; tout proche est l'hôpital, bâtiment assez considérable.

Le *Château* répond à la beauté de la rue; il fut bâti d'après les dessins de *le Mercier*, Architecte du Cardinal de Richelieu. Deux avant-cours le précèdent; il est entouré de fossés, revêtus en pierres de taille, & en partie remplis d'eau. La façade offre une terrasse découverte, soutenue aux deux extrémités par deux pavillons en dôme, qui joignent les deux bâtimens latéraux. On entre dans la cour d'honneur, qui présente un carré de vingt-cinq à trente toises de côté; ce carré est formé par trois grands corps de logis, & par la terrasse dont nous venons de parler. Le principal corps de logis qui est en face, est uni aux deux bâtimens latéraux par deux grands pavillons; le grand escalier est au milieu, & offre une entrée ornée de colonnes de marbre, d'ordre dorique. Deux ordres, le dorique & l'ionique, décorent les faces de ces bâtimens; le premier offre des niches remplies de bustes, & le second des statues en marbre.

On voit dans l'intérieur plusieurs objets intéressans; on y remarque une grande table en mosaïque, fort curieuse, où est un morceau de lapis-lazuli, le plus grand qu'il y ait peut-être en France de cette matière précieuse. A l'aîle gauche est la *galerie*, où sont peintes les campagnes de Richelieu; on y voit souvent ce Cardinal monté sur un cheval blanc, à la tête des troupes.

La *Chapelle* est curieuse, & contient plusieurs tableaux précieux.

En passant sous l'escalier, on arrive, par un pont en pierre, dans les *jardins*. On trouve d'abord un vaste & beau parterre, borné par un canal revêtu en pierres, de quatre ou de cinq toises de long sur dix de large, & où coulent les eaux de la petite rivière d'Amable; on passe ce canal sur un autre pont, & on entre dans le parc qui est très-vaste, & qu'on dit avoir dix mille toises de circuit.

Le Cardinal, par respect pour la chambre où il avoit reçu la naissance, ne voulut point changer cette partie intérieure du château de son père; elle est à droite du côté du jardin, dans l'ancien bâtiment du pavillon. On montre encore cette chambre aux Etrangers; il y naquit le 5 septembre 1585, de *François du Plessis*, Seigneur de Richelieu, Chevalier des Ordres du Roi, & grand Prévôt de l'Hôtel, & de Suzanne la Porte (1). Il perdit son père à

---

(1) *Antoine du Plessis*, oncle du Cardinal de Richelieu, ne jouissoit pas de la meilleure réputation. Il fut surnommé *le Moine*, parce qu'il l'avoit été, & qu'il avoit renoncé à ses vœux. Le Roi François II voulant faire son entrée solemnelle à Tours, Antoine de Richelieu, qui étoit Capitaine d'une compagnie d'Arquebusiers de la garde du Roi, y fut envoyé devant. A son arrivée en cette ville, il espéroit que quelque tumulte lui donneroit lieu de piller les maisons, comme c'étoit l'usage de plusieurs Gentilshommes de ce temps; mais n'en n'ayant pas trouvé l'occasion, il s'avisa de parcourir la ville fort avant dans la nuit, en chantant des pseaumes en françois, pensant que plusieurs dévots Protestans sortiroient de leurs maisons pour

cinq ans; il fut envoyé au collège de Navarre, où étoit élevée la première Noblesse du royaume. Son ambition le conduisit, par degrés, au faîte de l'autorité : tout le monde sait les moyens qu'il mit en œuvre pour y arriver & pour s'y maintenir; l'Histoire du règne de Louis XIII est presque entièrement la sienne.

MONCONTOUR.

Petite ville située sur la rivière de Dive, à trois lieues de Mirebeau, à deux de Loudun, & à trois & demie de Thouars.

Pendant les guerres du quatorzième siècle, le Poitou étoit rempli de châteaux dont les Sei-

---

chanter avec lui. Cet artifice n'ayant pas réussi, il passa le reste de la nuit à chanter des chansons deshonnêtes, & à réciter des vers injurieux à la Reine Mère & aux Guises; le lendemain il alla trouver le Roi, & imputa ses propres déportemens aux Bourgeois, afin d'engager ce Prince à lui abandonner le pillage des maisons; mais les Magistrats ayant fait une exacte recherche, cette calomnie retomba sur Richelieu. « Cet homme, dit l'Etoile, mal famé, pour ses voleries & blasphêmes, fut tué à Paris en la rue des Lavandières, par des ruffiens comme lui, qu'il vouloit chasser d'une maison prochaine à la sienne ». M. de Thou n'en parle pas fort avantageusement dans son Histoire; ce fut, dit-on, pour cela que le Cardinal fit couper la tête au fils de cet Historien. *Son pere*, disoit-il, *a mis mon oncle dans son histoire, je veux mettre son fils dans la mienne*; mais cette anecdote n'est pas trop certaine.

gneurs, les uns Anglois, les autres François, se faisoient une guerre continuelle, & ravageoient tout le pays. Moncontour étoit un château dont la garnison incommodoit beaucoup les Anglois; ils résolurent d'en faire le siège. Trois mille hommes, à la tête desquels étoient les Capitaines Poitevins qui tenoient le parti de l'Angleterre, vinrent l'assiéger. Le sixième jour le château fut pris, & la garnison passée au fil de l'épée; on ne fit grace qu'à deux Commandans, *Pierre de Guerfille* & *Jourdain de Cologne*, & à cinq ou six hommes d'armes.

Moncontour est encore fameux par la bataille donnée entre l'armée des Catholiques, commandée par le Duc d'*Anjou*, frère du Roi Charles IX, & celle des Protestans, commandée par l'Amiral *Coligny*.

Après le siège de Poitiers que les Protestans furent obligés de lever, leur armée se retiroit dans le bas Poitou. Le Duc d'Anjou se mit en marche pour s'emparer des passages, & s'approcha de la petite ville de Moncontour. L'Amiral, avec son armée, avoit aussi dessein de s'emparer de ce poste; il y eut d'abord un combat sanglant entre les avant-gardes des deux armées; puis chaque chef fit ses dispositions pour un combat général.

Le Duc d'Anjou rangea son armée en bataille dans la plaine d'Assais, entre la Grimaudière & Saint-Loup. L'Amiral s'avança au devant du Duc d'Anjou jusqu'à une demi-lieue de Moncontour : ses troupes occupoient le terrain qui est entre les bourgs de Marnes & d'Availles.

C'étoit le matin du 3 octobre 1569 que se donna la bataille; on se canonna de part & d'autre pendant quatre heures, sans en venir aux mains. Enfin vers les deux heures après midi, le corps commandé par le Duc de Montpensier commença l'attaque; le combat ne dura qu'une heure; mais il fut des plus violens. Les deux Généraux y donnèrent des preuves éclatantes de courage, & s'exposèrent au plus grand péril. Le Duc d'Anjou eut un cheval tué sous lui, & fut pendant long-temps en danger d'être pris. L'Amiral Coligny, que le désespoir fit combattre en soldat, eut trois dents cassées d'un coup de pistolet. Les Protestans furent entièrement battus; on fit surtout un carnage affreux de Lansquenets. Les Suisses, leurs ennemis mortels, ne leur firent aucun quartier; de quatre mille il en échappa à peine cinq cents, sauvés par le Duc d'Anjou qui fit cesser le massacre, à condition que les vaincus serviroient dans son armée. Le Duc préserva aussi trois mille François enveloppés de toutes parts, & qui alloient être massacrés par ses soldats.

L'armée des Huguenots fut presque entièrement ruinée dans cette bataille. Le Duc d'Anjou s'y comporta beaucoup mieux qu'il n'avoit fait à Jarnac; mais il ne sut pas profiter de sa victoire: au lieu de poursuivre les débris de l'armée de l'Amiral & des Princes, il s'amusa au siège de *Saint-Jean d'Angély*, où il resta trois mois. L'Amiral profita du temps pour négocier avec l'étranger; il remporta quelques avantages sur le parti des Catholiques, & au mois d'août 1570, la paix fut signée & publiée. On accorda beaucoup aux Protestans, & on leur promit plus encore. Enfin deux ans après la publication de cette paix, on les attira à la Cour, où on entreprit de les massacrer tous dans la nuit de la Saint-Barthélemy.

LIMOSIN.

Tableau général du Limosin.

GÉOGRAPHIE. Cette province, dont Limoges est la capitale, est bornée au nord par la Marche; au sud, par le Querci; à l'est, par l'Auvergne; & à l'ouest, par le Périgord & une partie du Poitou, qui la sépare de l'Angoumois. Elle a environ vingt-huit lieues dans sa plus grande longueur, sur dix-huit ou vingt dans sa largeur moyenne; ce qui fait environ cinq cent soixante lieues carrées. Cette province se divise en haut & bas Limosin; le haut s'étend entre les rivières de Vezère & de Vienne, & contient encore à la droite de cette dernière rivière un petit district où est située la ville de Limoges; de sorte que le haut Limosin comprend à peu près toute la partie de l'élection de cette capitale qui ne dépend pas de la Marche.

Le bas Limosin est composé de l'étendue des élections de Tulles & de Brives, & ces deux villes se disputent la prérogative d'être capitale de cette partie de la province.

HISTOIRE. Aucun Historien, avant *César*, n'avoit fait mention du Limosin. Ce conquérant nous apprend dans ses Commentaires que cette province formoit de son temps une partie de la Gaule déjà subjuguée par les Romains.

Euric, Roi des Visigoths, à la faveur de la trahison de *Seronat*, Gouverneur des Gaules, s'empara d'une grande partie de l'Aquitaine première, & dans le même temps du Querci, du Rouergue & du Limosin. Cette conquête fut rapide, & presque sans obstacle de la part des villes romaines de la Gaule; de sorte qu'en 472 il ne restoit aux Romains, dans la première Aquitaine, que le Berri & l'Auvergne.

Sous le règne de Clovis, le gouvernement des Francs succéda dans le Limosin, comme dans plusieurs autres pays, à celui des Visigoths. Les Ducs d'Aquitaine, qui descendoient du Roi Charibert, fils de Clotaire II, furent Souverains de ce pays, dont le Limosin faisoit partie. Ces Princes légitimes furent contraints de reconnoître l'autorité des Maires du Palais. *Charles Martel* gagna la fameuse bataille de Poitiers sur les Sarrasins. Cette victoire & l'autorité royale qu'il usurpoit, ne satisfirent point son ambition; il fit, pour la seconde fois, la guerre au Duc *Hunold*, dans l'intention de s'emparer des vastes provinces qui composoient l'Aquitaine. Ses succès, ou plutôt ses ravages ne remplirent pas ses espérances.

Son fils *Pepin le Bref*, premier Roi de la seconde race, poursuivit avec le même acharnement la conquête de l'Aquitaine, battit, à plusieurs reprises, le Duc *Waifre*, qui avoit succédé à *Hunold* son père, & s'empara de ses vastes possessions. Ce malheureux Duc se vit, dans cette extrémité, abandonné de tout le monde; son oncle même, *Remistan*, quitta son parti pour embrasser celui de Pepin.

Quelque temps après, *Remiſtan* revint auprès de ſon neveu, qui lui pardonna ſa déſertion, & le chargea du gouvernement des troupes que l'un & l'autre purent raſſembler. Ces deux Princes réunis cherchèrent d'abord à s'emparer de quelques places du Limoſin & du Berri, que Pepin avoit priſes ſans obſtacles. Dans le même temps, c'eſt à-dire en 767, Pepin s'avança vers l'Aquitaine, à la tête d'une forte armée, défit les troupes de *Remiſtan* & de *Waifre*, qui ſe réfugièrent dans des châteaux du Limoſin ou de la haute Auvergne. Ce Roi de France, voulant mettre fin à ces guerres, chargea quatre Comtes de ſurprendre *Remiſtan* dans une embuſcade. Ces Seigneurs ſe ſaiſirent en effet de ce Prince, le conduiſirent garrotté à Pepin, qui le fit pendre ignominieuſement.

Waifre ſe tenoit caché dans des montagnes inacceſſibles, ou dans la forêt de *Ver* en Périgord, & ſe déroboit continuellement aux pourſuites violentes de ſes ennemis. L'implacable Pepin, ne pouvant réuſſir par la force ouverte, eut recours à la trahiſon ; il corrompit un des domeſtiques de *Waifre*, qui l'aſſaſſina pendant ſon ſommeil ; c'eſt ainſi que l'uſurpateur Pepin parvint à ſe défaire d'un Prince ſouverain dont les droits étoient légitimes : ce fut par ces moyens criminels que l'Aquitaine fut réunie à la couronne. Tous les Ecrivains de ce temps donnèrent à ce brigandage les noms les plus glorieux ; on cita même comme un homme dont la mémoire devoit être chère à la poſtérité, le domeſtique, qui, corrompu par Pepin, trahit ſon maître & ſon Souverain, &

l'assassina dans son lit. Pour justifier aux yeux du peuple cette conduite violente, on chargea de crimes la réputation de *Waifre*. On voit encore dans l'église de Saint-Martial de Limoges un monument qui insulte à la mémoire de ce Duc, & qui fut érigé par le petit-fils de Pepin (1).

Au commencement du règne féodal, le Limosin eut ses Comtes qui furent ensuite qualifiés de *Vicomtes de Limoges*. Charlemagne, après avoir pacifié l'Aquitaine, & en attendant que son fils *Louis* pût aller résider dans ce pays qu'il avoit érigé en royaume, donna les Comtés ou Gouvernemens des villes & diocèses à des Seigneurs François dont il connoissoit la fidélité. *Roger* fut alors nommé Comte du Limosin.

Les Vicomtes de Limoges dépendirent long-temps des Ducs d'Aquitaine. Éléonore, fille de Guillaume IX, dernier Duc, après avoir été répudiée par Louis le jeune, épousa, en 1152, le Duc d'Anjou, qui devint Roi d'Angleterre sous le nom de *Henri II*, & lui porta en dot les vastes Etats de son père, dont le Limosin faisoit partie. Cette province resta sous la domination Angloise jusqu'en 1203, époque où Philippe Auguste y rentra sous *Jean Sans-Terre*, qui fut condamné par les Pairs de France à perdre toutes les terres qu'il avoit dans le royaume.

Vers l'an 1224, Louis VIII, surnommé *le Lion*, dans la guerre qu'il eut avec Henri III, Roi d'Angleterre, s'assura de cette province ;

---

(1) Voyez Limoges.

mais le Roi *Saint-Louis*, consultant plutôt sa conscience que ses intérêts, rendit, contre l'avis même de son conseil, au Roi d'Angleterre, son vassal, le Limosin & autres provinces qui dépendoient autrefois de l'Aquitaine. Le Limosin passa ensuite à la France, puis il retourna à l'Angleterre. En 1370, cette province fut confisquée, & réunie à la couronne. Les Anglois s'en emparèrent encore, & la gardèrent jusqu'au règne de Charles VII, qui rentra en possession de toutes les provinces méridionales de France.

Les Limosins, pendant ces révolutions, ne cessèrent d'avoir des Vicomtes. Ce titre passa dans la Maison de Bretagne par l'alliance de *Marie*, fille unique, héritière de *Guy VI*, dix-huitième Vicomte de Limoges, avec Arthus II, Duc de Bretagne. Cette Vicomté passa ensuite dans la Maison d'*Albret*, par le mariage de *Françoise* de Bretagne avec *Alain d'Albret*. Jeanne d'Albret, Reine de Navarre, qui tenoit la Vicomté de Limoges par succession, la donna à son fils, qui devint Roi de France sous le nom d'*Henri IV*, & qui réunit cette province à la couronne.

Le Roi ne jouit, en Limosin, d'aucun domaine en fonds de terre, parce que tout ce qui appartenoit aux Vicomtes de Limoges, aux droits desquels étoit Henri IV, fut aliéné par ce Prince, soit avant, soit après son avénement à la couronne. Ce Prince croyoit que ces aliénations étoient incommutables, & en conséquence il déclara, par un édit, qu'il vouloit tenir ce domaine, aussi bien que les autres de son patrimoine, *séparément de celui de la couronne*; il confirma même ses intentions par une déclaration du 27 juillet 1602; mais elles ne purent avoir leur exécution, parce que le patrimoine de nos Rois est tellement uni de fait au domaine de la couronne, lors de leur avénement au trône, qu'il ne leur est pas permis d'en disposer autrement que suivant la loi du domaine, c'est-à-dire, avec les facultés de rachat perpétuel.

On trouve dans le Limosin trois grands fiefs titrés, qui sont ceux de *Ventadour*, de *Noailles* & de *Turenne*. La terre de *Ventadour*, dont la petite ville d'*Ussel* est le chef-lieu, fut érigée en Duché simple l'an 1578, & en Pairie l'an 1589; les lettres furent enregistrées le 24 janvier 1594; plusieurs Seigneuries en dépendent. Le château de *Ventadour* est situé à quelque lieues d'*Ussel*.

La Duché-Pairie de *Noailles* est composée des châtellenies d'*Ayen*, de *Larche*, de *Manzac*, de *Terrasson*, & de vingt quatre paroisses, dont quelques-unes sont en Périgord. La châtellenie d'*Ayen* fut acquise, en 1581, par François de Noailles, Evêque de Dax, de Henri IV, alors Roi de Navarre; elle fut érigée en Comté, l'an 1594, en faveur de *Henri de Noailles*. Les trois autres châtellenies sont moins considérables; celle de *Terrasson* n'appartient qu'en partie au Duc de Noailles. Ces quatre châtellenies furent érigées en Duché-Pairie, sous le nom de *Noailles*, par lettres patentes du mois de décembre 1663.

La Vicomté de *Turenne* est plus considérable & plus ancienne. (Voyez *Turenne*.)

CLIMAT, SOL, &c. Dans le haut Limosin le climat est plus froid que chaud ; les montagnes, quoique peu considérables, qui abondent dans ce pays, en sont la cause.

Le bas Limosin est plus tempéré & plus fertile ; il est même des cantons dont l'air est presque aussi chaud qu'en Languedoc ; tels sont les environs de Brives.

Le sol du Limosin est en général maigre, léger ou sablonneux ; on y recueille très-peu de froment, beaucoup de seigle & de blé noir, appelé *Sarrasin*. Les gelées blanches & les orages mêlés de grêles, sont fréquens dans le pays, & enlèvent souvent le peu de récolte que la stérilité du terrein faisoit espérer. Cette province est en général une des plus pauvres du royaume.

On trouve dans cette Province une grande quantité de bois ; mais l'espèce d'arbre la plus abondante est le châtaignier, dont le fruit est une grande ressource pour la plupart des habitans, qui, au défaut de grains, en forment leur principale nourriture.

Il y a peu de vignes dans le haut Limosin ; dans le bas elles sont abondantes, & on y recueille d'assez bons vins ; mais la quantité ne suffit pas, à beaucoup près, à l'usage de la province.

Les prairies offrent une des meilleures récoltes du Limosin ; le pays est fort arrosé, les pâturages y sont nombreux, & le foin est de très-bonne qualité.

RIVIÈRES. Les principales rivières qui arrosent le Limosin, sont *la Vezère*, qui prend sa source dans une des montagnes de Millevaches en Limosin, passe à Treignac, à Userche, au Saillant, puis à Terrasson dans le haut Périgord, où elle commence à porter bateau, & enfin se jette dans la Dordogne.

La Vienne prend aussi sa source dans la montagne de Millevaches; elle passe à Eymoutier, à Saint-Léonard, à Limoges, à Aixe, à Saint-Junien, puis à Confolent, entre dans le Poitou, & se jette dans la Loire près de Chinon en Touraine.

La Dordogne pénètre un peu dans le Limosin en passant à Argentat & à Beaulieu.

Plusieurs autres rivières prennent leur source dans le Limosin; telles sont la *Charente* qui commence à Cheronac, l'*Ile*, entre Meye & Saint-Hilaire-Lastours en haut Limosin, *la grande Creuse*, à Pigerol, &c.

MINÉRALOGIE. La généralité de Limoges contient des mines de plomb, de cuivre, d'antimoine, de fer & de charbon de terre.

Les mines de plomb qui sont exploitées, existent dans les paroisses de *Glanges*, de *Vic* & de *Saint-Hilaire-Bonneval*, à deux lieues de *Pierre-Buffière*, & à cinq de Limoges; celle de *Glanges* est la plus considérable. On trouve aussi des mines de plomb dans le bas Limosin, proche de *Ventadour*.

A Ségur, à deux lieues de *Saint-Yriex*, il y a une *mine de cuivre*. On en trouve auſſi aux environs d'*Ayen*, dans le bas Limoſin.

Des mines d'antimoine ſe trouvent dans la forêt de Biais, proche du château de Biais, paroiſſe de Saint-Eloy, à trois lieues de Saint-Yriex : ces mines ſont en exploitation.

L'antimoine du Limoſin a la réputation d'être d'une qualité ſupérieure à celui qu'on tire des autres provinces ; c'eſt à Saint-Yriex que ſe fait le commerce de cette production minérale. (Voyez *Saint-Yriex*.)

Il y a des mines de fer au village de *Plaudeix*, paroiſſe de Saint-Bonnet-la-Rivière, & dans pluſieurs autres lieux du Limoſin, dont la dénomination ſeroit ici trop longue.

On trouve à *Maimac*, en bas Limoſin, une mine de charbon de terre dont le filon eſt aſſez conſidérable.

A *Suſſac*, proche de *Châteauneuf*, & à ſix lieues de Limoges, il exiſte une maſſe calcaire, iſolée, entourée de granit & compoſée de bancs inclinés. Cette eſpèce d'île eſt, ſuivant M. *Cornuo*, Ingénieur-Géographe du Roi, d'une-demi lieue de diamètre ; elle ſe trouve éloignée de plus de dix lieues des contrées calcaires. On a obſervé qu'un pareil monument ſemble avoir été conſervé pour indiquer que les montagnes actuelles du Limoſin ne ſont que le noyau d'une région autrefois beaucoup plus haute, formée par les dépôts de la mer, & détruite, après la retraite des eaux, par les mêmes causes qui rabaissent chaque jour la cîme des Pyrénées. (Voyez *Pyrénées*, Part. III, pag. 244, &c.)

Cette masse calcaire est un marbre dont on fait de la chaux fort bonne pour la bâtisse; elle est divisée en petits trapézoïdes; on en peut cependant tirer des blocs d'une certaine grosseur.

A *la Roche-l'Abeille* on trouve de la *serpentine*; nous en parlerons à cet article.

A *Travesac*, près Donzenac, à trois lieues de Brives, il y a plusieurs *carrières d'ardoise*.

Dans un village de la paroisse d'*Eybouleuf*, à deux lieues de Saint-Léonard, on voit une *ocrière* dont l'ocre est d'une bonne qualité.

On tire d'auprès de la ville de Saint-Yriex, de la terre dont on fabrique la porcelaine, & dont se fournissent la manufacture de cette petite ville, celle de Limoges & celle de Sèvre près de Paris.

COMMERCE. Le commerce du Limosin consiste dans le débit des étoffes de laine ou de soie, fabriquées à Limoges, dont les manufactures sont assez nombreuses. Les papeteries sont aussi fort abondantes dans cette province; quelques-unes produisent du papier bon pour l'impression; mais en général il n'est point beau. On fabrique beaucoup de papier appelé *Lombard*, dont la qualité est très-inférieure, & le prix très-modique. On fait dans cette province un commerce considérable de chevaux fort estimés, & de bœufs destinés à l'approvisionnement de Paris. Les villes du Limosin où le commerce est le plus en vigueur, sont, *Limoges, Saint-Yriex, Saint-Léonard, Eymoutiers & Saint-Junien.*

Administration. La généralité de Limoges comprend le Limosin, & la plus grande partie de l'Angoumois, qui forme l'élection d'Angoulême. Cette généralité est rédimée des gabelles, & exempte des octrois municipaux & des aides, à l'exception des droits de Courtiers-Jaugeurs & d'Inspecteurs aux boissons : le droit de la marque sur le fer n'est pas établi dans la partie de cette généralité qui est du ressort du Parlement de Bordeaux ; la dépense des chemins est prise sur les fonds d'une imposition fixe & déterminée.

Les grands chemins, commencés sous l'administration de M. *Turgot*, & achevés sous celle de M. *d'Aine*, sont regardés comme des plus beaux du royaume. Depuis leur confection les communications ont été plus faciles & plus fréquentes, le commerce s'est étendu, la province s'est enrichie, & les sciences y ont fait quelques progrès.

Impositions. Les impositions de la généralité, y compris l'impôt des chemins, peuvent être estimées à environ huit millions neuf cent mille livres.

Population. L'étendue de cette généralité, qui est plus grande que celle de la Provence, étant évaluée à huit cent cinquante-quatre lieues carrées, & la population étant de six cent quarante-six mille ames, c'est sept cent cinquante-sept habitans par lieue carrée,

& environ treize livres quinze sous par têtes d'habitans.

Mœurs & Caractère. La stérilité du sol a beaucoup influé sur le caractère des Limosins, & les a de tous temps forcés de recourir à l'industrie pour se procurer la subsistance la plus nécessaire. Ils s'expatrient dans la belle saison, se répandent dans les diverses provinces de France, & rapportent en hiver à leur famille une partie du prix de leurs talens & de leurs fatigues; c'est avec ces épargnes qu'ils alimentent leur ménage & payent leurs impositions. Ils sont presque tous Maçons, & l'on peut dire qu'il est peu d'édifices en France auxquels des Limosins n'aient travaillé. On leur reproche d'agir comme ils parlent, un peu lentement; mais ils sont constans dans le travail; par leur sobriété, leur économie & leur activité, ils suppléent à l'aridité du sol qui les a vu naître. Ils ne sont ni dissipés ni vains; ils ont de l'esprit naturel; ils paroissent sur-tout très-attachés aux pratiques de la religion, & portent à cet égard leur zèle jusqu'à la superstition, & la superstition jusqu'au ridicule; on les accuse d'être dissimulés, méfians, & d'aimer les procès; *ils ont ce mal*, dit un ancien Cosmographe, *qu'ils fondent un procès sur rien.* Le même Auteur ajoute: « Quant aux Gentilshommes, ils sont presque ordinairement en querelle les uns avec les autres; mais au reste ils sont magnifiques & généreux, & pour le regard des citoyens des villes, ils les imitent dans cette dernière partie ».

Le peuple est, pour l'ordinaire, vêtu d'une

Partie IV. P

étoffe bleue ; il parle la langue *romance*, qui est commune à cette grande partie du royaume qui composoit autrefois les provinces Romaines, & qui, depuis, fut connue sous le nom d'*Aquitaine*. Les Limosins y ajoutent un accent traîné, chantant & doucereux, qui semble annoncer le ton de l'humilité & de la soumission (1).

Les femmes, dans cette province, sont généralement belles & d'un beau sang ; il existe même une petite ville, qui, à cause de la beauté du sexe qui l'habite, est nommée *Saint-*

---

(1) Ceux qui ont fourni à M. l'Abbé d'Expilli des Mémoires sur cette Province, ont manqué d'exactitude en disant que l'idiôme Limosin fut mis en si grand honneur, en Provence, par les Troubadours, que les plus fameux Poëtes de l'Italie cherchèrent à les imiter ; que vers l'an 1212, cette langue fut introduite dans la Catalogne, dans les royaumes de Valence, de Majorque & de Minorque ; que ce fut en *langage Limosin* que Raimond Lulle écrivit la *philosophie d'amour*, &c. ; c'étoit autant la langue du Limosin que celle d'Auvergne, de Provence, de Languedoc, ou de Gascogne, &c. ; c'étoit la langue que l'on parloit dans toutes les provinces soumises aux Romains avant la conquête de César, qu'on nommoit *provinces Romaines*; elles ont même conservé ce nom jusqu'au dixième siècle ; de là cette langue, mêlée de celtique & de latin, & dont les terminaisons sont encore presque toutes latines, fut nommée *Romane* ou *Romance*, puis *langue d'hoc*, parce que ceux qui la parloient, prononçoient *hoc* pour *oui* ; de même on distingua la partie septentrionale de la France du nom de *langue d'oil* ou *langue d'oui* ; ainsi il ne faut pas attribuer à la langue Limosine ce qui appartient à celles de plusieurs provinces ; c'est une même langue qui est distinguée par autant de dialectes qu'il y a de cantons où on la parle.

Germain-les-belles-filles, & aujourd'hui ce surnom est encore mérité.

SAINT-JUNIEN.

Petite ville située sur la route d'Angoulême à Limoges, & à six lieues de cette dernière ville.

Saint-Junien, Solitaire recommandable par ses vertus religieuses, mourut vers l'an 587, & fut enterré dans un lieu autrefois nommé *Comodoliac*. La sainteté du défunt attiroit de toutes parts, autour de son tombeau, une foule de dévots Pélerins; plusieurs s'y établirent, & de cette dévotion naquit une ville qui prit le nom du Saint à qui elle devoit son origine.

Une église avec un monastère furent construits pour honorer le tombeau de Saint-Junien. Ce monastère fut sécularisé, & l'église est aujourd'hui une collégiale composée d'un Prévôt & de dix-huit Chanoines.

On conserve dans les archives de ce chapitre un monument précieux du moyen âge; c'est un manuscrit de la vie de Saint-Junien, dont les deux couvertures forment un *dyptique consulaire* (1) en ivoire, que le Père Mabillon

---

(1) Un *dyptique* est composé de deux tablettes d'ivoire que les Consuls Romains, du temps du Bas-Empire, distribuoient au commencement de leurs fonctions. Ces tablettes étoient aussi nommées *fastes*; elles représentoient ordinairement, en bas-relief, la figure, les noms & les dignités des anciens Consuls, & quelquefois les différentes espèces de jeux qu'ils donnoient au commencement de leur magistrature.

a fait graver dans ses annales bénédictines; on y lit l'inscription suivante :

FL. FELICIS. V. C. COM. AC. MAG.
UTRQ. MIL. PATR. ET COS. ORD.

Cette inscription est ainsi expliquée par le Père Mabillon :

Flavius Felicis, vir Clarissimus, Comes ac Magister utriusque Militiæ, Patricius & Consul ordinarius.

Il conjecture que *Flavius Felix* est le même que le Patrice dont parle Sidoine Apollinaire, qui, vers l'an 484, secourut, avec *Rurire*, Seigneur de *Comodoliac*, *Fauste*, Evêque de *Riez*, qui étoit en exil, & qu'il fut Consul, l'an 511, avec *Secundinus*; on présume que *Flavius Felix*, lorsqu'il fut nommé Consul, fit présent à Saint-Junien de ce dyptique, qu'on a depuis employé pour couvrir le manuscrit de sa vie.

AIXE.

Petite ville murée, avec titre de *Baronnie*, dont M. le Comte d'*Escars*, Commandant de la province, est Seigneur, située à deux lieues de Limoges, sur la route de Bordeaux, qui la traverse, & sur les bords de la Vienne.

Cette petite ville est ancienne, & son château fut autrefois un des plus forts du Limosin; elle est nommée en latin *Ascia*. M. Nadaud, qui a composé plusieurs Mémoires historiques sur le Limosin, pense que ce nom, qui veut dire en françois *Scie*, fut donné à cette ville, parce qu'avant qu'on y eût fait passer la grande route, elle avoit la forme d'une scie; mais il est bien plus naturel de donner à *Aixe* la même étymologie qui convient aux lieux appelés *Aix*, *Ax*, ou d'*Acqs*, &c. & qui dérivent, comme celui-ci, d'*aquæ*, à cause des eaux qui y coulent.

La Baronnie d'Aixe a long-temps appartenu aux anciens Vicomtes de Limoges. En 1496, le Duc de Nemours en étoit possesseur. Vers la fin du dernier siècle, elle appartenoit au Marquis de *Saint-Abre*; cette Baronnie lui fut disputée par la Maison d'*Escars*. Le procès intenté à ce sujet fut terminé par un accommodement, suivant lequel M. le Marquis de Saint-Abre céda à M. le Comte d'Escars tous ses droits sur cette Baronnie, moyennant la somme de cent-vingt mille livres; & ce Seigneur, le 21 juin 1778, en prit possession.

HISTOIRE. Au douzième siècle cette forteresse fut le théâtre de plusieurs événemens.

Les vexations & l'extrême cruauté de *Richard*, surnommé *Cœur-de-Lion*, pendant qu'il n'étoit encore que Duc de Guienne, soulevoient tous les Grands du pays; ils prirent les armes contre lui. Son père, Henri II, Roi d'Angleterre; ses deux frères, *Henri* & *Geoffroi*, s'armèrent ensemble contre les révoltés, avec lesquels ils firent une paix qui ne fut pas de longue durée. *Richard-Cœur-de-Lion*, odieux à ses sujets, le devint aussi à ses frères. *Henri* & *Geoffroi* se liguèrent contre lui; plusieurs Seigneurs & Souverains entrèrent avec empressement dans cette ligue. Le Roi Henri II, voulant rétablir la paix parmi ses fils, s'avança en 1182, à la tête d'une armée, jusqu'à Limoges; mais les habitans tombèrent sur ses troupes, & les mirent en fuite. Ce Roi se retira dans le château d'*Aixe*, & son fils Henri l'y suivit, lui parla la cuirasse sur le dos, & le quitta sans vouloir souper avec lui dans ce château.

Le jeune *Henri*, toujours mécontent d'être associé au trône d'Angleterre, de porter le titre de Roi, sans avoir aucune part au gouvernement, tandis que ses deux frères puinés, *Richard* & *Geoffroy*, administroient, l'un le Duché d'Aquitaine, l'autre la Bretagne, poursuivit ses succès: ayant reçu serment de fidélité des habitans de Limoges, il se déclara ouvertement contre son père. Plusieurs Princes lui envoyèrent alors des secours, ou se joignirent à lui en personne. Le Roi de France, *Philippe Auguste*, se contenta de lui fournir un corps de brigands appelés *Paliars*, qui avoient autrefois désolé le royaume (1).

Henri II ne négligea rien pour punir la rebellion de son fils; il rassembla tous les secours qu'il put se procurer, assiégea & prit

---

(1) Le jeune *Henri*, pour entretenir ces brigands, dépouilloit les églises du Limosin, & s'emparoit de leurs trésors. Ces pilleries n'empêchèrent pas que ce Prince ne fût regardé comme doué d'excellentes qualités. Ses mœurs paroissoient vertueuses auprès de celles de son père, de ses deux frères, & des Souverains de son temps.

Limoges. Le jeune *Henri*, après avoir fait une longue réſiſtance dans le château de cette ville, en ſortit, puis il prit Angoulême, tenta inutilement de reprendre Limoges, & vint le lundi avant l'Aſcenſion de l'année 1180, aſſiéger *Aixe*.

Ce château, qui ne contenoit que douze perſonnes, deux ſoldats & un Prêtre, n'oppoſa aucune réſiſtance; le Prince s'en empara ſans coup férir, & y mit une forte garniſon.

Quelques jours après, ſon frère *Richard-Cœur-de-Lion* vint faire le ſiège de cette place; il éprouva beaucoup de réſiſtance. Sur ces entrefaites, Henri, dans le cours de ſes conquêtes, tomba malade; ſa mort mit fin à la guerre. *Richard*, alors appelé par le Roi ſon père, abandonna le ſiège du château d'Aixe.

Après la mort de *Richard-Cœur-de-Lion*, tué à Chalus, *Jean Sans-Terre* s'aſſura, en 1199, du château d'Aixe, qui fut quelque temps après démoli; mais *Gui III*, Vicomte de Limoges, le fit reconſtruire en 1206, afin de s'y défendre contre Jean Sans-Terre.

On obſerve qu'en 1211, le même Vicomte de Limoges, *Gui III*, fit frapper à Aixe de la monnoie que les habitans de Limoges ne voulurent ni recevoir, ni lui donner cours dans leur ville.

Quelques années après, Aixe fut encore le théâtre de guerres inteſtines. Les habitans de cette petite ville ne pouvant plus ſupporter les vexations d'*Aimart de Maumont*, Gouverneur du château, ſe ſoulevèrent contre lui.

Marguerite de Bourgogne, veuve du Vicomte de Limoges, prit les armes pour soumettre ces habitans; après les avoir réduits, elle eut encore à soutenir, dans le même château, le siège qu'en firent, en 1273, les troupes Angloises. Enfin ce château resta aux Anglois jusqu'en 1444, qu'ils furent entièrement chassés du Limosin.

Cette place fut encore souvent attaquée & défendue pendant les malheureuses guerres de la religion. En 1569, le jour de la Fête-Dieu, l'Amiral de Coligny, après la mort du Prince de Condé, s'empara de la ville & du château; mais le parti des Catholiques, commandé par le Duc d'Anjou, les reprit bientôt après. Le château fut enfin détruit, ainsi que la plupart des châteaux forts du royaume, sous le règne de Louis XIII.

DESCRIPTION. Cette petite ville est traversée par la grande route & par la rivière de Vienne, qui l'embellissent & contribuent à la rendre florissante. Elle étoit autrefois plus considérable; une rue appelée *des Argentiers* semble indiquer une population plus nombreuse & des habitans plus riches.

Il y avoit deux monastères de l'ordre de Saint-Benoît; il ne reste plus aujourd'hui que les parties les plus solides de ces habitations monastiques; les caves & les réfectoires, que l'on a convertis en granges ou en écuries.

Le château, cet ancien boulevart de la féodalité, qui fut long-temps le séjour des Vicomtes de Limoges, conserve aujourd'hui des ruines imposantes. Sur le sommet d'un rocher escarpé subsistent encore de fortes murailles, & une tour très-élevée; ces ruines forment, avec le paysage des environs, un tableau très-pittoresque.

Au pied de ce château, qui domine toute la ville, sont cinq fiefs qui en relèvent. Quatre châteaux de ces fiefs offrent des vestiges de leurs murailles; le cinquième existe sous le nom du fief de *Bary*, dont jouit la maison de *Saint-Aulaire*, & dont étoit jadis Seigneur le sieur *de la Renaudie*, qui mourut victime de la conspiration d'Amboise (1). On appelle encore une ancienne porte de la ville, située près du château d'Aixe, sur la hauteur, *la porte du Gentilhomme*, c'est-à-dire, du Seigneur d'Aixe, dont relevoit les cinq vassaux nobles.

ANECDOTE. On voyoit, il y a quelques années, sur un des pans de la cheminée d'une des chambres de ce château, un monument sim-

---

(1) Ce Seigneur, que l'on regarde comme un des principaux moteurs de cette conspiration, fut tué dans la forêt d'Amboise. Avant de partir pour cette ville, il vendit toutes ses terres, & fit passer ses enfans en Angleterre, afin de mettre une portion de sa fortune & sa famille à l'abri des malheurs que pourroit causer une entreprise si périlleuse, & dont le succès lui paroissoit douteux. Ses enfans ont formé en Angleterre l'illustre maison de *Bary-Mor*, qui tire son nom du fief de *Bary* dont nous venons de parler. La terre de *la Renaudie*, que ce Seigneur avoit en Périgord, tomba par félonie dans la maison d'*Estars*, à l'exception d'un petit fief, & du fief de *Bary*, qui, à raison de parenté, échut à la Maison de Saint-Aulaire.

gulier de l'incontinence des Prélats, & de la cruauté des Seigneurs du temps passé.

Ce monument, que le temps a dégradé, consistoit en une espèce de gravure, exécutée sur la pierre avec une pointe tranchante, & attestoit l'aventure suivante, que la tradition a conservée.

Un Seigneur d'Aixe, que l'on croit Vicomte de Limoges, ne voyoit pas sans peine l'Evêque de cette ville faire de fréquentes visites à la Vicomtesse son épouse; il soupçonna la fidélité de cette Dame, & parvint à surprendre les deux amans dans un tête à tête, où il vit ses soupçons parfaitement éclaircis. Alors, aidé de plusieurs domestiques, il empoigne le galant Prélat, & sans avoir égard à ses cris & à son caractère, il lui fait subir l'affreuse opération qui rendit autrefois célèbre le malheureux amant d'*Héloïse*.

Ce monument représentoit l'instant de cette épouvantable mutilation.

La principale église d'Aixe est celle de *Sainte-Croix*; elle est ainsi qualifiée à cause d'un morceau de bois de la vraie croix que l'on y conserve précieusement, & qui y fut porté en 1107. Le tableau du maître-autel, qui est un portement de croix, est estimé.

Outre cette église paroissiale, il existe dans le faubourg des *Caseaux*, un petit *hôpital*, qui étoit une ancienne *maladrerie*, établie, dans le douzième siècle, par le Seigneur d'Aixe, à son retour des Croisades.

La chapelle du château subsiste encore ; elle est occupée par des *Pénitens Noirs*, société de dévots, qui abonde dans le Limosin.

Les environs d'Aixe produisent beaucoup de vin, & offrent le principal vignoble du haut Limosin. Cette ville est à Limoges ce que Gonesse étoit autrefois à Paris ; elle est peuplée de Boulangers, & il s'y consomme au moins par année dix mille setiers de blé, dont la plus grande partie est employée à faire des *riortes*, espèce de gâteaux ronds dont les paysans se régalent les jours de fête ; on y fait aussi beaucoup d'huile de noix.

SOLIGNAC.

Petite ville, avec une ancienne abbaye, située à deux lieues de la ville d'Aixe, & à deux lieues de Limoges, sur la petite rivière de Biance, qui se jette à trois quarts de lieue de là dans la Vienne.

Cette ville doit son origine à un abbaye d'hommes, de l'ordre de Saint-Benoît, fondée vers le milieu du septième siècle, par *Saint-Eloy*, natif de Limoges, qui devint Evêque de Noyon & Ministre du Roi Dagobert. Ce saint Ministre, pour déterminer son maître à contribuer à cette pieuse fondation, lui dit : *Mon Prince, je viens vous demander une grace. Donnez-moi la terre de* SOLIGNAC, *afin que j'en fasse une échelle par laquelle vous & moi nous méritions de monter au ciel.*

Dagobert, flatté de cette offre, donna à

Saint-Eloy la terre de Solignac : on ne fait pas s'il en fit une échelle fuffifante pour monter au ciel ; mais il eft certain qu'il en fit une abbaye très-riche.

La dédicace de l'églife de ce nouveau monaftère fe fit folennellement le 9 mai 631 ; vingt-deux Prélats y affiftèrent. Saint-Eloy y raffembla cent cinquante Religieux, leur donna pour règle celle de Saint-Benoît, à laquelle il ajouta les ftatuts de Saint-Colomban.

Ce monaftère fut, dans fes commencemens, recommandable par la régularité qui y régnoit. *Saint-Ouen* étant venu le vifiter, y trouva une fi exacte obfervance de la règle, qu'il dit que la difcipline y fleuriffoit avec plus de zèle que dans aucun monaftère de France, à l'exception de celui de Luxeuil.

Pendant les incurfions des Sarrafins en France, ces brigands, qui s'attachoient fur-tout aux riches monaftères, pour en retirer un butin plus confidérable, n'épargnèrent pas celui de Solignac, il fut entièrement ravagé. L'Empereur *Louis le Pieux* le rétablit depuis les fondemens.

Cette abbaye eft de la Congrégation de Saint-Maur ; elle eft en commende, & l'Abbé a deux mille trois cents livres de rente ; la taxe en cour de Rome eft de quatre cent fix florins.

LIMOGES.

Ville ancienne & capitale de la province du Limosin, avec un évêché suffragant de Bourges, une sénéchaussée, un présidial, un hôtel des monnoies, &c., située en partie sur le penchant d'une colline, & dans un vallon, sur la rive droite de la Vienne, à soixante lieues de Toulouse, à vingt-six de Poitiers, à trente de Clermont, à soixante de Lyon, sur la route de cette dernière ville à Bordeaux, dont elle est éloignée de quarante lieues, & à cent lieues environ de Paris.

ORIGINE. Limoges fut nommée *Lemovica, Lemovicum, urbs Lemovicina*, ou plus communément *Limovix*; les recherches des Savans n'ont produit sur l'étymologie de ce nom & sur l'origine de la ville, que des conjectures (1).

―――――――

(1) M. l'Abbé de Voyon, Chanoine de l'église de Limoges, qui a fourni un Mémoire curieux & très-détaillé sur cette ville, présume que Limoges est composée de deux mots grecs, de *Limos* qui signifie *faim*, & de *Ge* qui veut dire *terre*, *terre de faim*, pays où l'on manque de vivres. La stérilité du sol auroit pu donner lieu à cette dénomination. *Limoges*, suivant le même Auteur, signifie encore *épargnant*, qui se rapporteroit encore aux Limosins qui ne sont pas prodigues. Mais dans ces étymologies, M. l'Abbé de Voyon a sans doute voulu faire une épigramme contre ses compatriotes. M. *Gautier* donne à ce nom une étymologie plus raisonnable & plus satisfaisante; il pense que le nom de *Lemovix* ne fut attribué à la ville, que lorsqu'elle fut bâtie sur la hauteur. Plusieurs

Histoire. Sous les Romains cette ville fut regardée comme une des plus confidérables de la Gaule, fur-tout à caufe de fa fituation à un point où fe réuniffoient plufieurs voies romaines. Augufte lui accorda plufieurs beaux privilèges. Elle fut long-temps la demeure du Proconful d'Aquitaine. Le Proconful *Duratius* y fit bâtir un palais digne de la grandeur des Romains. Il exiftoit à la place où eft aujourd'hui l'églife de *Sainte-Félicité*; on en voit encore quelques veftiges; il fit auffi commencer la conftruction d'un amphithéâtre, que *Lucius Capreolus*, petit-fils de *Duratius*, fit achever, & dont l'emplacement porte encore le nom d'*Arènes*. Sous ce dernier Proconful, on éleva un prétoire, ainfi que plufieurs tours & fortereffes qui n'exiftent plus.

Le nom de *Montjovis*, donné à une paroiffe de cette ville, annonce que fur la hauteur étoit un temple dédié à Jupiter. Ce temple fut en effet bâti par le Proconful *Lucius Capreolus*, dont nous venons de parler. La ville contenoit encore un autre temple confacré à ce Dieu; il exiftoit à l'endroit où l'on a conftruit l'églife de *Saint-Etienne*. Le même Proconful fit auffi élever du côté où eft actuellement le pont de

---

villes fituées de même, ont un nom à peu près femblable. *Lim-Bourg*, qui fignifie *haute ville*, eft bâti fur une élévation; *Limoux*, en Languedoc, eft fur une éminence. Les habitans de *Meklerbourg*, pays montueux en Allemagne, s'appeloient en latin *Lemo-vii*. *Lemo-vix* fignifieroit donc ville haute; *vix* eft une terminaifon, ou bien il fignifie *vic*, bourg.

Saint-Martial, un magnifique édifice qui fut appelé *le palais de Lucius*, & dont on voyoit encore les ruines au dernier siècle.

En 471, *Euric*, Prince Visigoth, s'empara de Limoges, & de la province, qui fut alors pour toujours enlevée à la domination romaine. Les François, commandés par *Théodebert*, fils de *Chilperic*, prirent cette ville, & la saccagèrent; elle fit ensuite partie de l'Aquitaine, & fut soumise à ses Ducs.

Le Duc *Waifre*, voyant que ses plus fortes places n'avoient pu résister aux armes de Pepin, prit le parti insensé de les faire toutes démanteler, & de les laisser sans fortifications; les murs de Limoges furent alors renversés. Pepin, instruit de cette action inconsidérée, regarda l'Aquitaine comme soumise à sa loi; il partit, en 766, à la tête d'une armée formidable; il s'avança d'abord dans le Limosin, s'empara de Limoges & des autres places de la province sans aucun obstacle, puis il soumit, avec la même facilité, une partie de l'Aquitaine & de la Gascogne.

Cette ville fut encore, peu de temps après, ravagée par *Remistan*, oncle de *Waifre*, qui, après avoir quitté & repris le parti du Duc son neveu, chercha à reconquérir les places dont Pepin venoit de s'emparer.

Elle fut ensuite en proie aux ravages des Normands, aux guerres des Anglois, aux désordres des guerres civiles, & à plusieurs incendies; tous ces fléaux détruisirent successivement les édifices magnifiques que les Romains avoient élevés dans cette ville.

DESCRIPTION. La *Cité* de Limoges étoit, du temps des Romains, placée sur les bords de la Vienne, & aux environs du pont de Saint-Martial jusqu'auprès de Beauséjour. Les brigands qui ravagèrent les Gaules pendant plusieurs siècles, obligèrent les habitans de la plupart des villes de se retirer sur les hauteurs & de s'y fortifier. La partie appelée *la Ville* fut alors insensiblement construite sur l'éminence de la colline, où l'on éleva depuis le château des Comtes. Bientôt *la ville* devint plus considérable que la *cité*. Les changemens que les guerres firent éprouver aux deux parties de cette Capitale, ne contribuèrent point à l'embellir. Les rues en sont étroites & tortueuses, & la plupart ont une pente très-rapide. Quoique depuis une trentaine d'années on ait exécuté beaucoup de constructions, on voit encore une grande quantité de maisons bâties en bois.

Les Places ou *Promenades publiques* ne sont pas fort multipliées à Limoges. La promenade d'*Orsay*, ainsi appelée du nom d'un Intendant de la province, est fort agréable; elle fut pratiquée sur l'emplacement d'un amphithéâtre, ouvrage des Romains, appelé *les Arènes*. Lors de la construction de cette place, on voyoit encore des restes considérables de cet antique édifice; mais on acheva de le détruire, pour se servir des matériaux (1).

---

(1) Cet amphithéâtre, qui existoit en grande partie avant 1568, fut alors détruit presque à rez-de-chaussée. En 1713, lorsque M. d'*Orsay* fit commencer la promenade qui porte son nom, il restoit encore assez de

Cette promenade communique à la place d'*Aine*, qu'un Intendant de ce nom fit construire pour la tenue des foires & marchés. Sur deux pilastres qui décorent les deux côtés de l'entrée de la place d'*Orsay*, on a gravé, depuis quelques années, deux inscriptions latines ; l'une témoigne ce que M. d'*Aine* a fait pour l'utilité & l'embellissement de la ville ; l'autre, les travaux exécutés par ses ordres dans la généralité.

L'allée de Tourny, qui règne depuis la porte de Tourny jusqu'au couvent des Bénédictines, est une fort belle promenade ; elle porte le nom de l'Intendant qui la fit construire.

La place de *Fitz-James*, qui porte le nom du Gouverneur de cette province, sera la plus remarquable de la ville, sur-tout lorsque les bâtimens publics qui doivent l'accompagner, seront achevés. Elle fut commencée en 1786, dans l'emplacement de la terrasse appelée de *la Tour branlante*, qui avoit été construite, en 1712, par M. d'*Orsay*, Intendant de Limoges, & où il avoit fait placer une pyramide avec ses armes.

On s'occupe, depuis 1787, à construire, sur cette nouvelle place, un nouvel *hôtel-de-ville*

---

traces de cet édifice pour en lever le plan. Il avoit quatorze cent seize pieds de circonférence, & étoit orné à l'extérieur de soixante-douze pilastres. Une inscription qui fut découverte, apprenoit qu'il fut construit sous le règne de *Trajan*. Le faubourg même, aujourd'hui appelé *des Arénes*, tire son nom de cet amphithéâtre.

Partie IV. Q

& autres édifices qui comprendront la *Bourse* & l'*Election*.

La place Dauphine, récemment réparée, en mémoire de la naissance de Monseigneur le Dauphin, portoit autrefois le nom de *place de Montmaillé*. Elle fut embellie, en 1781, sous l'administration de M. d'*Aine*, qui étoit alors Intendant de la province; elle est traversée par plusieurs grandes routes; au milieu est une belle fontaine, construite à la même époque, qui offre quatre dauphins placés aux quatre angles, vomissant dans quatre coquilles, de l'eau qui se reproduit ensuite par quatre tuyaux.

Les eaux de sources sont abondantes à Limoges; la fontaine d'*Aigoulène* est remarquable par sa construction recherchée, & par la grande quantité d'eau qu'elle fournit. Treize tuyaux produisent autant de jets qui tombent dans un vaste bassin d'une seule pierre, qui a trente-six pieds de circonférence. La même source remplit, à côté du bassin, un grand abreuvoir pour les chevaux. Deux pièces d'eau, séparées par une chaussée qui sert de chemin, reçoivent l'écoulement de cette fontaine. Ces pièces d'eau, situées presque au sommet de la colline sur laquelle est bâtie la ville, peuvent, en cas d'incendie, être vidées à propos, & produire un secours prompt & abondant. Cette même eau sert également à nettoyer & à rafraîchir les rues dans des temps de sécheresse, ainsi qu'à arroser les jardins & les prairies des environs.

Aigoulène est depuis long-temps célèbre dans le pays; suivant une tradition ancienne &

fabuleuse, elle fut construite, du temps de Charlemagne, par un roi d'Afrique, appelé *Aigoulan*; mais cette brillante origine ne peut pas être soutenue même à Limoges. Le nom d'*Aigoulène* ne vient point de celui d'un Roi, mais il est évidemment composée du mot *aigue*, qui, en langue Limosine, comme dans tous les dialectes des provinces méridionales, signifie *eau*, & de *goule*, qui exprime dans la même langue, *large bouche*, ou de *goulée*, marquant l'action de vomir de l'eau en abondance, & qui vient du mot latin *gula*; ce qui se rapporte fort justement à la quantité d'eau que fournit la fontaine d'Aigoulène.

Cette fontaine a souvent besoin de réparations. Dans le siècle dernier, on présenta à l'Intendant une requête en vers pour le déterminer à la rétablir. Voici comment s'expliquoit le Poète, en parlant de l'ancien état de cette fontaine :

> Son cours, avec tranquillité,
> Alloit sans obstacle & sans peine,
> Et jamais on ne vit fontaine
> Pousser, par plus de vingt tuyaux,
> Ni tant, ni de si belles eaux :
> *Arethuse*, ainsi qu'*Hipocrène*,
> Ne valoit pas lors *Aigoulène*;
> Son eau faisoit le même effet
> Qu'une grande rivière eût fait,
> Et parmi les divers éloges
> Qu'on donnoit pour lors à Limoges,
> On parloit de sa propreté,
> On parloit de sa netteté,

De ses étangs, de sa fontaine,
Et rien n'égaloit *Aigoulène*.
Ses eaux, mieux que celles du Nil
Et sans orage & sans péril,
Après avoir lavé la ville,
En rendoient le dehors fertile,
Et plus agréable à nos yeux,
Il en produisoit beaucoup mieux
Jamais une eau plus nécessaire !
Le feu, son élément contraire,
Qui se fait & craindre & sentir
Contre elle n'auroit su tenir
Quelque part où fût l'incendie
Pour en arrêter la furie,
Aigoulène alloit au secours.

Le Poëte, après avoir longuement raconté ce qu'avoit été Aigoulène, nous peint l'état où elle se trouvoit alors, & se plaint de ce que plusieurs particuliers puissans s'étoient emparés de l'eau avant qu'elle parvînt à cette fontaine :

Et jamais sur les grands chemins
On ne fit onc tant de larcins
Qu'on en fait à cette fontaine ;
Le peu qui reste vient à peine,
Et ne fait ce dernier effort,
Que pour venir plaindre son sort ;
Elle en est presque hors d'haleine,
Et l'on voit la triste *Aigoulène*
Verser des larmes pour de l'eau ;
Du peu qui sort par un tuyau,

Toutes les gouttes sont des larmes;
Elle n'a que ces foibles armes;
Et pour pleurer tous ses malheurs,
Elle n'a de voix que ses pleurs.

Pour engager l'Intendant à faire les réparations nécessaires à cette fontaine, il lui cite l'exemple de Louis XIV, qui, comme on sait, prodigua les finances de son royaume pour faire venir de l'eau à Marly & à Versailles. Le Poëte Limosin en parle d'une manière qui sembleroit épigrammatique, si l'on n'étoit pas persuadé de la naïveté de son intention.

Ce grand & sage Potentat,
Lui seul l'ame de son Etat,
Qui, par une *prudence extrême*,
Conduit & fait tout par lui-même,
Ne respire qu'après des eaux;
Ces profonds & larges canaux
Qu'on fait pour embellir Versaille,
Ce monde d'ouvriers qui travaille,
Tout cela n'est que pour de l'eau.

Mais c'est trop s'arrêter sur cette fontaine; il est un monument plus intéressant encore pour les Limosins, c'est l'ancienne abbaye de *Saint-Martial*.

Cette *abbaye de Saint-Martial*, aujourd'hui *collégiale royale*, est célèbre par le Saint dont elle porte le nom; ce Saint fit le premier briller le flambeau de la Foi dans la province, & mérita la qualité d'*Apôtre*, qui lui a été fort disputée (1); elle est encore célèbre par son ancienneté & par les bienfaits des Comtes, des Vicomtes & des Evêques de Limoges. Elle fut d'abord occupée par des Chanoines, auxquels, vers l'an 848, succédèrent des Religieux de l'ordre de Saint-Benoît; elle reçut alors le titre de *Saint-Sauveur*, puis celui de *Saint-Martial*, même quelque temps avant la levée du corps de ce Saint, qui fut faite en la présence de l'Empereur *Louis le Débonnaire*. Cette abbaye, comblée de biens, de beaux priviléges, éprouva le sort de tous les monastères riches. Le relâchement & le désordre s'y étant introduis, on fut obligé d'y placer des moines de Cluny, qui y firent revivre l'ancienne régularité. En 1537, cette

---

(1) En qualifiant Saint-Martial d'*Apôtre*, on a prétendu qu'il avoit existé du temps des douze Apôtres de Jésus, & qu'il étoit venu prêcher l'Evangile en Limosin & en Poitou, à la fin du premier siècle. On dit même que ce Saint avoit été baptisé par Saint-Pierre, & qu'il avoit reçu le Saint-Esprit avec les autres Apôtres le jour de la Pentecôte. Trois Conciles, deux de Limoges des années 1029 & 1031, & un de Bourges, décidèrent que Saint-Martial étoit Apôtre. Cependant Grégoire de Tours ne place l'arrivée de ce Saint qu'en 250. Depuis, plusieurs autorités aussi respectables ont démontré que ces Conciles s'étoient trompés, & que les actes de Saint-Martial, sur lesquels les Pères fondoient son apostolat, étoient apocryphes, & avoient été fabriqués dans le dixième siècle; les Historiens les plus reculés n'osent plus soutenir ce pieux anachronisme.

maison fut sécularisée & érigée en *collégiale*, qualifiée de *royale*, dont la première dignité est un Abbé, qui a le titre & les prérogatives d'Abbé commendataire.

L'église de Saint-Martial est une des plus anciennes églises des Gaules. Quelques Savans attribuent sa fondation à *Louis le Débonnaire*; d'autres à *Waifre*, Duc d'Aquitaine, qui vivoit vers le milieu du huitième siècle, & cette dernière opinion semble plus probable. Il est à présumer que cet édifice ayant souffert quelques dégradations pendant les guerres entre les Rois de France & les Ducs d'Aquitaine, Louis le Débonnaire, fort enclin à la vie monastique, connu pour avoir doté & rétabli plusieurs églises & monastères, fit restaurer celle-ci, & en fut regardé comme le fondateur. Il paroît que les Moines de ce temps, par une ingrate flatterie, n'osèrent point, en cette occasion, rappeler la mémoire de leur fondateur; ils renièrent le Duc *Waifre*, parce qu'il avoit été l'ennemi de la famille de *Louis le Débonnaire*, & qu'il avoit été dépouillé & assassiné par Pepin, aïeul de ce dévot Empereur.

Ce qui appuie cette conjecture & atteste l'ingratitude de ces Moines pour leur fondateur, c'est un monument de ce temps-là qu'on voit encore sur la face méridionale de cette église, à côté de sa principale porte; ce monument, érigé en 833 par *Louis le Débonnaire*, ou plutôt par les moines de Saint-Martial, est placé dans une niche; il représente en relief un groupe composé d'une lionne, ayant sous elle deux lionceaux qu'elle paroît vouloir écra-

Q iv

ser de son poids ; un de ces lionceaux, qui sembloit donner un coup de griffe à sa mère, est presque entièrement détruit. Au bas de ce groupe, que le peuple de Limoges appelle *la Chiche*, étoit l'inscription suivante, gravée sur une plaque de cuivre qui fut enlevée au commencement du seizième siècle :

Alma leona Duces sævos parit atque coronat ;
Opprimit hanc natus WAIFER malè sanus alumnam,
Sed pressus gravitate, luit sub pondere pœnas.

La lionne nourricière représente la puissance monarchique, qui semble écraser *Waifre*, son nourrisson. Ce Duc est ici représenté comme un enfant qui s'efforce d'attaquer celle qui le nourrit, c'est à dire, comme un vassal révolté contre la puissance dont il dépend. *Louis le Débonnaire* crut sans doute, ou on lui fit croire que l'érection de ce monument pourroit faire oublier les bienfaits de ce malheureux *Waifre* envers cette abbaye, & qu'il effaceroit de la mémoire des peuples les cruautés & les usurpations de son aïeul Pepin, en représentant *Waifre* comme sujet audacieux, justement puni.

Dom *de Vienne*, dans les notes de son Histoire de Bordeaux, dit que l'église de Saint-Martial a été fondée par *Waifre*, & que ce Duc y fut inhumé (1) ; il est probable qu'au

___

(1) Il est certain que Waifre n'a point été inhumé proche Bordeaux, comme on l'a cru long-temps, dans l'endroit appelé autrefois *la tombe de Caïphas*. Le Père

moins l'un ou l'autre de ces cas est véritable, & que Louis le Débonnaire n'auroit pas pensé à placer en cet endroit un monument relatif à *Waifre*, près d'un siècle après sa mort, si l'église dans laquelle il est érigé, n'avoit pas alors rappelé le souvenir de ce Duc. Ainsi, on est autorisé à croire que cet édifice fut construit avant le temps où vivoit Louis le Débonnaire, & que ce Prince, à cause des dons qu'il fit à cette abbaye, ou des réparations qu'il y fit exécuter, reçut le titre de fondateur aux dépens de la mémoire du malheureux Duc, dont la postérité étoit sans pouvoir. L'Histoire monastique offre de fréquens & semblables exemples.

Cette église fut dévastée & réparée à plusieurs reprises. *Louis le Débonnaire* l'ayant fait rétablir de son temps, elle fut encore restaurée au commencement du onzième siècle; & *Pierre*, Evêque de Gironne & Comte de Carcassonne, le 17 novembre 1028, en fit la dédicace; dix évêques, les Ducs d'Aquitaine & de Gascogne, & plusieurs autres Seigneurs assistèrent à cette cérémonie. Le même Prélat leva de terre, en cette occasion, le corps de *Saint-Martial*, pour l'exposer à la vénération des fidèles. Cent

---

Fronton *Duduc*, & l'Abbé *Vanuti* se sont élevés avec fondement contre cette erreur populaire; mais s'ensuit-il de là que le monument qui est dans l'église de Saint-Martial, soit le tombeau de Waifre? Rien n'annonce ici un tombeau; il me semble qu'il est plus satisfaisant de croire que ce monument injurieux fut placé long-temps après la mort de ce Duc, dans l'unique intention de rendre sa mémoire odieuse à la postérité

cinquante ans après, un incendie causa beaucoup de dommage à cet édifice ; il fut réparé & consacré de nouveau par le Pape Urbain II. En 1419, cette église éprouva encore de nouvelles réparations, qui, ainsi que les précédentes, étant exécutées d'après différens desseins, nuisent à l'unité de l'ensemble de son architecture ; mais il reste encore plusieurs parties du bâtiment primitif.

Cette église a deux cent trente-sept pieds dans sa plus grande longueur, & cent douze dans sa plus grande largeur ; le clocher semble avoir fait partie de la première construction, il est de forme carrée, & placé à l'entrée de la nef ; sa hauteur est divisée en plusieurs étages, ornés de colonnes carrées ou cylindriques, fort grossières ; au quatrième étage, quatre frontons fort aigus couronnent ses quatre faces ; au dessus est un étage octogone, terminé par une construction moderne qui sert d'amortissement à ce singulier & pittoresque obélisque.

Tout autour de la nef, du chœur & de la croisée, règnent deux ordonnances de piliers ; la première forme les bas-côtés ; la seconde, en achevant l'élévation de l'intérieur de l'église, accompagne les galeries qui dominent sur toute la largeur des bas côtés ; on remarque ensuite un ordre colossal qui embrasse ces deux ordonnances.

A l'extrémité de la croisée à gauche, est un escalier par lequel on descend dans deux grandes chapelles souterraines & parallèles au grand édifice de la collégiale ; dans la première est placé *le tombeau de Saint-Martial*.

Derrière l'autel de ce lieu souterrain, est, dans un réduit enfoncé, le tombeau d'un ancien gouverneur de cette province (1); le retable de l'autel est orné de petites plaques de cuivre émaillées & relevées en bosse, qui paroissent fort anciennes. Le tombeau de Saint-Martial est d'une architecture gothique très-moderne. L'entrée de cette crypte est décorée de petites colonnes & de placages de serpentine de la carrière de la *Roche-l'Abeille*. On trouve une masse de même serpentine engagée dans le mur, au dehors de l'église, à l'extrémité de la croisée à droite.

La seconde chapelle se prolonge jusques dans un ancien cloître, dont elle faisoit partie lorsque cette collégiale étoit un monastère de l'ordre de Saint-Benoît. On voit encore des restes de ce cloître & du chapitre; on y a trouvé des tombeaux en granit, recouverts d'une tombe en serpentine. Ces tombeaux étoient ceux des Abbés de cette maison.

L'église de Saint-Martial offre encore des objets intéressans. Dans la chapelle de la Vierge, construite à l'extrémité de l'église,

---

(1) *Bouchet*, dans ses annales d'Aquitaine, assure que ce tombeau est celui d'un Roi de Limoges, appelé *Étienne*, qui, après avoir été converti, par les miracles de Saint-Martial, à la foi chrétienne, fut à Rome demander l'absolution à Saint-Pierre, & revint faire pénitence à Limoges; il ajoute qu'on doit faire brûler devant son tombeau un cierge ou une autre lumière, & que lorsqu'on cesse d'éclairer ce lieu, on entend un *merveilleux bruit dans l'église.*

on voit plusieurs peintures; le devant d'autel représente l'ensevelissement de Notre-Seigneur; trois dessus de portes ont pour sujets la naissance de la Vierge, la Salutation Angélique, & la Visitation; entre les portes & les croisées sont quatre grands tableaux qui offrent la Circoncision, la Purification, l'Adoration des Mages, & une fuite en Egypte; ce dernier tableau est le mieux conservé.

Le plafond de cette chapelle est aussi décoré de peintures, au milieu est une Assomption d'après le tableau du *Corrège*; aux quatre angles sont les Evangélistes, d'après *Raphaël*; la figure de Saint-Mathieu & celle de Saint-Jean sont bien peintes; on admire sur-tout le raccourci du pied de Saint-Jean, savamment traité, & qui semble sortir du plafond.

Dans la seconde chapelle du rondpoint, à droite, on voit dix-huit cadres en émail qui renferment les plus brillans événemens de la légende de Saint-Martial; cette peinture est exécutée en camayeu bleu. Ces petits tableaux, curieux par la singularité de leurs sujets, sont assez bien composés, & les figures ont de la correction & du mouvement. Les Limosins ont été long-temps célèbres par leur talent à peindre en émail (1).

Proche du sanctuaire est le tombeau, autrefois magnifique, du Cardinal de *Chanac*. En

---

(1) Les Emailleurs de Limoges étoient autrefois les plus renommés de France; nous en parlerons à la fin de cet article.

1753, les Chanoines, en faisant réparer le chœur, ne balancèrent pas à détruire ce monument; les pierres furent dispersées, & la plupart ont été employées au pavé de l'église; la tête même du défunt rouloit dans un coin de l'édifice; il ne restoit plus de ce tombeau que la statue du Prélat, la grille de fer qui l'entouroit, son épitaphe & ses armes, peintes en émail, sur une lame de cuivre; & ces restes furent pendant dix-neuf ans abandonnés dans la poussière du chapitre. Enfin, en 1772, un Chanoine nommé M. *Hugon*, pensa qu'on ne pouvoit, sans la plus coupable ingratitude, laisser dans le mépris le tombeau d'un bienfaiteur; il engagea ses confrères à le rétablir. On éleva une espèce de sarcophage fort simple, & de la hauteur d'environ deux pieds, où sont renfermés les ossemens du Cardinal; on posa dessus sa figure, & on replaça la grille de fer, les armes & l'épitaphe dans laquelle on lit qu'il donna beaucoup de biens au monastère de Saint Martial, & qu'il mourut à Avignon l'an 1384.

L'Horloge de Saint-Martial est encore une de ces anciennes curiosités d'église, qui attestent, en ce genre, le talent & le génie de nos Pères. On y voit la figure de la mort en squelette, qui tourne la tête à droite, ouvre la mâchoire inférieure, & leve de ses deux mains une faux dont elle frappe un timbre placé dans un globe, sur lequel elle est appuyée; cette figure est encore assise sur un panier de fleurs, d'où s'élance un serpent.

La dévotion à Saint-Martial attiroit autrefois un grand concours de dévots illustres qui venoient à cette abbaye offrir des tréfors de ce monde, afin d'obtenir ceux de l'autre. Le 30 juin 1137, jour de la fête de Saint-Martial, *Alphonfe*, Comte de Touloufe, étoit venu à Limoges célébrer cette fête. Le même jour arriva dans cette ville le Roi *Louis le Jeune*, qui, après la mort de Guillaume X, Duc d'Aquitaine, venoit, accompagné d'un cortège nombreux & magnifique, époufer *Eléonore*, fille unique & héritière de ce Duc, & prendre poffeffion des vaftes provinces qui compofoient l'Aquitaine; il s'arrêta à Limoges, à l'occafion de la fête, & y vit le Comte de Touloufe. La rencontre imprévue de ces deux Princes remplit la ville de Limoges de magnificence.

La Cathédrale, dédiée à *Saint-Etienne*, eft fituée dans la cité, prefque à l'extrémité de la plate-forme qui domine le canal de la rivière de Vienne. Cet édifice, le plus confidérable de Limoges, eft d'un beau gothique; il n'eft point fini, & fes beautés, quoique d'un genre abandonné, font défirer que l'ouvrage foit achevé: le portail eft admirable.

Cette églife a cent foixante-dix-neuf pieds & fix pouces de longueur; fuivant le projet du plan, elle devoit avoir de plus quatre-vingt-huit pieds, c'eft-à-dire, en total, deux cent foixante-fept pieds fix pouces; fa largeur, dans la croifée, en y comprenant des chapelles hors d'œuvre, qui font aux extrémités, eft de cent vingt-fept pieds; dans la nef cette largeur eft de cent trois pieds; la hauteur de la voûte eft de quatre-vingt-quatre pieds; une partie confidérable de la nef de cette églife refte à finir:

il devoit y avoir en longueur quatre travées de plus; le rondpoint est beau, & d'un architecture très-déliée.

Le clocher, qui semble d'une construction plus ancienne que l'église, a cent quatre-vingt-quatorze pieds de hauteur.

Le jubé est un morceau d'architecture curieux. M. *de Langeac*, Evêque de Limoges, le fit construire sous le règne de François Ier, dans le temps de la renaissance de Beaux-Arts: on s'aperçoit qu'il porte l'empreinte du genre grec, mais altéré par le genre arabesque qui dominoit encore. L'ensemble de ce jubé présente une multitude d'objets qui ne doit pas plaire aux personnes accoutumées aux formes belles & simples; on y voit des colonnes & des statues dans des niches, le tout couronné d'une balustrade composée de petits balustres d'un travail précieux. A l'entrée du chœur, sont des colonnes arabesques, des pilastres, des statues & des bas-reliefs qui représentent des rainceaux & autres ornemens dans le genre mauresque, remarquables par la grace des contours & la délicatesse de l'exécution; mais on voit avec peine ces ouvrages dans un mauvais état.

On doit sur-tout observer au dessous des statues & dans des panneaux, des bas-reliefs dont les sujets sont tirés de la Fable; ils représentent *les travaux d'Hercule*: on y voit le lion de la forêt de *Nemée*, *Gerion*, *l'Hydre*, *les Colonnes*, *les Centaures*, le géant *Cacus*; &c.; sur les colonnes placées au dessus on lit cette devise qui paroît faire allusion aux travaux du Demi-Dieu : *Marcessit in otio virtus*.

Tel étoit l'usage des premiers temps, où les ouvrages des anciens commençoient à être plus connus, & les lumières à se répandre dans l'Europe. On étoit si flatté d'étaler alors de l'érudition, qu'en dépit des convenances, on mêloit le sacré & le profane : les Architectes ne furent pas les seuls qui adoptèrent ce mélange scientifique & bizarre ; au barreau, dans les chaires on entendoit citer à chaque phrase alternativement, Virgile & les Pères de l'Eglise, Ovide & la Bible.

La pierre qui a servi à cette construction est d'un fort beau grain ; elle a été tirée d'une carrière des environs d'*Ayen*.

Les changemens que l'on se propose de faire au chœur de cette église, pourront causer le déplacement ou peut-être la ruine de ce curieux jubé. Le chœur est orné de six tapisseries qui sont divisées en dix-sept tableaux, & dont le travail semble être du même temps que le jubé ; elles sont également un présent de M. *de Langeac*. Le tableau de la mort de la Vierge est remarquable par ses anachronismes. Cette Sainte paroît étendue sur un lit, entourée d'Apôtres ; à ses côtés sont deux Prêtres revêtus des habits sacerdotaux ; l'un porte une croix épiscopale, & l'autre, un goupillon en main, jette de l'eau bénite. Au pied du lit est un Apôtre qui récite dévotement son chapelet.

La

Le tombeau de M. de *Langheac* se voit dans la deuxième chapelle du rondpoint à gauche. C'est ici que se manifeste l'insouciance qu'enfantent l'ignorance & le mauvais goût. Ce monument curieux méritoit une conservation particulière, par la manière dont il est exécuté, par l'époque de sa construction, & sans doute par considération pour la mémoire du Prélat dont il couvre les cendres; tant de motifs n'ont pu le préserver des mutilations nombreuses qui défigurent les parties les plus saillantes; une lourde tapisserie le cache aux yeux, & semble ne l'envelopper que pour le détruire. Voici cependant ce qu'on y voit encore:

Quatre colonnes cannelées, d'ordre corinthien, placées sur des piédestaux fort élevés, soutiennent un entablement du même ordre, & un attique qui termine l'ordonnance; au milieu de ces quatre colonnes, & sur un massif qui est à la hauteur de leurs piédestaux, est la figure à genoux de M. de Langheac, qui mourut en 1543; cette figure est de bronze en pièces de rapport; les trois faces du massif qui la porte, sont ornées de bas-reliefs dont les sujets sont tirés de l'Apocalypse; les faces des piédestaux des colonnes offrent chacune une figure de Chanoine chaperonnée, suivant l'ancien costume du chœur.

Les bas-reliefs de l'entablement sont mieux conservés; au dessus de la corniche s'élèvent deux génies qui soutiennent l'écusson de la Maison de Langheac.

Dans le même endroit on aperçoit un petit

Partie IV. R

monument avec le buste en bronze de M. de *l'Aubespine*, Evêque de Limoges.

Dans la seconde chapelle & dans le collatéral à droite, on voit, sur l'autel, un tableau qui représente Jésus-Christ dans le tombeau; ce tableau a de l'effet, & rappelle le genre du *Guerchin*; il a été peint par un Artiste de Limoges, nommé *Maisonade*.

Du même côté, dans une grande niche, on voit le tombeau de Notre-Seigneur, accompagné de plusieurs figures qui ont du mérite : on nomme ce tombeau le *Monument*.

L'Abbaye de Saint-Augustin de Limoges, de l'ordre de Saint-Benoît, est située dans un des faubourgs de la ville. On assure qu'elle a servi de sépulture commune dès le commencement du Christianisme; on croit que Saint-Martial fit la bénédiction de l'église: suivant l'opinion générale des Savans, elle est la première église de France qui ait été dédiée à Saint-Augustin.

Saint-Michel des lions est ainsi appelé à cause de deux lions en pierre que l'on voit à l'entrée de cet édifice. Ces figures de lion témoignent l'ancien droit de juridiction d'une église; elles servoient autrefois, suivant l'abbé *Lebœuf*, à supporter le siège du Juge ecclésiastique, soit Official, soit Archiprêtre, dans les siècles où leurs jugemens se prononçoient aux portes des églises. On trouve plusieurs de ces jugemens qui se terminent en effet par cette formule : *Datum intra duos leones*. A la porte de Saint-Martial, on voit aussi un lion qui étoit destiné au même usage.

Cette église de Saint-Michel des lions est paroissiale; sa construction gothique étonne par sa hardiesse; le clocher est sur-tout d'une forme remarquable & pittoresque; sa base est carrée, & comprend dans cette forme deux étages; puis il s'élève en diminuant, & n'offre qu'une forme octogone, percée de fenêtres de tous côtés; cet octogone a trois étages; au dessus est une grosse pyramide qui termine cette construction; elle est accompagnée de quatre tourelles qui font partie de la base, & qui s'élèvent en se détachant & changeant de forme, jusqu'à la pyramide du clocher; elles se terminent de même, chacune par une lanterne évidée & surmontée d'une pyramide à huit pans. Cette tour, qui ressemble à celle de la cathédrale & à celle de l'église paroissiale de *Saint-Pierre* de cette ville, a deux cent dix pieds d'élévation. Comme l'église est située sur un des endroits les plus élevés de la ville, le clocher s'aperçoit de très-loin; il a en conséquence servi de point pour la levée de la Carte générale de France.

Cette inscription en vers qu'on lit dans l'église, contient l'Histoire de sa fondation :

A l'honneur souverain & la vifve mémoire
Du grand Dieu tout-puissant en son règne éternel,
De sa mère sacrée & du bon Saint-Michel,
Et des bienheureux Saints de Paradis en gloire;
L'an que l'on comptoit mil CCC LXIII,
Le vint-cinquième mai, du premier fondement,

Le pied de cette église a prins commencement,
Que l'injure du temps jamais ne puisse abattre!
XIX ans après, pour embellir ce temple,
En l'an mil CCC, & quatre-vingt & trois,
Par les dons du commun & libéraux octrois,
Fut bâti ce clocher que chef-d'œuvre on contemple.
Louez donc ce bon Dieu qui a toute puissance,
Le premier s'employant à cet œuvre si beau;
Qu'il le conserve à soy, & son divin flambeau,
Sur tous les bienfaiteurs, laissé pour récompense.

Cette inscription fut relevée, en 1584, par *Jean Verger* & *Jean Merfin*. L'épitaphe suivante, qu'on lit dessous le clocher de cette église, mérite aussi d'être rapportée, parce qu'elle fait connoître l'origine & les motifs de la fondation de quelques Vicairies, & parce qu'elle contient des choses singulières dans les expressions comme dans les pensées :

Cy gist maître *Jordin Penot*,
Homme discret & bien dévot;
Aussi *Geraud Penot*, son fils,
Lequel fonda, par son avis,
Une chapelle ou vicairie,
A l'honneur de Dieu & Marie;
Et pour ses parens trespassés,
Il la dota de biens assés,
Et voulsit céans estre servie,
Et de ornemens bien garnie,
A l'autel de Sainte-Croix;
Aussi ordonna Messes trois,

Estre dictes la sepmaine,
Avec l'absolution plaine,
Par son Vicaire ou commis,
L'une le lundi *de morthis*,
Du Sainct-Esperit mercredy,
Et de Marie le samedy.
La présentation appartient
A son héritier plus prochain.
La collation & institution,
Et toute autre disposition,
Au Recteur & Curé de céans.
Dites tous, tant petits que grands,
Pater noster ou *De profundis*,
Leurs ames soient en Paradis.
   Amen, 1545.

 Dans l'*église paroissiale de Saint-Pierre*, on voit sur le maître-autel un tableau peint par *Maisonade*; il a pour sujet Saint-Pierre qui reçoit le pouvoir des clefs, & paroît copié d'après Jouvenet.

 A gauche, dans un rétable fermé, est un tableau peint, en 1551, par un nommé *Léonard*, célèbre Peintre émailleur de Limoges, & Valet de chambre du Roi. C'est un monument de l'ancienne peinture; il y a de la vérité dans le dessin, mais la touche en est seche; les quatre paneaux qui renferment ce tableau, sont peints avec assez de goût.

 On montre dans la même église une statue de la Vierge en albâtre, & un Saint-Christophe, figure grossière & ridicule.

R

Devant l'autel de *Notre-Dame la Joyeuse*, fut enterré le sieur de *Massés*, Lieutenant du Comte *d'Escars*, Gouverneur de Limoges ; ce Lieutenant fut tué en 1569, au combat de la Roche-l'Abeille. Contre un pilier on voit cette épitaphe remarquable par sa singularité ; elle est gravée sur une lame de cuivre jaune : nous la donnons avec son orthographe.

« Epitaphe de Messire *Mérigon de Massés*,
» Seigneur dudit lieu, Chevalier de l'Ordre du
» Roi, Capitaine de cinquante hommes d'armes
» & Gouverneur pour Sa Majesté à Limoges,
» en l'absence de M. le Comte d'Escars ».

Après que l'on eut fait Gouverneur de Limoges ;
Mérigon de Massés, Mars en fut irrité :
Il va dire tout ault : s'il fault que tu desloges
Du campt, & moy aussi, c'est ung poinct arresté.
Minerve, qui fut là, disoit d'aultre cousté,
Que si feroit ; & lui dessus cette querelle,
A Lymoges s'en vint : mais, las ! la mort cruelle,
Pour rompre ce débat ; l'envoya tost aux cieulx,
Nous laissant seulement sa louenge éternelle,
Un regret dans les cueurs, & des larmes aux yeux.

Cette épitaphe est suivie de ce quatrain :

L'an mil cinq cent soixante-neuf, le jour
Vingt-sixiesme en jung (ô quel dommage !)
Feu *Mérigon de Massés*, preux & sage,
Vola, d'ici, au céleste séjour.

Requiescat in pace.

Dans l'église des *Carmélites* on voit quelques tableaux anciens, quelques statues & deux tableaux peints en 1785 par M. *Taillasson*, de l'Académie de Peinture de Bordeaux & de celle de Paris. Ces deux tableaux, qui ont chacun quatre pieds deux pouces de haut, sur trois pieds huit pouces de large, représentent, l'un Sainte-Thérèse, & l'autre Saint-Jean de la Croix.

Le pavé du sanctuaire de cette église est en serpentine de la Roche-l'Abeille.

Aux Carmes Déchaussés, qui sont logés dans la cité, est, sur le maître-autel, un tableau fort estimé; il représente le crucifiement de Saint-André. On y voit plusieurs groupes de figures bien distribués, la composition est en général savante & d'un bel effet; le dessin est correct, la touche vigoureuse, & les figures ont beaucoup d'expression.

Les Jacobins ont au maître-autel de leur église un tableau bien peint, qui représente Dominique recevant à genoux le Rosaire des mains de la Vierge.

Dans cette église, est le tombeau de la Maison d'*Escars*; on y remarque celui de *Charles d'Escars*, qui légua six mille livres pour les frais d'un tombeau sur lequel seroit placée sa figure à genoux, en bronze ou en marbre, tenant entre ses mains le cœur de sa femme, & sur lequel seroit aussi placée la figure de sa femme, dans la même situation, tenant aussi le cœur de son mari. Il ordonna en outre qu'on représentât autour de son tombeau, en vers grecs & françois, ses *peines, travaux & grands frais depuis trente années, pour tâcher de* conserver & relever sa pauvre & désolée maison par les femmes qui y sont entrées.

Il y a deux collèges à Limoges, le collège Royal & le collège des Jacobins. Dans le premier, qui étoit autrefois dirigé par les Jésuites, & qui l'est aujourd'hui par des Ecclésiastiques séculiers, on enseigne depuis la sixième jusqu'à la théologie inclusivement; dans le second, on ne professe que la philosophie & la théologie.

Au collège Royal on voit sur le maître-autel de l'église, un tableau original de *Rubens*; il représente une Assomption. La Vierge enlevée par des groupes d'Anges, occupe la partie supérieure du tableau; la partie inférieure offre le tombeau ouvert avec des linceuls jetés sur les bords; autour sont plusieurs groupes de figures; au fond paroissent les Saintes Femmes. Les airs de têtes sont variés & pleins d'expression. La composition de ce tableau est digne du grand maître qui l'a peint; mais le coloris, principale qualité des tableaux de *Rubens*, a un peu perdu, ce qui nuit à l'effet de cette peinture; elle peut néanmoins être mise au rang des premières curiosités de Limoges, & les habitans doivent se glorifier de la posséder.

Le Palais épiscopal est regardé comme le plus bel édifice moderne de Limoges; M. *Duplessis d'Argentré*, Evêque de cette ville, l'a fait construire sur les desseins de M. *Brousseau*. Les jardins sont un des principaux agrémens de cette maison; ils se prolongent jusques aux bords de la Vienne, & offrent une vue magnifique; on y découvre toute la ville & une grande étendue de campagne.

Limoges est décoré d'un *collège royal de Médecine*, établi par lettres-patentes du mois de novembre 1646, avec union de la charge & titre de Conseiller-Médecin du Roi. Les assemblées se tiennent dans la salle du couvent des Pères Jacobins.

La société royale d'Agriculture fut établie à Limoges en 1759, & autorisée, en 1761, par arrêt du Conseil d'état du 12 mai; l'Intendant de la Généralité est le Président né de cette société; elle est divisée en trois bureaux: le premier, composé de vingt associés, de quatre honoraires & du Président, est établi à *Limoges*; le second, composé de onze associés est à *Angoulême*; & le troisième, composé de dix, est à *Brives*. Ces bureaux, dont l'objet est de tirer le meilleur parti du sol de la province, correspondent entre eux, & ne font qu'un seul & même corps.

A Limoges, les assemblées se tiennent dans une salle de l'intendance; mais ces séances n'ont plus lieu depuis quelques années : ce n'est pas la science, mais seulement le commerce qui excite de l'émulation dans le Limosin.

La ville de Limoges est gardée par une *Milice bourgeoise*, distribuée en neuf cantons qui forment autant de compagnies, dont chacune est commandée par un Capitaine, un Lieutenant & un Enseigne. Ce corps de troupes a un état-major, qui consiste en un Colonel, un Lieutenant-Colonel, un Major & deux Aides-Majors.

ÉVÉNEMENS remarquables. C'étoit à Limoges que se célébroit pour l'ordinaire la cérémonie du couronnement des anciens Souverains d'Aquitaine. *Charles le Chauve* y fut sacré Roi de Guienne. Besly rapporte dans son Histoire des Comtes du Poitou, le cérémonial observé en cette occasion. Voici quelques particularités de cette pièce ancienne, qui se trouve au Martyrologe de Saint-Etienne de Limoges.

« L'Evêque de Limoges, revêtu de ses habits pontificaux, accompagné de ses Chanoines, se présente à la petite porte de l'église. Le Prince à qui, *par la grace de Dieu*, la Duché est échue à titre héréditaire, accompagné de ses principaux Barons & Seigneurs, s'avance vers la même porte, ayant le chapeau ducal en tête. L'Evêque lui lève cette couronne, l'asperge d'eau bénite, & lui couvre les épaules d'un manteau de *fine soie* ; puis il lui met au doigt l'*anneau de Sainte-Valerie,* en signe d'investiture de la Duché.

» Ensuite il lui pose sur la tête *le cercle d'or* ou chapeau ducal qu'il lui avoit ôté.

» L'Evêque alors présente au Duc la bannière attachée & pendante à une lance ; le Duc, la tenant à la main, entre dans l'église, va droit au chœur, suivi de la procession générale, & s'approche du maître-autel, sur lequel est posée l'épée ducale nue ; l'Evêque alors la présente au Duc, qui la reçoit, & fait serment de l'employer à la défense de l'église & à l'exaltation de la foi chrétienne ; le même Duc doit aussi, en cette occasion jurer de défendre les droits de l'église de Limoges ».

Le Doyen chausse les éperons d'or au Duc, pour faire voir qu'il doit se montrer prompt & actif à secourir ses sujets, suivant les expressions du cérémonial.

La messe dite, le Duc s'approche de l'autel sur lequel il offre en grande humilité son manteau, son chapeau ducal, sa lance & la bannière. Après ces cérémonies, dont chacune est suivie d'une oraison récitée par l'Evêque, le Duc se retire dans son hôtel, où le festin & les réjouissances sont préparées, &c.

On a peu écrit sur l'Histoire du Limosin, & ce que l'on a conservé de la vie des Evêques ou des Vicomtes de Limoges, n'offre qu'une suite d'événemens funestes ou révoltans.

Ebles, Evêque de Limoges, affectionnoit beaucoup un nommé *Benoît*, & pour se l'attacher plus particulièrement, il l'institua son co-Evêque vers l'an 974, & le désigna son successeur; cette conduite déplut sans doute à *Helie I*, Comte de Périgord; il se saisit, on ne sait comment, de l'Evêque, & lui fit crever les yeux. Cette cruauté ne demeura pas impunie. *Guy*, Vicomte de Limoges, se saisit à son tour du Comte *Hélie*, le mit prisonnier dans le château de Montignac, & le fit condamner en justice à perdre son Comté. Le Comte parvint à se sauver de sa prison, & mourut, dit-on, en allant faire un pélerinage à Rome.

Aldebert, son frère puîné, Comte de Périgord & de la Marche, étoit renfermé étroitement dans la tour de Limoges, pour avoir participé à la cruauté exercée contre l'Evêque. Pendant sa prison, ce jeune Comte eut occasion de voir *Almodie*, une des sœurs du Vicomte de Limoges; il en devint amoureux; sans doute il en fut aimé; car en faveur de ce réciproque attachement, il obtint sa grace, sa liberté & la main de sa maîtresse.

Gosbert étoit un autre frère du Comte *Hélie*; il avoit également été complice de l'attentat commis sur l'Evêque de Limoges. Arnaud I, dit *le Bâtard*, Comte d'Angoulême, lui fit la guerre, le prit & le livra au Duc de Guienne, qui, suivant la loi du talion, le punit du crime de son frère, en lui faisant crever les yeux.

Quelque temps après, *Guy*, Vicomte de Limoges, demanda à l'Evêque d'Angoulême, nommé *Grimoard*, l'abbaye de Brantôme. L'Evêque refusa; alors le Vicomte se saisit de sa personne, & le fit enfermer dans la tour de Limoges. Ce Prélat n'y resta pas long-temps; à peine fut-il relâché, qu'il cita le Vicomte en cour de Rome; la cause fut plaidée le jour même de Pâques 1003; *Silvestre II* étoit alors sur le Saint Siège; pour réparation du crime d'avoir tenu quelque temps un Evêque en prison, ce Saint Père condamna le Vicomte de Limoges à être, trois jours après, attaché par les pieds, au cou de deux chevaux indomptés, & son corps, après avoir été déchiré, mutilé jusqu'à ce qu'il plairoit à Dieu d'arrêter la course de ces fougueux animaux, à être jeté à la voirie pour servir de pâture aux chiens & aux oiseaux. Par une formalité fort étrange, ce Pape, en attendant le jour de l'exécution, livra le Vicomte à la garde de l'Evêque, son accusateur (1).

Cette sentence parut si rigoureuse, que le Vicomte & l'Evêque s'accommodèrent ensemble, partirent secrètement de Rome, revinrent en France, & après avoir échappé à la justice papale, ils vécurent dans la suite fort bons amis.

On sait que les Evêques des onzième & douzième siècles ne se faisoient aucun scrupule de marchander & d'acheter les évêchés, de piller les trésors de leurs cathédrales pour en payer le prix, & de vendre, pour accomplir leur simonie, jusqu'aux reliques & vases sacrés de leurs églises; plusieurs Evêques de Limoges ne furent point éloignés de ces excès.

Aldegaire, frère de la Duchesse de Guienne, qui succéda dans l'évêché de Limoges à *Ebles*, dont nous avons parlé, s'empara, dit *Besly*, de plusieurs riches & précieux ornemens de Saint-Martial, & les porta avec lui à Saint-Denis, près Paris; étant tombé malade, il légua à cette abbaye ces richesses usurpées, pour avoir le droit d'y être enterré.

Aldouin, frère du précédent Evêque, lui succéda. Il est connu dans l'Histoire par son humeur soldatesque; il fit bâtir la forteresse de *Beaujeu*, près du monastère de *Saint-Junien*, afin de faire, plus à son aise, des courses sur les terres

---

(1) Ce Pape *Silvestre*, auparavant nommé *Gosbert*, étoit natif de Guienne, & Religieux du monastère d'*Aurillac*, en Auvergne.

de *Jourdain*, Sire de Chabannois. Ce Prélat profita de la préfence du Duc de Guienne, fon beau-frère, pour, avec plus d'impunité, exercer fes brigandages. Cependant le Sire de Chabannois raffembla des troupes, & fondit fur celles de l'Evêque, les battit à plufieurs reprifes, & refta maître du champ de bataille. Il fe retiroit après cette victoire; mais dans l'inftant qu'il y penfoit le moins, un foldat ennemi le faifit par derrière, & le tua. Les troupes du Sire de Chabannois, indignées de cette lâche trahifon, fans doute commandée par l'Evêque, fe jetèrent en défefpérés fur les nombreux prifonniers qu'ils avoient faits, & les paffèrent tous au fil de l'épée. On trouve dans l'Hiftoire un grand nombre de Prélats de cette trempe que les Annaliftes qualifient fouvent de *Saints*, & que les Généalogiftes ne manquent jamais de nommer *illuftres*.

Emme, femme du Vicomte Guy, étant allée en pélerinage à Saint-Michel en l'Herm, fut prife par les Normands, qui alors firent une defcente fur les côtes de France. Ces brigands amenèrent cette Vicomteffe dans les pays du Nord, & exigèrent pour fa rançon une fomme exceffive. Le Vicomte, pour racheter fa dévote époufe, donna l'image de *Saint-Michel*, qui étoit de *fin or*, quantité d'or & d'argent, & plufieurs autres richeffes tirées du tréfor de Saint-Martial de Limoges; mais les Normands agirent en vrais brigands; ils s'emparèrent de ces tréfors, & ne rendirent point la Vicomteffe; ce ne fut qu'au bout de trois ans, après bien des follicitations, que cette dame fut rendue à son époux. Il faut croire que cette Vicomtesse eut, depuis, moins de dévotion pour le pélerinage de Saint-Michel.

Le même Vicomte de Limoges vendit à son frère *Aldouin*, Evêque de cette ville, les trésors de l'abbaye de Saint-Martial. Ce Prélat, loin de respecter les biens de cette église, loin de s'élever contre la rapacité de son frère, qui vendoit des biens qui ne lui appartenoient point, des biens consacrés par la dévotion des peuples, dont il devoit être le protecteur, se rendit lui-même complice de ce vol sacrilège en les achetant. Il s'empara de ces trésors, & les vendit à son tour, afin de fournir aux frais d'un voyage qu'il fit à Rome, pour accompagner le Duc de Guienne qui avoit envie de visiter l'autel de la confession de Saint-Pierre.

L'exemple suivant prouve combien la simonie étoit en usage dans le onzième siècle. L'an 1019, *Giraud*, Evêque de cette ville, étant mort, « les Seigneurs du pays, dit Besly, coururent à l'envi pour se faire pourvoir de l'évêché, le marchandant à deniers comptans; car ils connoissoient l'humeur de l'Archevêque de Bourges, qui en faisoit trafic. Il y eut quelque tumulte pour cela à Limoges ». Le Duc de Guienne convoqua une assemblée au monastère de Saint-Junien, pour procéder à l'élection du nouvel Evêque; tous les Seigneurs s'y rendirent; on convint d'élire *Jourdain de Larons*, Gentilhomme qui jouissoit de la réputation d'un homme de bien; on l'investit de l'évêché avec les cérémonies ordinaires, *sans qu'il lui coûtât un seul denier*, dit un ancien

Historien, qui, par cet aveu naïf, prouve assez le vice de son temps.

Gauzelin, Archevêque de Bourges, accoutumé à retirer un prix considérable de la vente des nouveaux évêchés, devint furieux en se voyant, par cette élection, frustré de ce droit avilissant & prohibé; il assembla un synode de sept Archevêques, où le Roi présida, dans lequel il se récria fortement contre l'élection irrégulière de l'Evêque *Jourdain*, & fit consentir l'assemblée à ce qu'il fût excommunié. L'Evêque de Limoges se vit forcé, pour éviter un plus long scandale, d'aller, lui & son Clergé, nu-pieds, à Bourges, demander à l'Archevêque son absolution.

L'avidité des Prélats fut le moindre fléau des Limosins; d'autres criminels plus vantés, plus impunis, leur causèrent bien plus de maux.

Par le traité de Guerrande, la Vicomté de Limoges fut donnée à *Jeanne de Penthièvre*. La ville cependant obéissoit encore aux Anglois, & appartenoit au Prince de *Galles*. Cette Princesse ne pouvant recouvrer cette ville sur un ennemi aussi puissant, & désespérant de conserver même la Vicomté, prit le parti, le 9 juillet 1369, de la donner au Roi de France. Alors le Duc de Berri, en vertu de ce titre, mit le siège devant Limoges. *Du Guesclin* vint l'y joindre. A peine l'arrivée de ce guerrier fut elle connue des habitans de cette ville, qu'ils résolurent de ne plus opposer de résistance; l'Evêque & les citoyens ouvrirent leurs portes aux François.

Le Prince de *Galles*, à cette nouvelle, ne peut contenir sa colère, & jure de se venger cruellement de la prétendue trahison de l'Evêque & des habitans de Limoges; le Prélat surtout luy sembloit le plus coupable. *Il étoit, dit Froissard, son compère, son ami, son confident; si en tint moins de compte, & de tous autres gens d'église, où il ajoutoit au devant grand foi.*

Plein de ses projets de vengeance, il assiége la place avec un appareil terrible; les mineurs font bientôt tomber un pan de muraille; il entre lui-même par cette brèche; ses soldats le suivent; il parcourt les rues, monté sur un char; chacun se prosterne sur son passage, & implore sa miséricorde; il entend les cris, les gémissemens des vieillards, des enfans, des femmes; il y est insensible. A ses ordres, ses soldats devinrent autant d'assassins; ils égorgèrent, avec une fureur incroyable, sans distinction d'âge & de sexe, tous les habitans. Le spectacle de cette ville rougie du sang de son peuple, ne satisfit pas encore la vengeance du Prince Anglois; après avoir fait piller les maisons, il voulut qu'elles fussent toutes consumées par les flammes.

L'Evêque fut arrêté & conduit devant le vainqueur, chargé de chaînes & jeté dans un noir cachot.

La ville de Limoges, après ce désastre, n'en éprouva plus de pareils. Pendant les guerres civiles de la religion, elle ne participa que foiblement aux troubles qui défolèrent la plupart des villes de France. Dans les commencemens de ces troubles, en 1562, les Proteftans de Limoges avoient joui tranquillement, jufqu'au mois d'août de cette année, de la liberté qui leur avoit été accordée par les édits; à cette époque, ils furent foupçonnés, quoiqu'en petit nombre, d'avoir projeté de s'emparer de Limoges : les Catholiques, furieux, les chafsèrent de la ville, & les forcèrent de fe retirer à Confollent. *De Serres* dit qu'il y eut alors cinq ou fix Proteftans exécutés à mort; M. *de Thou* n'en parle point, mais il rapporte que les Catholiques démolirent le lieu où les Religionnaires tenoient leurs affemblées, qui étoit fitué dans un faubourg, & qu'ils mirent le feu aux bancs & à la chaire du Miniftre.

En 1605, Henri IV, qui avoit voyagé en Poitou pour calmer les efprits, que des impofitions onéreufes avoient foulevés, vint dans le Limofin pour un objet différent. Quelques Gentilshommes du pays, de la faction du Maréchal de Biron, s'étoient faifis de plufieurs châteaux, & faifoient des démarches qui tendoient à une révolte. Le Roi y avoit envoyé une commiffion, qui, affiftée du Préfident de Limoges, condamna à mort quelques Gentilshommes Limofins. Après ces exécutions, Henri IV vint lui-même dans ce pays, pour foumettre, par fa préfence, les efprits féditieux; il s'y rendit promptement, & voulut faire une entrée à Limoges. Après avoir féjourné fix jours dans cette ville, pendant lefquels le temps n'étoit pas favorable à une cérémonie de cette espèce, le 20 novembre, il fut dîner à *Montjovis*, dans une maison appartenante alors à *Jean Mercier*, située à quatre ou cinq cents pas du faubourg.

Ce fut-là que les différens corps de la ville vinrent le complimenter. Le Clergé s'y rendit en procession; ensuite parurent les troupes de la ville, divisées en neuf compagnies, ayant chacune son enseigne; elles comprenoient en tout quinze cents hommes. Le Roi écouta le compliment que prononça leur Colonel, & en parut très-satisfait.

Cinquante jeunes gens, de l'âge de dix huit à vingt ans, magnifiquement vêtus, & montés sur de superbes chevaux, s'avancèrent; leur Capitaine vint prononcer son compliment. L'Auteur de la relation de cette entrée dit « que Sa Majesté vit de bon œil le généreux maintien de cette brave jeunesse, & s'enquit du nom des maisons & familles de la plupart, & de leur qualité, disant à ceux qui étoient près de sa personne, qu'il n'avoit jamais cru Limoges ce qu'il l'estimoit à présent, & leur répondit: *Je crois vos volontés de pareille affection que vous me les offrez, & les vous témoignerai lorsque vous m'en requerrez* ».

La Magistrature parut ensuite. Le Président *Martin*, homme respectable par son âge & par son savoir, parla au nom de toute sa compagnie; son discours fut le plus long, &, suivant le goût du temps, il y étoit fort question de mythologie: le Roi y fut comparé à *Jupiter*. Il répondit à ces témoignages de zèle & de fidélité par ces paroles: *Je sais que vous m'avez* fidellement servi; continuez, & faites que mes sujets soient conservés, leur rendant la justice que j'ai mise entre vos mains ; car ne pourriez faire chose qui me cause plus grand contentement.

Les Prévôt & Consuls de la ville vinrent aussi témoigner à ce Prince leur respect & leur fidélité. *C'est la vérité*, répondit Henri IV, *que vous m'avez toujours été fidèles ; je n'oublierai jamais la connoissance que j'ai de votre fidélité.*

Le Roi étant descendu du théâtre sur lequel il étoit placé, marchoit entouré des Consuls de Limoges, & accompagné des précédentes compagnies. Sur son passage, toutes les rues étoient tapissées & ornées d'emblêmes & de devises.

A l'entrée de la rue des Combes, en face de la place Dauphine, étoit autrefois une porte de ville, nommée de *Montmailler*, qui fut démolie en 1765. Cette porte parut ornée d'une ordonnance d'architecture en briques, composée de plusieurs rangs de colonnes & d'arcades, surmontée d'un dôme, au dessus duquel s'élevoit une statue colossale de douze pieds de proportion, qui représentoit le grand *Lemovix*, prétendu fondateur de Limoges. Ce *Lemovix* portoit un cimeterre à son côté; à sa droite, il tenoit une clef d'argent, & à sa gauche, un cœur enflammé, « & faisoit contenance, dit l'Auteur de la relation, de s'incliner vers l'endroit de l'entrée de l'arrivée de Sa Majesté, pour lui offrir & les cœurs & les clefs de la ville tout ensemble ».

Ce portail étoit enrichi de devises, d'inscriptions en lettres d'or, dont il seroit trop long de parler. « A peine le Roi étoit à l'entrée de ce portail, qu'on vit descendre une nuée *clairement espesse*, qui s'entr'ouvrit au devant de Sa Majesté, & laissa voir un beau jeune enfant *portant l'habit & maintien d'un Ange* ». Cet Ange présenta au Roi les clefs d'argent de la ville, industrieusement travaillées, & dont l'ouvrage & la matière coûtoient plus de cinq cents livres, somme considérable alors.

Le petit Ange, en présentant ces clefs au Roi, lui adressa ces vers :

Avec ces clefs, les biens, voire même la vie,
De ce peuple est acquise à Votre Majesté ;
Recevez de bon œil, Sire, je vous supplie,
Ce que chacun vous offre en toute humilité.

Après avoir pris ces clefs, le Roi s'avança, & fut reçu sous un dais magnifique, & d'une richesse extraordinaire. Les cris de *vive le Roi* l'accompagnoient dans sa marche ; parmi ces acclamations d'usage, il entendit un *vive Monseigneur le Dauphin*. Son cœur paternel en fut vivement ému ; il témoigna à ceux qui l'environnoient, combien il étoit sensible à cette acclamation, & dit d'un ton pénétré, *ce peuple m'aime*.

Sur le passage du Roi se présentoient toujours de nouveaux objets de magnificence. Les Limosins, en cette occasion, ne négligèrent rien pour recevoir dignement ce bon Monarque ; ils n'oublièrent pas de lui faire voir le tréfor & les reliques de l'églife de *Saint-Martial*; ils lui montrèrent fur-tout le précieux reliquaire qui contient le chef *du glorieux Saint-Martial*; le Roi le baifa, & y fit toucher plufieurs fois fon chapelet & fa croix (1).

MŒURS & CARACTÈRE. Les habitans de Limoges ont toujours été induftrieux par befoin, & fuperftitieux par principe. Pendant que les Arts d'imitation, tombés dans la plus profonde barbarie en France, étoient relégués dans quelques Monaftères, on les cultivoit à Limoges avec un fuccès alors diftingué. Les Peintres en émail de cette ville furent long-temps célèbres dans le royaume; leurs ouvrages étoient recherchés chez les grands & à la Cour. *Léonard Limofin*, dans ce genre de peinture, s'eft fait un nom parmi les Artiftes. On voit de beaux morceaux de lui à Paris, dans la Sainte-Chapelle du Palais (2). Les *crucifix*, les *coffres* & les *en-*

---

(1) Depuis Louis XI, aucun Roi de France n'avoit fait fon entrée dans Limoges; c'eft pourquoi Henri IV, voyant la grande affluence du peuple qui étoit accouru pour voir cette cérémonie, dit au Prévôt des Confuls qu'il y avoit bien long-temps qu'on n'avoit fait une pareille entrée. *Sire*, lui répondit le Prévôt, *nous avons, de notre mémoire, reçu fort magnifiquement Antoine de Bourbon, père de Votre Majefté*; il y fut reçu le 20 décembre 1556. *Il eft vrai*, répondit le Roi; *mais c'étoit feulement en qualité de Vicomte; il n'étoit pas Roi de France.*

(2) Léonard Limofin travailloit fous le règne de François Ier; il fut appelé à la Cour de ce Roi, qui le fit fon Valet de chambre; on a de lui plufieurs portraits

seignes de Limoges, étoient des bijoux fort recherchés. Depuis que les Beaux-Arts ont prospéré en France, ils sont déchus à Limoges; de nouveaux ouvrages d'un genre différent, accueillis & favorisés, ont fait oublier ceux des Limosins (1).

Scaliger accuse les habitans de Limoges d'être superstitieux. « Celui qui parleroit mal de Saint-Martial, dit-il, seroit à leurs yeux bien plus coupable que s'il avoit mal parlé de Dieu ». S'ils ne pensent pas tout à fait de même

---

en émail, de ce Monarque. On trouve, au commencement du siècle dernier, un autre Artiste du même nom qui n'a pas joui de la même réputation.

(1) Dans une pièce manuscrite du treizième siècle, intitulée *Proverbes*, rapportée par M. le Grand d'Aussy, dans sa *Vie privée des François*, *les crucifix de Limoges* sont cités comme les meilleurs ouvrages qui se fabriquoient dans cette ville. Les coffres Limosins, *coffri Lemovicenses*, étoient estimés des Grands du royaume dès le douzième siècle; c'étoient des espèces de reliquaires faits en forme de coffres plats en dos d'âne: on en voit encore; ils sont ordinairement de cuivre doré & émaillé. Les I. P. *Lemovici* frères, firent en 1312, dans ce genre, le magnifique mausolée du Cardinal *Pierre de la Chapelle-Taillefer*, dans la Marche; celui du Cardinal *Hugues-Roger* est semblable, mais on ignore le nom de l'Artiste. Les *enseignes de Limoges* étoient encore des ouvrages en émail. *Palissi* en parle, & dit que de son temps, en 1580, les émailleurs de cette ville donnoient pour trois sous une douzaine de ces enseignes, espèces d'agraffes qu'on portoit alors au bonnet; *lesquelles enseignes*, ajoute-t-il, *étoient si bien labourées, & leurs émaux si bien parfondus sur le cuivre, qu'il n'y avoit nulle peinture si plaisante*.

aujourd'hui, ils ont conservé plusieurs pratiques de l'ancienne superstition. Il y a peu de villes qui contiennent autant de Moines, & on y compte jusqu'à six communautés de Pénitens : *les Noirs*, établis à Saint-Michel de Pistorie, en 1598 ; *les Bleus*, établis à peu près dans le même temps, à Saint-Paul-Saint-Laurent lès Limoges ; *les Blancs*, établis avant 1611, à Saint-Julien-Saint-Asre ; *les Gris*, établis dans la chapelle de Saint-Antoine, au cimetière des arènes, avant 1611 ; *les Feuilles mortes*, établis à Saint-Martial de Montjovis en 1615 ; *les Rouges* ou *Pourpres de la Charité*, établis à Saint-Cessateur vers 1661. Ainsi, sans trop hasarder, on peut dire que cette ville est en grande partie peuplée de *Pénitens* de toutes couleurs : dans le Limosin ces sociétés sont malheureusement plus nombreuses que les sociétés savantes (1).

Les habitans de cette Province ont de tous temps manifesté leur inclination pour les reliques ; c'est pour satisfaire à ce goût dominant que tous les sept ans, chaque église du diocèse de Limoges expose les reliques qu'elle contient, à la vénération publique ; cette cérémonie, toujours désirée, dure environ deux mois, & se nomme l'OSTENSION ; pendant ce temps, le peuple visite les églises ; les Prêtres, les

---

(1) Je ne connois aucune ville de France qui renferme autant de communautés de Pénitens que Limoges ; la seule ville d'Avignon, qui est tout *Italienne*, l'emporte sur elle, d'une communauté, qui est celle des *Pénitens violets*.

Moines, &c., font des processions pompeuses, où les Pénitens jouent un grand rôle. On y figure les différens mystères de la religion; spectacle qui se rapproche beaucoup des anciens *mystères*, que l'on représentoit autrefois dans les églises, dans les rues, lors de quelques fêtes ou réjouissances publiques. On trouve encore à Limoges des *Filles dévotes*, qui, sans être en communautés, portent un costume particulier : ce titre de *dévote* leur donne presque un état ; elles portent ordinairement, à l'exemple de certaines Religieuses, des cilices ou ceintures de fer qui se fabriquent dans cette ville à la manufacture d'*Epinglerie*. Si l'on a droit de reprocher aux Limosins leurs préjugés, leur peu de goût pour les Beaux-Arts & les Sciences, il faut aussi louer leur prudence, leur économie & leur exacte probité dans le commerce: les banqueroutes y sont très-rares.

COMMERCE, &c. A la peinture en émail, qui formoit autrefois le principal commerce de Limoges, l'industrie des habitans a substitué des manufactures de plusieurs espèces. On y trouve une manufacture de *cuivre jaune*, établie par le sieur Morin; une manufacture d'*épingles* de fer & de laiton.

On remarque sur-tout une fabrique de diverses *étoffes de soie*, établie en 1743 par les sieurs *Laforet*, & qui a le titre de *Manufacture royale*. Il existe encore plusieurs autres fabriques d'*étoffes de soie*, moins considérables. On y fait plusieurs *ouvrages en corne*. Le *commerce de la cire* est aussi une branche d'industrie de Limoges, ainsi que de plusieurs autres villes de la province.

Depuis quelques années on a établi dans cette ville une manufacture de porcelaine, qui, ainsi que celle de Sèvre, tire en partie sa terre à pâte, de *Saint-Yrieix*, petite ville où il existe une semblable manufacture. Cette ville sert aussi d'entrepôt pour le commerce de Lyon, de la Rochelle, de Clermont, de Bordeaux, &c.

Limoges étant située sur la grande route de Paris à Bordeaux, est une ville de passage; mais pour qu'elle devînt plus commerçante, il faudroit que la Vienne fût rendue navigable. Depuis long-temps ce projet a été formé, on en a même tenté l'exécution; les obstacles qu'offroit le lit de cette rivière, entièrement semé de rochers, l'a fait abandonner.

Les raves & les châtaignes sont la principale nourriture des habitans des campagnes; c'est de là qu'ils ont été nommés *Mâche-rave*, surnom que *François Hotman* a exprimé par *Raphanophagus*. Rabelais, en parlant d'un Ecolier Limosin, qui, saisi à la gorge par Pantagruel, fut frappé d'une telle frayeur, qu'il s'étoit *conchié*, fait dire à ce géant: *Au diable le masche-rabe, tant il pue* ». On sait d'ailleurs la prière des gens de la campagne à Saint-Martial. *Monsiour Saint-Marsau, nostre bon fondatour, préga pour nous nostre Seignour, qu'ils nous vaielle bien garda nostra raba, nostra castagna & nostra fama. Alleluia.*

Population. Cette ville est peuplée d'environ vingt-deux mille ames.

NEXON.

Bourg considérable du Limosin, situé à quatre lieues de Limoges, & à trois de *Pierre-Buffière.*

Ce bourg est célèbre par la mort de *Volfang de Bavière*, Duc des *Deux-Ponts*, qui, sur la prière du Prince de Condé, vint en France, à la tête d'une armée considérable, au secours du parti des Princes confédérés, dont le Prince de Condé & le Roi de Navarre étoient les chefs. Ce Prince Allemand traversa, avec beaucoup de peine, une partie de la France pour se rendre en Guienne. En passant sur les bords de la Loire, il prit la Charité, & de là se rendit, avec son armée, en Limosin, où le Duc d'Anjou se proposoit de lui disputer le passage. Malgré les efforts des troupes royales, cette armée étrangère parvint à passer, sans péril, la rivière de Vienne, & à pénétrer jusques dans le Limosin.

La nouvelle de cette heureuse arrivée causa beaucoup de joie aux troupes des Princes confédérés ; mais cette joie ne dura guère ; le Duc des Deux-Ponts étoit atteint depuis long-temps d'une fièvre quarte, que les fatigues d'une longue & pénible marche avoient aggravée. Il s'arrêta à Nexon, & le 11 juin 1569, à l'âge de quarante-trois ans, il y expira entre les bras du Prince Louis de *Nassau*.

Avant sa mort, il exhorta ses amis à continuer avec vigueur une guerre qu'ils avoient entreprise pour la cause commune, & pour la liberté des deux Princes qui étoient leurs alliés, & qui professoient comme eux la religion réformée. Il nomma ensuite, pour Généralissime de ses troupes, *Volrad de Mansfeld*, qui jusqu'alors avoit été son Lieutenant. Son corps, dont on ôta les entrailles, fut d'abord porté avec de grands honneurs à Angoulême, & ensuite en son pays, où il fut mis dans le tombeau de ses ancêtres.

Quatre jours après, son armée & celle des Princes confédérés se réunirent; & cette réunion, célébrée par des fêtes, fut suivie du combat de *la Roche-l'Abeille* où les troupes du Roi de France furent battues. (Voyez l'article de *la Roche-l'Abeille* pag. 296.)

DESCRIPTION. L'église de Nexon est ornée de trois tableaux de *Maisonade*, Peintre Limosin, dont nous avons cité quelques ouvrages à l'article de Limoges.

Un de ces tableaux est celui du maître-autel, qui représente la Décolation de Saint-Jean-Baptiste, patron de la paroisse. Les deux autres tableaux sont dans une chapelle à droite; dans l'un est une Sainte; dans l'autre, on voit *Saint-Fereol*, Evêque de Limoges, donnant sa bénédiction aux enfans d'un co-Seigneur de la terre de Nexon, qui a fait faire le tableau: on pourroit penser que la piété n'a pas seule imaginé ce sujet,

Dans la chapelle correspondante on lit cette épitaphe :

> De Jehanne Hugon, la partie mortelle
> Gît en ce lieu, mais l'esprit immortel
> Vit dans le ciel avec un renom tel,
> Que des vertus elle fut le modèle.

CHALUS.

Petite ville avec le titre de Comté, située dans le haut Limosin, sur la route de Paris à Bordeaux, à six lieues de Limoges, & à quatre de Saint-Yrieix.

ORIGINE. On attribue la fondation de cette ville à *Lucius Capreolus*, qui, sous le règne d'Auguste, étoit Proconsul d'Aquitaine. Il avoit embelli de superbes édifices la ville de Limoges ; il fit encore bâtir, en cet endroit, un château fortifié de tours & de remparts, ainsi qu'un palais très-vaste. Ce château fut nommé *Castrum Lucii Capreoli*, dont on a fait *Chaslus-Chabreol*, nom que porte encore aujourd'hui cette ville.

Ce château, dans les temps de la féodalité, fut le chef-lieu d'une Baronnie que *Charlotte d'Albret*, fille d'*Alain*, Sire d'*Albret*, Comte de Périgord, & de Françoise de Blois, dite *de Bretagne*, porta en dot à son mari *César Borgia*, Duc de Valentinois. *Louise Borgia*, leur fille unique, fut Dame de Chalus, & épousa *Philippe de Bourbon*, Comte de *Busset*, dont la postérité possède encore cette Baronnie.

DESCRIPTION. Cette ville est divisée en haute & basse ; elle contient deux paroisses ;

dans la partie haute, sont les restes de l'ancien château, dont il existe encore deux tours. On y voit aussi les ruines du palais, construit, dit-on, par le Proconsul d'Aquitaine, *Lucius Capreolus*; ces ruines annoncent un édifice vaste & solide.

Commerce. Cette ville est fameuse par les foires de bestiaux qui s'y tiennent à la Saint-George & à la Saint-Michel; il s'y vend surtout un grand nombre de chevaux.

Evénement remarquable. C'étoit une opinion ancienne, accréditée par une longue suite d'années, & appuyée par le témoignage des Chroniqueurs, que le Proconsul *Lucius* avoit caché, dans de profonds souterrains du château de *Chalus*, un trésor incomparable. Un Gentilhomme, en 1199, découvrit enfin ce trésor, qui consistoit en plusieurs figures d'or assises autour d'une table; elles représentoient un homme, une femme & plusieurs enfans, tous vêtus à la romaine.

Richard Cœur de Lion, Roi d'Angleterre & Duc d'Aquitaine, étoit à l'abbaye de Grandmont, lorsqu'il reçut la nouvelle de cette précieuse découverte. *Aymar*, Vicomte de Limoges & Seigneur de Chalus, lui fit offrir la moitié de ce trésor; mais Richard, n'écoutant que son avidité, voulut l'avoir en entier : animé par l'appât de tant de richesses, il vint aussi-tôt assiéger le château de Chalus, où elles étoient renfermées. Ce château n'étoit défendu que par trente-huit hommes, qui, ne pouvant long-temps résister aux forces considérables du Roi d'Angleterre, lui offrirent de se rendre. *Richard*, irrité de la résistance qu'il avoit déjà éprouvée, déclara qu'il les auroit par force, & promit au lieu de composition, de faire pendre toute la garnison.

Cette menace insensée réduisit les assiégés au désespoir, & les porta à une extrémité violente. Ce Prince s'étant approché de la place avec le Duc de Brabant, pour observer les endroits foibles, fut atteint au bras, d'une flèche que lui décocha un Gentilhomme nommé *Bertrand de Gordon*. Le fer resta dans la plaie qui n'étoit pas mortelle, mais qui le devint par l'ignorance du Chirurgien, ou, selon quelques Ecrivains, par la débauche du Roi.

Furieux de sa blessure, *Richard* commanda qu'on pressât les assauts; au bout de quelques jours la place fut prise, tous les soldats de la garnison furent massacrés. *Bertrand de Gordon*, qui avoit blessé le Prince, fut seul épargné, & conduit devant Richard. *Que t'avais-je fait malheureux, pour m'arracher la vie?* lui dit ce Roi. — *Ce que tu m'as fait?* répondit Gordon, *tu as tué, de ta propre main, mon père & mes frères; je suis content; je les ai vengés; tyran, fais-moi mourir; je brave ta colère.*

Richard, affoibli par sa blessure, & prêt à rendre le dernier soupir, ne peut s'empêcher d'admirer l'intrépidité de *Gordon*. *Je te pardonne*, lui dit-il; & sur le champ il commande qu'on lui ôte ses fers, & qu'on lui donne la liberté avec cent sous d'argent. Quelque temps après cet acte de générosité, le 6 avril 1299, *Richard* rendit le dernier soupir. A peine fut-il expiré, que le malheureux *Gordon*, quoiqu'absous par le Roi défunt, fut arrêté par les ordres du Duc de *Brabant*, qui le fit écorcher tout vif. C'est ainsi que l'avidité du Roi Richard devint funeste à lui-même, à plusieurs soldats innocens, & au brave *Gordon*. Les Princes puissans ne peuvent guère causer de petits maux.

Environs. Entre Chalus & Limoges, & à deux lieues de cette dernière ville, est le lieu de *Chalucet*.

Ce village est connu dans l'Histoire par son ancien château, qu'*Ithiers*, Evêque de Limoges, fit rebâtir en 1067, & dont on voit encore quelques masures. Vers la fin du quatorzième siècle, les Anglois y tenoient une forte garnison commandée par un vaillant Chevalier Gascon, nommé *Sicard de la Barde*. Ce Chevalier ayant entendu vanter les exploits de *Jean le Maingre*, dit *Boucicaut*, se permit de dire que sa figure ne répondoit point à sa réputation. Ce propos fut répété à *Boucicaut*, qui, quoique fort jeune alors, lui manda, que le connoissant pour un des meilleurs & des plus beaux Chevaliers du siècle, il se regarderoit comme fort honoré d'entrer en lice avec lui, ajoutant qu'il étoit jeune & novice en fait d'armes, & qu'il avoit besoin de prendre des leçons d'un aussi grand maître.

Le Chevalier *Sicard* lui accorda sa demande. On assigna le jour & le lieu du combat, & l'on fixa le nombre des coups qui devoient s'y porter.

Au jour marqué, le jeune *Boucicaut*, brûlant de faire paroître son courage & son adresse,

s'habilla

s'habilla magnifiquement, partit, monté sur un beau & fort destrier, accompagné des principaux Gentilshommes de sa suite, & arriva devant le château de *Chalucet*, où devoit se donner le combat.

Le lieu étant disposé, le Chevalier *Sicard* porta le premier coup, & frappa avec tant de force sur l'écu de Boucicaut, que ce jeune Chevalier en fut presque désarçonné; il ne put même riposter, parce que son cheval, effrayé par un si rude coup, l'emporta malgré lui.

Alors on redonna les lances aux deux Chevaliers; ils coururent de nouveau l'un sur l'autre, & se heurtèrent avec violence. *Boucicaut* ne fut point ébranlé du choc; au contraire, il porta son coup si juste & si vigoureusement, qu'il atteignit *Sicard* dans la visière, lui rompit les boucles de son casque, qui fut prêt à tomber de sa tête, & l'étourdit si fort, que si on ne l'eût soutenu, il étoit entièrement désarçonné.

Pour la troisième fois, les deux Chevaliers recommencèrent la joûte. *Sicard* brisa sa lance contre *Boucicaut*, en lui portant un coup qui lui fit plier les reins. *Boucicaut* riposta avec autant d'adresse que de force; il atteignit *Sicard* entre les côtes, au défaut de l'armure, lui enfonça sa lance, & le renversa par terre.

La joûte, dont le nombre des coups étoit fixé à vingt, fut alors terminée, & le jeune *Boucicaut* partit tout glorieux d'un tel avantage.

Partie IV. T

SAINT-LÉONARD.

Ville située sur la rive droite de la Vienne, & sur le chemin de Moulins, de Lyon, de Clermont, à Limoges, à Bordeaux, &c., à quatre lieues de Limoges.

Cette ville doit son origine à *Saint-Léonard*, qui en est le patron, & qui, après *Saint-Martial*, est le Saint le plus révéré du Limosin. Saint-Léonard fleurissoit vers l'an 1022; il opéra pendant sa vie, ainsi qu'après sa mort, des miracles qui lui valurent le titre de *Saint*. Une église élevée dans le lieu de son tombeau, & des Moines établis au même endroit pour la desservir, formèrent bientôt un riche monastère, auquel des Evêques de Limoges firent de grands dons; il fut, dans la suite, sécularisé, & il forme aujourd'hui une collégiale, composée d'un Prieur & de dix Chanoines.

Cette ville est encore illustrée par un couvent de *Récollets*, établi en 1598, & par une communauté de *filles de Notre-Dame*, fondée en 1652. L'hôpital, fondé dès l'an 1390, est desservi par des Sœurs de *Saint-Alexis*.

Depuis une trentaine d'années, cette ville a reçu un accroissement assez considérable, qu'elle doit sur-tout à la grande route qui y passe, dont l'exécution a coûté des travaux & des sommes considérables. On y a construit sur la Vienne un pont magnifique; ce pont, les femmes & le pain font ce que Saint-Léonard renferme de plus beau.

On y trouve une manufacture confidérable de papiers, on y fabrique auffi des étoffes de laine.

ENVIRONS. A deux lieues de *Saint-Léonard*, dans un village de la paroiffe d'Eybouleuf, on trouve une *ocrière* d'une tres-bonne qualité, dont l'exploitation ne devroit pas être négligée dans un pays auffi peu fertile.

EYMOUTIERS.

Ville fituée fur la rive gauche de la Vienne, près des confins de la Marche, à quatre lieues de Bourganeuf, & à fept de Limoges.

Cette ville étoit anciennement nommée *Antimonafterium* ou *Attenfe monafterium ad Vingennam*; elle doit fon origine à une abbaye qui fut fécularifée & convertie en collégiale.

La collégiale, fous le titre de *Saint-Étienne*, eft compofée d'un Prévôt & de treize Chanoines. Il y a un couvent d'*Urfulines*, établi en 1629. On trouve auffi dans cette ville un hôpital deffervi par des Hofpitalières de Luzignan.

Cette ville eft commerçante, & l'induftrieufe activité des habitans fupplée à la ftérilité du territoire. Il y a plufieurs *tanneries*, & on y fait un commerce affez étendu de peaux de chevreaux, qu'on envoye à Grenoble & ailleurs, pour y être préparées & employées à faire des gants. Il y a plufieurs Marchands ciriers qui fondent la cire qu'ils tirent des montagnes voisines, & en forment des pains qu'ils envoyent aux fabricans de Limoges.

Des filatures de coton y occupent & font vivre un grand nombre d'habitans.

L'ESCARS.

Bourg avec un château fort ancien, situé à cinq lieues & au sud de Limoges.

Ce château, qui a donné son nom à l'ancienne maison d'*Escars*, est d'une construction qui paroit du douzième siècle ; les Anglois l'assiégèrent, s'en rendirent maîtres, & en furent chassés en 1381.

Ce château, qui fut long-temps regardé comme une des plus fortes places du Limosin, est situé dans un fond ; il est flanqué de quatre tours qui paroissent avoir été bâties à différentes époques ; une de ces tours est octogone, & fut construite au seizième siècle par *Anne d'Escars*, Cardinal de *Givri* (1).

Autour de la cour du château est une galerie que fit faire *François d'Escars* ; elle est ornée extérieurement de tables en serpentine de la Roche-l'Abeille, sur lesquelles sont gravés des quatrains de *Pibrac*. Une pareille table étoit placée, il y a quelques années, au dessus de la porte du château, & portoit une inscrip-

---

(1) Ce Cardinal fut Evêque de Metz ; il mourut en 1612 dans cette ville, & fut enterré dans la cathédrale, où il a son tombeau en marbre.

tion relative à la carrière de serpentine de la *Roche-l'Abeille*; nous la rapportons à cet article. (*Voyez ci-après page 300.*)

Cet ancien château renferme des choses curieuses pour les amateurs des Arts; on y voit surtout quatre tableaux de forme ronde, peints par l'*Albane* & représentant les élémens. Ces tableaux, qui ont été plusieurs fois gravés, sont bien précieux s'ils sont originaux; plusieurs circonstances portent à le croire, & on y reconnoît très-bien la touche gracieuse de l'Albane.

La chapelle du château est remarquable par cette inscription que l'on y trouve fréquemment répétée : *Lors aurai joie*, & qui est peut-être une devise ou cri de guerre des anciens Seigneurs d'Escars; cette devise se lit en divers autres endroits du château.

Le bourg étoit autrefois beaucoup plus considérable qu'aujourd'hui.

L'église, anciennement paroissiale, n'est plus à présent qu'une succursale de celle de Flavignac. On y conserve un morceau de bois de la vraie croix, qui, à ce qu'on croit, fut, du temps des Croisades, apporté, de la Terre Sainte, par un Seigneur d'Escars.

Depuis environ dix ans on a découvert aux environs d'Escars, des souterrains qui paroissent avoir été habités. On présume que la fureur des guerres civiles a pu forcer les habitans des campagnes à y chercher un asile, ou qu'ils ont servi d'ateliers aux faux monnoyeurs, qui pendant long-temps ont été communs dans ce pays; ce qui semble confirmer cette dernière opinion, c'est le charbon & autres combustibles qu'on trouve encore dans ces souterrains.

Dans la forêt d'Escars, il existe une fontaine dont l'eau est excellente ; elle se nomme *Bonnefons*, ou plus communément *la Fontaine du Rieux tari* ou *ruisseau tari*. Les habitans du Limosin, gens fortement attachés aux vieilles opinions, attribuent à cette eau des qualités miraculeuses.

A certains jours de l'année, principalement à la fête de *Saint-Fiacre*, & à l'Exaltation de la Croix, on y voit arriver en affluence, de cinq à six lieues à la ronde, des dévots & des malades. Les uns & les autres commencent par se laver les pieds dans la fontaine, ils en boivent de l'eau, s'en versent dans les manches & dans le dos ; après ces ablutions intérieures & extérieures, qui ont beaucoup de rapport avec d'anciennes cérémonies du Paganisme, ils coupent un morceau d'une croix de bois qui est auprès, & que l'on est obligé de renouveler tous les ans, tant leur dévotion est grande. Ils y attachent aussi les licols de leurs bestiaux malades, & de petits sacs remplis d'herbes ou de sel ; puis ils jettent quelques monnoies dans la fontaine, en font trois fois le tour, & s'en retournent (1).

---

(1) L'usage de jeter dans l'eau des présens consacrés aux Divinités, est fort ancien ; il fut même très-commun dans les Gaules. Les Toulousains, comme nous l'avons dit, jetoient chaque année beaucoup d'or dans des lacs consacrés à Apollon. Cette pratique superstitieuse s'étoit conservée dans le Gévaudan, jusqu'au

Ceux qui sont affligés de la fièvre, croyent qu'en suivant rigoureusement ce régime, ils seront guéris. On sait combien la persuasion seule peut guérir de maladies, & sur-tout celles qui, comme les fièvres, ne sont qu'une habitude du corps, que l'imagination fortement frappée peut détruire tout à coup; ainsi il est possible que sans miracle plusieurs personnes aient été guéries par la foi.

A deux lieues de cette fontaine miraculeuse, il en est une autre qui ne l'est pas moins; elle est située à *Benac*; les Pélerins vont alternativement à ces deux fontaines, afin de trouver dans l'une le remède qu'ils ne trouvent pas dans l'autre.

LA ROCHE-L'ABEILLE.

Bourg avec un ancien château, situé à cinq lieues de Limoges, & à quatre de Chalus.

Ce lieu est célèbre par sa carrière de serpentine, & par le combat qui s'y donna, en 1569, entre l'armée du Duc d'Anjou, frère du Roi Charles IX, & celle des Princes confédérés.

Le château, ancienne forteresse, domine le

---

sixième siècle. Les peuples de ce pays, à une certaine époque de l'année, célébroient, pendant trois jours, une fête sur les bords d'un étang, dans lequel ils jetoient, par manière de sacrifice, des habits, des linges, des toisons, du pain, du fromage & autres choses semblables, plus ou moins, chacun suivant ses facultés. Cette cérémonie fut abolie, vers l'an 570, par l'Evêque du Gévaudan.

bourg. L'église renferme une image de la Vierge qui attire beaucoup de dévots. Dans le cimetière sont des tombes de quelques Officiers tués au combat dont nous allons parler.

Le *Duc d'Anjou* étoit à Limoges avec une partie de son armée, lorsque *Catherine de Médicis*, accompagnée des Cardinaux de *Bourbon* & de *Lorraine*, vint l'y joindre. Ce Prince, dans le dessein de s'opposer à ce que les Allemands, conduits par le Duc des Deux-Ponts, ne joignissent en Guienne les troupes des Princes confédérés, posa d'abord un détachement auprès de Limoges, pour disputer le passage de la Vienne; mais *Mouy* & *d'Autricourt*, envoyés avec quelques soldats par le Duc des Deux Ponts, pour chercher un gué, rencontrèrent ce détachement, le taillèrent en pièces, & par cette expédition, les troupes Allemandes ne trouvèrent plus d'obstacle au passage de la Vienne.

L'Amiral de Coligny, instruit de l'approche du Duc des Deux-Ponts, joyeux de cette heureuse nouvelle, se prépara pour aller à sa rencontre; il assembla le plus de troupes qu'il lui fut possible, partit de la Guienne, s'avança vers le Limosin, prit quelques places; mais comme il étoit sur le point de joindre ce Prince étranger, il apprit que, fatigué d'un voyage long & pénible, il étoit mort à Nexon le 11 juin. *Volrad de Mansfeld*, son Lieutenant, lui succéda (1).

Quatre jours après cette mort, l'armée des

---

(1) Voyez ci-dessus *Nexon*, page 282.

Confédérés, commandée par *Coligny*, & où se trouvoient le Prince de *Condé* & le Roi de Navarre, joignit l'armée des Allemands. La joie que causa cette réunion tant désirée, & qui avoit coûté tant de peines, fut très-vive; l'on frappa, à cette occasion, une médaille d'or, où d'un côté étoit l'effigie de la Reine de Navarre & de son fils *Henri*, & sur le revers on lisoit ces mots: *Pax certa, victoria integra, mors honesta.* « Paix assurée, victoire entière, mort glorieuse »; mais l'événement ne répondit pas entièrement à cette prophétie numismatique.

Le 26 mai suiv., les deux armées réunies repassèrent une seconde fois la Vienne auprès d'Aixe; de là, après avoir mis en fuite quelques détachemens des troupes royales qui s'opposoient à leur passage, après avoir campé pendant un temps nécessaire au repos des troupes Allemandes, l'armée s'avança vers *Saint-Yrieix*.

Le Duc d'Anjou vint, le 23 juin, à la tête de trente mille combattans, camper à *la Roche-l'Abeille*, & à un quart de lieue de l'armée des Princes confédérés, qui étoit composée de vingt-cinq mille hommes.

L'armée des Confédérés s'étoit fort approchée de celle du Duc d'Anjou, sans que ce Prince en eût le moindre soupçon; ses troupes restoient dans la plus grande sécurité, mais bientôt l'approche imprévue de l'armée des Confédérés y répandit l'alarme & la confusion: cependant elles se rassurèrent, & résistèrent avec quelque avantage aux premières attaques; puis accablées par le nombre, elles commencèrent, mais trop tard, à songer à la retraite.

Pendant que les Royalistes lâchoient pied, arrive à leur secours *Philippe de Strozzi*, Colonel général de l'infanterie françoise, à la tête de trois cents hommes choisis. Ce Général, jaloux de la gloire de *Brissac*, à qui il venoit de succéder dans le commandement, cherchoit à signaler sa valeur par quelque action éclatante. Voyant l'armée royale en déroute, il ranime les uns par des paroles, donne l'exemple aux autres par des actions, parvient à rétablir le combat, & à mettre en fuite une partie de l'armée de ses ennemis.

Coligny, pour réparer cet échec, envoya des troupes fraîches, destinées à soutenir celles qui commençoient à plier. Comme on n'avoit combattu que de front, il ordonna à un détachement de faire le tour du village, afin d'attaquer les Royalistes par le flanc. Ce détachement marcha le long des bords de l'étang, & donna sur les Royalistes avec beaucoup d'avantage. Cette adroite manœuvre changea le sort du combat. Les soldats de *Strozzi*, attaqués en flanc & en queue, furent bientôt enveloppés, & ne pouvant résister aux forces qui les accabloient de deux côtés, ils prirent la fuite sans qu'il fût possible de les rallier.

Deux Officiers généraux de l'armée royale, *Saint-Loup* (1) & *Roquelaure*, ainsi que quatre

---

(1) *Saint-Loup*, du pays d'Anjou, Lieutenant de Strozzi, tué dans cette action, fut enterré, ainsi que

cents hommes, périrent en cette occasion; Strozzi fut fait prisonnier: du côté des Protestans il n'y eut que cinquante hommes de tués. Le carnage auroit été plus grand si une pluie continuelle, en rendant, pour la cavalerie, les chemins impraticables, & en mouillant les armes à feu, n'eût arrêté les Protestans & favorisé la fuite des Royalistes.

On voit dans les environs du bourg de la Roche-l'Abeille, & à un quart de lieue au nord de la plaine de Saint-Laurent, des fossés profonds qui paroissent avoir servi de retranchement; ces fossés sont indiqués dans les titres de 1400, sous le nom de *creux de Maroc*; à une demi-lieue de ceux-ci, il en est d'autres appelés *creux de Bradama*. Cette dénomination semble indiquer qu'ils ont été faits par les Sarrasins venus des côtes de *Maroc*, & qui, dans le huitième siècle, s'avancèrent en France jusqu'au bords de la Loire, commandés par *Abdérame*. Du nom de ce Général on a peut-être fait *Bradama*; mais ce n'est qu'une conjecture. On trouve d'autres fossés semblables auprès du village de la *Rochette*, qui n'est éloigné de la Roche-l'Abeille que d'une demi-lieue, & enfin

---

deux autres Capitaines, dans le cimetière de la Roche-l'Abeille; on y voit leurs tombes chargées d'inscriptions effacées. Sur celle de *Saint-Loup*, qui est plus connue, on voit son écusson avec une épée à côté, pour marquer qu'il est mort en combattant. On dit que ce brave Capitaine, pendant la déroute, crioit : *Sauvez M. de Strozzi*, & que se mettant au devant de son corps, il reçut le coup dont son Colonel étoit menacé, & mourut en lui sauvant la vie.

il en existe encore auprès du *Chalart Peyrou-lié.*

Les villageois de ce canton conservent, par tradition, le souvenir des grands événemens dont cette plaine a été le théâtre ; ils disent qu'elle fut rougie de tant de sang, que la terre en garda long-temps la couleur, & qu'encore le blé qu'on y seme ne peut être mangé.

C'est dans la même plaine de Saint-Laurent que se trouve la *carrière de serpentine*, dont la découverte est attribuée à François, Comte d'Escars, suivant cette inscription qu'on voyoit encore, il y a quelques années, au dessus de la porte du château d'Escars, gravée sur une table de serpentine :

 François, Seigneur, Comte d'Escars,
 Fort amateur des Arts,
 Fut le premier, qui, par merveille,
 Inventa ce beau marbre en sa Roche-l'Abeille.

L'exploitation de cette carrière remonte à des temps bien plus reculés. Plusieurs monumens très-anciens, qui se voyent dans divers endroits de la province où la serpentine de la Roche-l'Abeille est employée, témoignent assez que le Comte *François d'Escars* n'est pas, comme il est dit dans l'inscription, l'*inventeur* de cette carrière. Dans l'église de Saint-Martial, & dans la crypte où se trouve le tombeau de ce Saint, on voit des ouvrages en serpentine, qui sont du temps de la première ou de la seconde race de nos Rois. Dans l'église de *Royère*, village situé près de la Roche-l'Abeille, on voit un bénitier qui a tous les caractères d'un ouvrage antique, & a la forme des cuvettes que les Romains appeloient *Labrum*. Ce vase antique, qui est en serpentine de la Roche-l'Abeille, sembleroit annoncer que cette carrière étoit connue même du temps des Romains.

Cette pierre est opaque, d'une couleur verte obscure, qui approche de celle de la peau du serpent, & c'est à cause de cette ressemblance qu'elle est nommée *serpentine*; elle prend un beau poli; elle est tendre; on peut la tourner & en faire des vases : c'est à peu près la *pierre ollaire* des anciens.

La serpentine de la Roche-l'Abeille est très-ressemblante à la serpentine d'Allemagne; elle en a la couleur, & donne à la distillation les mêmes résultats (1).

Cette carrière n'est pas la seule de son espèce dans le Limosin; on voit une masse considérable de serpentine à *Perabruna*, sur la route de Toulouse, à une lieue au delà de Magnac; on croit que cette masse correspond à celle de la Roche-l'Abeille.

---

(1) M. Bayen a prouvé dans un mémoire inséré dans le Journal de Physique de l'année 1772, vol. I, p. 53, que dans le pays où cette serpentine abonde, on pourroit, en suivant le procédé analytique que ce Chimiste indique, en extraire une quantité assez considérable de *sel amer*, & se procurer, à très-bon compte, une substance chère que nous tirons en grande quantité de l'Étranger.

SAINT-YRIEIX-LAPERCHE.

Ville du haut Limosin, avec une sénéchauffée, située sur la rivière de l'Ile, à sept lieues de Limoges, & à quatre de Chalus.

Cette ville doit son origine à un ancien monastère, fondé, dit-on, vers la fin du sixième siècle, par *Saint-Yrieix*, natif de Limoges.

Ce monastère fut sécularisé, & a le titre de *collégiale royale de Saint-Pierre*. Le chapitre est composé d'un Doyen, d'un Grand Chantre, de onze Chanoines & de six semi-Prébendés.

Cette ville contient cinq églises paroissiales, un couvent de *Récollets*, un autre de *Religieuses Urbanistes*, un *Hôpital* & une société de *Pénitens bleus*.

La ville de Saint-Yrieix est fort commerçante; il y a plusieurs manufactures, dont la plus moderne & la plus remarquable est celle de *porcelaine*. L'argile très-blanche qu'on y employe se tire d'une carrière située aux environs de cette ville; la même carrière fournit également à la manufacture de *Limoges* & à celle de *Sèvres* près Paris.

La découverte importante de cette argile fut faite par M. *Villaris*, Apothicaire de Bordeaux. La pâte, jusqu'alors employée dans les manufactures de porcelaine, ne pouvoit servir que pour des objets d'ostentation, ce n'étoit qu'une terre vitrifiable qui produisoit une matière très-belle, mais très-fragile, & que la moindre chaleur faisoit briser. Depuis qu'on employe l'argile de *Saint-Yrieix*, il se fabrique des porcelaines dures, & qui résistent à une chaleur assez considérable.

Il se fait dans cette ville des préparations d'antimoine à l'usage des chevaux ; mais le principal commerce est en antimoine cru ; cette substance est tirée d'une masse située à trois lieues de *Saint-Yrieix*, dans la forêt de *Biais*, & proche du château de ce nom. Le filon qui donne de la mine, est à plus de quinze pieds de profondeur ; l'antimoine s'y trouve d'abord comme en rognon, & enveloppé dans une partie de fer fort abondante ; à mesure que le filon s'enfonce, il devient plus suivi & plus large.

Cet antimoine est transporté à Bordeaux par Bergerac, où il est vendu aux Hollandois, qui nous le rapportent en verre ou autrement ; il se débite aussi à Orléans, où on le dégage de la partie du soufre qui lui est unie, pour en faire le régule ; il a la réputation d'être d'une qualité supérieure à ceux qu'on tire des autres provinces, c'est pourquoi il est un peu plus cher.

Saint-Yrieix est habité par plusieurs Tanneurs qui préparent des cuirs forts de vaches en baudriers, des veaux & des basanes ; les Tisserans y font des toiles ouvrées ; il s'y fabrique plusieurs étoffes communes, & on y fait un commerce considérable de fil de chanvre, de droguet de Limoges & de bœufs : l'antimoine est la branche la plus importante du commerce de cette ville.

Événemens remarquables. En 1591 la ville de Saint-Yrieix, qui tenoit pour le parti du Roi, étoit commandée par Louis de *Pierre*

Buffière de Chambaret, jeune Gentilhomme, dit M. *de Thou*, qui possédoit toutes les belles qualités du corps & de l'esprit, & qui joignoit, à un grand courage, beaucoup d'habileté & de politesse. Cette place fut assiégée par Louis de *Pompadour*, & par Henri *Després de Montpezat*, qui étoient Gouverneurs pour la Ligue dans le Limosin, le Querci & le Périgord.

Le jeune *Chambaret*, quoique dépourvu de munitions, & dans une place mal fortifiée, fit bonne contenance, & n'abandonna point la ville pour se retirer dans le château comme on le crut d'abord.

Cependant Charles *Turquant*, que le Roi avoit envoyé à *Anne de Levi de Ventadour*, Gouverneur du Limosin, pour arranger les affaires de la province, instruit de la situation pressante où se trouvoit le jeune *Chambaret*, écrivit de Limoges, où il étoit, à plusieurs Gentilshommes des environs, pour les déterminer à se réunir, & à concourir à faire lever aux Ligueurs, le siège de Saint-Yrieix.

Les Barons & les Gouverneurs du voisinage assemblèrent des troupes au nombre de quatre cents chevaux & de six cents arquebusiers ; mais bientôt la dissention se répandit parmi les chefs de cette petite armée. De jeunes Gentilshommes Limosins, sans expérience, & fiers de leurs titres, disputoient à d'habiles militaires blanchis sous les armes, le droit de commander ; ils pensoient qu'avec de vieux chiffons en parchemin, qui attestoient que leurs aïeux avoient autrefois vécu & étoient morts, ils devoient plus habilement conduire une armée

& remporter la victoire ; ce barbare préjugé de noblesse produisit un funeste événement.

L'armée des Royalistes fut inconsidérément rangée en bataille sous le canon des Ligueurs, qui profitèrent fort bien de la situation désavantageuse de leurs ennemis. *Pompadour & Montpezat* s'étant joints à *Fourou & à Taillefer*, tombèrent sur l'armée des Royalistes, & s'étant divisés ensuite en deux bandes, ils l'enveloppèrent.

Etonnés d'une attaque aussi brusque, les nobles Limosins reculent, & se laissent pousser jusques dans des bourbiers profonds, d'où ils ne peuvent se retirer. Les Ligueurs envoyent alors des soldats & les goujats de l'armée pour les massacrer dans ces marais fangeux. Plusieurs Capitaines distingués périrent en cette malheureuse affaire, parmi lesquels on compte François, Comte de la *Rochefoucauld, Gabriel de Rie, de la Coste de Mesière*, Gouverneur de la Marche, *Rochefort* père & fils, *Châteauneuf*, & une infinité d'autres moins connus.

Ce malheur n'abattit point le courage du jeune *Chambaret* ; le danger, en croissant, ne sembla donner que plus d'activité à son génie & à sa valeur ; il se hâta de faire construire de nouvelles fortifications au dedans de la ville. Les ennemis, glorieux de leur victoire, s'avancèrent pour l'assiéger, firent plusieurs tentatives, donnèrent trois assauts qui furent repoussés avec vigueur ; enfin les assaillans, fatigués d'éprouver une si belle résistance, furent contraints de lever le siège vingt jours après l'avoir formé.

Partie IV. V

USERCHE.

Ville, avec une sénéchauffée, située sur la rive gauche de la Vezerre, & sur la route de Limoges à Tulle, à Brives & à Toulouse, à onze lieues de la première ville, à cinq de la seconde, & à six de la troisième.

Cette ville, nommée en latin *Userca*, existoit sous le règne de *Louis le Débonnaire*, qui séjourna dans le château, & fit réparer le monastère. Du temps que les Anglois étoient maîtres de la Guienne, elle a donné des marques de sa fidélité au Roi de France; elle ne put jamais être prise, & fut, pour cette raison, nommée *Userche la pucelle*. Cette pucelle se rendit cependant, en 1575, aux troupes du Vicomte de Turenne, commandées par *Langoyran*.

Elle est située sur le penchant d'une colline, &, comme nous l'avons dit, sur la rive gauche de la Vezerre; le faubourg de *Sainte-Eulalie* est sur la rive opposée. Ce faubourg ne dépend point de la sénéchauffée d'Userche, mais de celle de Limoges. La rivière entoure presque entièrement cette ville qui, de loin, se présente d'une manière assez avantageuse; mais l'intérieur n'offre rien de curieux. La grande route de Paris à Toulouse y passe, & y a été pratiquée avec de grandes dépenses & beaucoup de difficultés.

La collégiale de Saint-Pierre étoit l'église d'un ancien monastère, qui existoit vers l'an

507. *Saint-Rorice*, Evêque de Limoges, en parle dans ses lettres, & dit qu'il y avoit alors une église. En 1028, un incendie consuma ce monastère; deux ans après, *Richard*, qui en étoit Abbé, le fit rétablir.

Vers l'an 1037, *Hildegaire*, Evêque de Limoges, le fit de nouveau rétablir, & y introduisit la règle de Saint-Benoît. Cette maison étoit le chef-lieu de la congrégation des *Exempts*. Elle fut sécularisée en 1740, & érigée en collégiale, composée d'un Abbé qui est Seigneur de la ville, d'un Doyen, & de treize Chanoines.

Dans cette église ont été enterrés plusieurs Vicomtes de *Comborn*. Suivant Duchêne, on y conservoit la *nappe* sur laquelle Jésus célébra la Cène avec ses Disciples, ainsi que les corps de *Saint-Léon* & de *Saint-Coronat*, qui avoient, selon le même Ecrivain, la vertu bien précieuse de donner de la raison aux insensés, & de l'esprit à ceux qui en manquoient; ces reliques ont été enlevées pendant les guerres de la Ligue.

Userche contient trois paroisses, *Saint-Nicolas, Notre-Dame & Sainte-Eulalie*, ainsi qu'un *Hôpital royal*: elle est le siége d'une sénéchaussée, qui est une des plus anciennes du Limosin; la justice y fut établie, en 760, par Pepin le Bref. Les maisons y sont couvertes d'ardoises; leur solidité, leur propreté, & peut-être la situation naturellement forte & avantageuse de la ville, ont donné lieu à ce proverbe: *Qui a maison à Usercke, a château en Limosin.*

ENVIRONS. A trois petites lieue, & à l'ouest d'Userche, & à neuf lieues de Limoges, est le bourg de *Pompadour*, dont la seigneurie a titre d'ancienne baronnie. *Guy de Lastours*, surnommé *le Noir*, homme très-pieux, fit bâtir, vers l'an 1026, l'ancien château, afin de s'y défendre contre le Vicomte de Ségur. La seigneurie, après avoir été long-temps possédée par une ancienne famille de ce nom, fut réunie au domaine du Roi. Louis XV en fit don à Jeanne-Antoinette *Poisson* sa favorite, qui fut depuis connue sous le nom fameux de *Marquise de Pompadour*.

Vers l'an 1756, lorsque cette Dame fit l'acquisition de la terre de *Ménars*, elle céda celle de Pompadour au Roi, qui a établi dans ce lieu un haras très-considérable, qui porte le titre de *haras royal de Pompadour*.

Près de Pompadour est le village *du Mont*, paroisse de *Bessac*, où naquit, vers la fin du treizième siècle, *Etienne Aubert*, qui fut le Pape *Innocent VI*; ce Pontife dut sa fortune à ses talens; il se distingua d'abord au Barreau de Limoges; il fut ensuite attiré à Toulouse pour y professer le droit; bientôt on le nomma Juge-Mage de cette ville; ensuite, ayant embrassé l'état ecclésiastique, il obtint l'évêché de Noyon, puis celui de Clermont. Le Pape Clément VI lui donna l'évêché d'Ostie & le chapeau de Cardinal; enfin, en 1352, il parvint à la Papauté. Plus éclairé & plus raisonnable que la plupart de ceux qui l'avoient précédé, & qui le suivirent, il se montra sur le saint siège avec une modération qui lui fit d'autant plus d'honneur, qu'alors elle étoit plus rare. Il réforma le luxe excessif qui régnoit à la cour de Rome, fit plusieurs constitutions utiles, & protégea les Gens de Lettres. Il mourut en 1362, après avoir enrichi ses parens, & élevé à la pourpre un de ses neveux nommé *Pierre de Selve*, qui fut depuis appelé *Cardinal de Pampelune*, à cause qu'il étoit Evêque de cette ville.

TULLE.

Ville épiscopale & capitale du bas Limosin, chef-lieu d'une sénéchaussée, d'un présidial & d'une élection, avec le titre de *Vicomté*, située dans la Vicomté de Turenne, au confluent des deux petites rivières de Corrèze & de Solan, à cinq lieues de Brives, à la même distance d'Userche, & à quinze lieues de Limoges.

Cette ville, nommée autrefois *Tutela Lemovicum*, & depuis en françois *Tuelle*, n'est pas fort ancienne; au neuvième siècle ce n'étoit qu'un monastère de l'ordre de Saint-Benoît, qui fut détruit en 846, & rétabli vers l'an 930. Ce lieu s'accrut insensiblement, & forma une ville qui devint plus florissante lorsque le monastère fut érigé en siége épiscopal.

En 1585, cette ville fut assiégée par *Henri de la Tour*, Vicomte de Turenne. Après beaucoup de résistance de la part des habitans, les assiégeans appliquèrent deux pétards à la porte du faubourg d'en haut, dont l'explosion produisit une rupture à cette porte, & une brèche à la muraille qui étoit derrière. Les habitans se présentèrent pour défendre cette brèche, plusieurs y furent tués ; enfin ne pouvant plus opposer de résistance, & redoutant le sort des villes prises d'assaut, ils acceptèrent les conditions que leur imposa le Capitaine *Lamauri*, auquel ils se rendirent.

Le Vicomte de Turenne exigea des habitans des sommes considérables, & y laissa pour Gouverneur *Lamauri*, qui y exerça, envers le peuple, des brigandages & des cruautés excessives (1).

Quelques mois après, en 1586, *Lamauri* abandonna Tulle, & se retira à Turenne ; il fut tué, près de cette ville, d'un coup d'arquebuse, dans un combat que lui livra *Sacremore de Birague*, qui étoit campé dans le voisinage avec son régiment.

DESCRIPTION. La ville de Tulle, dont l'Evêque est Seigneur, n'est ni grande ni bien bâtie ; une partie est située dans un vallon, & l'autre partie est élevée sur une colline dont la cîme est hérissée de rochers ; le séjour en est triste & désagréable.

---

(1) Le célèbre *Baluze*, natif de Tulle, dit dans l'Histoire latine qu'il a publiée de cette ville, que son bisaïeul étant alors Consul, fut plongé dans un affreux cachot au mois de décembre 1585. Ce Magistrat avoit quatre-vingt-quatorze ans. Malgré son grand âge & la rigueur de la saison, il resta cinq jours sans feu, couchant sur la terre, dans un souterrain humide, & il n'en sortit qu'après avoir payé pour rançon deux cents écus d'or.

Symphorien *Champier*, qui vivoit au commencement du seizième siècle, composa un de ses ouvrages intitulé, *La nef des Princes*, dans la ville de Tulle; en y parlant de cette circonstance, il ne donne pas de la ville une idée bien avantageuse :

> Ce petit livre a été composé
> En la cité de Tulle Limosine :
> . . . .
> . . . .
> Qui est cité close comme une tinne,
> Tout à l'entour de très haultes montagnes,
> Fuyant l'ennui qui illec domine,
> Auprès du feu rôtissant des châtaignes.

La Cathédrale étoit l'église d'un ancien monastère de l'ordre de Saint-Benoît; à qui la ville doit son origine. Le Pape Jean XXII érigea au commencement du quatorzième siècle ce monastère en évêché, & *Arnaud de Saint-Astier*, qui en étoit alors Abbé, fut élevé à la dignité épiscopale, & devint le premier Evêque de ce petit diocèse. Cette érection n'empêcha point que la maison ne fût toujours occupée par des Bénédictins; ces Religieux se maintinrent dans leur règle jusqu'en 1516, qu'ils sollicitèrent & obtinrent leur sécularisation.

On sait qu'à peu près à la même époque la plupart des monastères de France, entraînés par la licence qui régnoit alors, s'empressèrent de secouer le joug d'une règle qu'ils ne pouvoient plus supporter.

Cette église avoit été détruite au neuvième siècle par les Normands; elle fut rétablie quelque temps après. *Guillaume*, Abbé du monastère, la fit de nouveau réparer en 1103.

La façade présente une tour carrée d'une construction admirable par sa hauteur, sa solidité, & son élégance; elle a deux cent trente pieds d'élévation; le rez de chaussée, ouvert en dehors de trois côtés, forme le porche de l'église; à une certaine hauteur, les quatre angles de cette tour sont occupés par quatre tourelles rondes qui se terminent en aiguille; la tour se termine elle-même par une construction pyramidale.

Sous cette tour, & dans un angle du porche qu'elle forme, on voyoit autrefois le tombeau de plusieurs Vicomtes de Turenne; ce monument gênoit l'entrée, & tomboit de vétusté. En 1698, le Cardinal de Bouillon le fit détruire & mettre en la place une table qui porte cette inscription:

Sub hoc fornice condita sunt olim corpora Vice-comitum Turennensium, quorum monumentis vetustate fermé collapsis & ob faciliorem aditum ad ecclesiam, anno 1698 dirutis, serenissimus Princeps Emmanuel Theodosius, Cardinalis Bullionius, hunc titulum ad conservandam majorum suorum memoriam, p. f.

L'église est d'une construction solide, mais sa longueur est fort disproportionnée à sa largeur; elle est en forme de croix; la croisée ne se trouve point, comme c'est l'ordinaire, entre la nef & le chœur, mais directement entre le chœur & le sanctuaire.

Dans un endroit obscur, proche la chapelle de Saint-Eloy, on voit le tombeau en pierre d'*Ademare d'Escal*, abbé du monastère.

A droite de la croisée est la chapelle du chapitre, qui semble séparée de l'église; elle fut construite l'an 1116; elle servoit de chapitre aux anciens Moines : on voit encore, du même côté, les restes du cloître.

Le Palais, où l'on rend la justice, est proche l'église, & formoit le réfectoire de l'ancien monastère. C'est le siège d'une sénéchaussée autrefois beaucoup plus étendue, mais dont l'établissement fut long-temps disputé par les habitans de *Brives*. Pour faire cesser de longs débats, & mettre d'accord les deux villes concurrentes, il fut enfin convenu, en 1556, qu'elles partageroient entre elles l'étendue du ressort, & auroient chacune leur sénéchaussée.

Les Récollets occupent l'ancienne maison des Cordeliers, fondée en 1491; ces Récollets parvinrent, en 1601, après bien du manège, à en faire expulser leurs antagonistes, qui, à la vérité, ne menoient pas une vie fort exemplaire.

Ces Récollets ont la prétention de croire que cette maison est la première de leur ordre établie en France; cette inscription qu'on lit sur la porte le témoigne :

PRIMUS CONVENTUS RECOLLECTORUM IN FRANCIA.

Les Feuillans furent appelés à Tulle par quelques pieux personnages qui leur fournirent des fonds pour s'y établir; leur église est une des mieux construites de la ville.

La ville de Tulle est encore décorée de plusieurs maisons monacales d'hommes ou de filles, dont je ne parlerai pas; on distingue parmi ces communautés celle qui est de l'ordre de *Cîteaux*, dont le monastère fut bâti dans le siècle dernier, par les soins de *Marie de Pompadour*, qui en étoit Prieure.

L'Hôpital général est situé hors de la ville, au delà de la rivière de Corrèze; il fut bâti en 1670, sur l'emplacement d'un ancien monastère habité par des moines de Cluni.

Le Séminaire fut bâti en 1688, il est professé par des Sulpiciens.

Le collège de Tulle, situé dans le vallon, sur les bords de la Corrèze, est professé par des *Théatins*, & c'est la seconde Maison en France de cette société, après celle de Paris.

La manufacture de canons de fusils, établie depuis long-temps à *Souleac*, à un quart de lieue de cette ville, a reçu, en 1778, le titre de *Manufacture royale*; elle entretient continuellement, dans la ville ou dans le lieu de son établissement, près de deux mille ouvriers. Les mines de fer d'Userche, & celles de charbon des environs de Tulle, favorisent beaucoup les travaux de cette manufacture. Il existe encore plusieurs *papeteries* dans les environs, & dans la ville, des fabriques d'étoffes de laine.

Antiquités. A trois quarts de lieue de

Tulle, dans la paroisse de *Naves* (1), & dans un champ nommé *Tintiniac*, se trouvent de foibles ruines de quelques édifices antiques; on y remarquoit sur-tout les restes d'un amphithéâtre de forme élytiptique; le plus grand diamètre de l'arène étoit de deux cents pieds, & le petit de cent cinquante. On y a trouvé des médailles des Empereurs Romains, des urnes en pierre, en terre & en verre; des vases propres aux sacrifices; deux têtes d'hommes en pierre, couronnées de lauriers, & une tête de femme en marbre blanc. On y a découvert aussi plusieurs tuyaux en terre, qui sembloient appartenir à un aquéduc, & un puits très-profond. Tous ces objets antiques, dont la plupart sont conservés chez les héritiers de M. de *Fenis de la Feuillade*, annoncent qu'il existoit dans ce lieu, qui porte encore le nom des *arènes de Tintiniac*, une ville considérable; cependant les Géographes ne font mention d'aucun lieu important placé en cet endroit; les plus anciennes archives n'en conservent aucun monument; sans doute cette ville étoit nommée *Tintiniac* (2);

---

(1) On présume que plusieurs villages de cette paroisse, dont les noms approchent de ceux des anciennes Divinités, ont été décorés de plusieurs temples antiques.

(2) Au quatorzième siècle il existoit une Maison de *Tintiniac*; à la bataille d'Auray, où fut tué *Charles de Blois*, & où commandoit *Bertrand du Guesclin*, assistoit un *Sire de Tintiniac*, qui étoit au rang des Seigneurs les plus distingués. Bertrand du Guesclin épousa lui-même en secondes noces *Jeanne de Laval*, Dame de *Tintiniac*.

ce n'étoit pas le *Ratiaſtum* dont parle Ptolomée, qu'on a cru long-temps être l'ancien Limoges, & que l'on place avec auſſi peu de fondement, au lieu de *Raſais* en Limoſin: M. l'abbé *Belley* croit qu'il étoit ſitué dans le duché de *Retz*. *Tintiniac* eſt peut-être *Tutela* elle-même.

Evénement remarquable. L'an 1111, les environs de la ville de Tulle furent le théâtre d'une ſuite de crimes ſi communs dans les temps de féodalité, parmi ces grands Seigneurs pour leſquels les Généalogiſtes ont tant de reſpect.

Archambaud III, Vicomte de *Comborn*, mourut en 1086, & laiſſa pour héritier ſon fils *Ebles*; mais comme il étoit encore trop jeune, Archambaud, avant de mourir, chargea ſon frère *Bernard* de l'éducation de ce fils, & l'inſtitua tuteur des biens conſidérables qu'il lui laiſſoit, à la charge de les lui remettre lorſque l'enfant ſeroit en âge d'être fait Chevalier & de recevoir la ceinture militaire.

Ebles, ayant atteint l'âge convenu, demanda à ſon oncle *Bernard* ſon patrimoine; mais ce tuteur, accoutumé à la jouiſſance des biens de ſon neveu, ſe trouva peu diſpoſé à les lui reſtituer; il ſacrifia ſans peine ſon devoir & ſes engagemens à ſon avarice, rejeta la demande du jeune *Ebles*, & finit par le chaſſer de chez lui.

Ebles, furieux contre ſon oncle, jure d'en tirer une vengeance complète; il raſſemble pluſieurs Seigneurs de ſon âge, & avec leur ſecours il aſſiége & prend le château de *Comborn*, qui étoit le chef-lieu de ſon patrimoine;

& pour punir son oncle d'une maniere bien outrageante, il imagine un moyen aussi singulier que criminel.

Sa tante étoit dans ce château lorsqu'il l'assiégea ; il se saisit de cette Dame, & sans respecter ni l'âge ni la parenté, il eut assez d'audace & de brutalité pour la violer en présence de tous ceux qui l'accompagnoient : il falloit être bien en colère pour en agir ainsi avec sa tante.

Il se mit ensuite à table avec ceux qui l'avoient assisté dans cette violence ; le vin avoit déjà échauffé les têtes de cette jeunesse effrénée, lorque *Bernard*, accompagné d'un petit nombre de serviteurs, se présenta aux portes du château de *Comborn*. Le jeune *Ebles*, à demi-ivre, se lève aussi-tôt de table, sort du château, & poursuit inconsidérément son oncle jusqu'à l'église de Saint-Martial d'Estival. Bernard, alors profitant de l'ivresse de son neveu, l'égorgea près de cette église.

Le corps d'*Ebles* fut transporté à Tulle, & fut enseveli, avec les cérémonies ordinaires, dans le monastère de cette ville. On rapporte que Bernard, à la fin de ses jours, craignant dans l'autre monde le châtiment de ses crimes, donna quelques biens au monastère d'Userche, où son frère *Archambaud* étoit enterré ; & dans l'acte de donation, il avoue que c'est pour l'ame de son frère, Vicomte de Comborn, dont il a volontairement assassiné le fils.

Baluze, qui rapporte cette suite de crimes dans son *Histoire latine de Tulle*, dit ailleurs que le Vicomte *Bernard* se fit moine à Cluni, où il fit pénitence de ses crimes passés (1).

Le frère de l'usurpateur *Bernard*, nommé *Ebles*, fut le premier Vicomte de *Ventadour*, dont la postérité se fondit, par défaut de mâle, en la Maison de *Levis*.

Ce Vicomte de Ventadour eut un fils appelé *Ebles le Chanteur*, parce qu'il aima beaucoup les chansons provençales, qui étoient alors fort à la mode ; il plaça au rang de ses amis, & combla de biens le fils d'un pauvre homme de Ventadour, parce qu'il composoit des poésies à sa louange.

HOMME *célèbre*. Tulle a produit *Etienne Baluze* ; il naquit en cette ville l'an 1630 : ses talens le firent connoître du célèbre *Marca*, qui l'attira à Paris, & ensuite du Ministre *Colbert*, qui le fit son Bibliothécaire. En 1670, le Roi érigea en sa faveur une chaire de droit canon au collège royal ; il fut ensuite inspecteur du même collège, & obtint une pension. Le Cardinal de *Bouillon*, l'ayant chargé de faire l'*Histoire généalogique de la Maison d'Au-*

―――――――――――――――――

(1) Baluze, dans son Histoire de la Maison d'Auvergne, parle de la Maison de Comborn, qui est la souche de celle de Ventadour, & malgré les crimes qu'il en rapporte lui-même, il en fait un pompeux éloge. « Cette Maison, dit-il, étoit si *noble* & si *grande*, qu'on peut dire d'elle ce que Diodore le Sicilien dit des Atlantides, qu'à cause de sa grandeur, beaucoup de grandes Maisons, même des pays éloignés, ont tiré & tirent encore de là leur origine ». Baluze avoit beaucoup d'enthousiasme pour les généalogies.

vergne, cet ouvrage causa sa disgrace; il perdit ses pensions, fut exilé successivement à Rouen, à Tours & à Orléans, & ne put obtenir son rappel qu'après la paix d'Utrecht; enfin, après avoir publié plusieurs savans ouvrages, & avoir ramassé, jugé, préparé un très-grand nombre de matériaux pour l'Histoire (1), il mourut à Paris en 1718, à quatre-vingt-huit ans, regretté des Savans & de ses amis; il avoit beaucoup de mémoire & d'érudition.

CARACTÈRE & Mœurs. Les habitans de Tulle sont laborieux, mais méfians & intéressés. Ils ont, comme dans la plupart des villes où le savoir & la raison n'ont pas bien pénétré, un respect superstitieux pour les Gentilshommes. Les ouvriers que les manufactures y entretiennent, contribuent beaucoup à la population & à la richesse de cette ville.

Ces habitans conservent contre ceux de la ville de Brives une ancienne animosité que le temps n'a pas encore affoiblie. Les deux villes se sont long-temps disputé le titre de capitale du bas Limosin, & le siége de la sénéchaussée dont on a divisé l'étendue du ressort en deux parties, pour les mettre d'accord. Brives est plus ancienne & plus agréable. Tulle est plus peuplée & plus triste. La première ville a le sur-

---

(1) Les manuscrits de Baluze, conservés à la Bibliothèque du Roi, sont très précieux, & presque tous relatifs à l'Histoire de France; ils sont au nombre de mille, sans compter une très-grande quantité de chartes originales, bulles & plusieurs pièces détachées.

nom de *Gaillarde*, & la seconde, celui de *Paillarde*.

BRIVES LA GAILLARDE.

Jolie ville du bas Limosin, située près du confluent de la Corrèze & de la Vezère, à dix-huit lieues de Limoges, & à cinq de Tulle.

ORIGINE. Cette ville est fort ancienne, son nom seul suffiroit pour le témoigner; il vient de *Briva*, qui, en ancien celtique, signifie *pont* : on peut dire que Brives, ainsi que plusieurs autres lieux de France, qui portent le même nom, existoit du temps des anciens Gaulois.

Brives devoit être assez considérable au commencement de la monarchie, puisque le Prince *Gondebaud* s'y fit proclamer Roi de France. Grégoire de Tours, qui raconte cet événement, appelle ce lieu *Briva Curretia*, *Brives sur Corrèze*, à cause de la rivière de ce nom, qui arrose cette ville.

Gondebaud étoit fils naturel de Clotaire I, Roi de France, & de la femme d'un Boulanger. Sa mère l'éleva conformément à sa naissance, & pour indiquer son illustre origine, elle lui laissa croître sa chevelure, suivant l'usage particulier, adopté alors par la Famille Royale. *Clotaire* refusa de le reconnoître pour son fils. *Childebert*, son frère, Roi de Paris, qui n'avoit point d'enfans, prit auprès de lui le jeune *Gondebaud*, & l'adopta pour son neveu. *Clotaire*, piqué du procédé de *Childebert*, parvint à se saisir de cet enfant, & lui fit couper les cheveux; mais ce Roi de France étant mort,

son

son fils *Charibert*, Roi de Paris, accueillit comme son frère le jeune *Gondebaud*, lui laissa recroître ses cheveux, & prit soin de son éducation.

Sigebert, Roi d'Austrasie, frère de *Charibert*, jaloux de ces marques d'amitié, attira *Gondebaud* à sa cour, le fit raser une seconde fois, & l'envoya ensuite à Cologne, d'où, s'étant évadé peu de temps après, il passa en Italie, puis à Constantinople, où il s'établit.

Ce Prince, qui avoit tour à tour perdu & recouvert ses droits avec ses cheveux, fut attiré en France par le Duc *Gontran Boson*, un des principaux Seigneurs d'Austrasie, qui, exprès, fit, à ce qu'on croit, un voyage à Constantinople, pour lui persuader que la Famille Royale étant sur le point de s'éteindre, la Couronne de France lui appartenoit, & que les Seigneurs d'Austrasie, qui connoissoient sa naissance, l'invitoient à venir lui même réclamer les droits qu'elle lui donnoit.

Gondebaud, flatté de ces espérances, consulta l'Empereur *Tibère*, qui lui conseilla de partir pour la France, & lui fit des présens considérables. Arrivé en ce pays, il fut trahi par *Gontrand Boson*, celui même qui l'avoit déterminé à ce voyage. Enfin, après s'être fait beaucoup de partisans, & après la mort du Roi de France *Chilpéric*, il partit d'Avignon, & se rendit à *Brives*, accompagné des Ducs *Monmole* & *Didier*, qui soutenoient son parti.

Résolu de s'emparer du Limosin, & de faire déclarer les autres provinces en sa faveur, il s'arrêta dans cette ville pour s'y faire proclamer Roi.

L'inauguration fut, en 584, célébrée suivant l'ancien usage établi par les peuples du nord. Le Prince, au milieu de ses troupes & du peuple, fut élevé sur un grand bouclier appelé *Parme*. Ceux qui le portoient firent trois tours, mais au troisième tour, le Prince, dans cette situation difficile, sans doute ébranlé par le mouvement du bouclier, perdit l'aplomb & tomba. Cette chûte fut jugée de très-mauvais augure, & l'événement sembla justifier ces présages superstitieux (1).

Ce Roi, après quelques succès, se vit, forcé

---

(1) Les Germains & les peuples septentrionaux portoient sur un bouclier celui qu'ils vouloient proclamer Roi. Les soldats & le peuple, voyant leur Prince ainsi élevé, lui témoignoient leur joie par leurs acclamations, & lui souhaitoient de longues années. C'est ainsi que, suivant *Tacite*, les Bataves proclamèrent *Brinion* pour leur Roi. *Julien*, déclaré Auguste à Paris, fut élevé sur le bouclier d'un piéton, afin d'être vu de plus loin. *Vitiges*, Roi des Goths, se soumit à la même inauguration. Suivant Grégoire de Tours, *Clovis*, après avoir fait tuer *Cloderic*, fut reçu par le peuple avec de grands applaudissemens; on l'éleva sur un bouclier, & on le proclama Roi. *Sigebert*, fils de *Clotaire I*, ayant conquis le pays où régnoit son oncle *Childebert*, fut élu Roi avec la même cérémonie. L'usage de proclamer ainsi les Souverains passa à Constantinople, où plusieurs Empereurs furent élevés sur des boucliers; mais on remarque qu'au lieu de s'y tenir debout, ils se contentoient d'y être assis. La difficulté de se tenir droit sur un bouclier mobile, ou la crainte d'un accident semblable à celui de *Gondebaud*, causèrent sans doute ce changement dans l'étiquette

de se retirer à Comminge, où il fut assiégé, en 585, par *Gontrand*, & trahi par ses propres Généraux. Etant sorti pour parlementer, *Ollon*, Comte de Berri, lui donna une secousse pour le faire tomber dans un précipice, en criant aux habitans, *Voilà votre prétendu Roi* ; en même temps il lui porta un coup de lance ; mais les anneaux de sa cuirasse en arrêtèrent l'effet. *Gondebaud*, se releva aussi-tôt ; comme il s'efforçoit de grimper la montagne pour regagner sa forteresse, il fut atteint par une grosse pierre que lui lança *Boson*, & dont il eut la tête écrasée. Après cet attentat, on se permit mille insultes sur son cadavre, & on le priva de la sépulture.

Description. Brives est regardée comme la plus jolie ville du bas Limosin, & c'est à sa riante situation qu'elle doit le surnom de *Gaillarde*. Elle est bâtie dans un vallon dont les côteaux sont couverts de vignes & de châtaigniers. Les rues n'y sont pas très-bien percées, mais on y trouve plusieurs maisons bien construites pour le pays.

Le Présidial de Brives, un des sièges les plus anciens de la province du Limosin, a été l'objet de plusieurs discussions entre les habitans & ceux de Tulles. Il relève du Parlement de Bordeaux, & par arrêt de la Cour, du 18 mars 1785, il a été mis au rang des grandes sénéchaussées.

Le Collége est un des bâtimens les plus remarquables de la ville ; le frontispice est orné de plusieurs sculptures. Ce collège, établi en

X ij

1707, est occupé par des Doctrinaires qui y enseignent les Humanités, la Rhétorique, & la Philosophie.

L'église de *Saint-Martin* est une collégiale composée d'un Prieur, de dix Chanoines, & de huit Titulaires.

Il y a à Brives une Communauté de *Récollets*, établie dans cette ville en 1613; des *Jacobins*, fondés en 1261, & des *Cordeliers* fondés en 1227: ces derniers ont une maison bien construite; leur église contenoit plusieurs objets précieux qui furent enlevés, en juin 1735, par des voleurs.

Cette église renferme les tombeaux de plusieurs Vicomtes de Turenne. *Agne* ou *Annet de la Tour*, quatrième du nom, Seigneur d'*Oliergues*, Comte de *Beaufort*, Vicomte de *Turenne*, mort le 26 janvier 1489, & *Anne de Beaufort* sa femme, y furent aussi enterrés dans le même tombeau, ainsi que quelques-uns de leurs enfans & autres descendans.

François de la Tour, deuxieme du nom, vicomte du Turenne, Chevalier de l'ordre du Roi, Capitaine de cent Gentilshommes de sa Maison, &c., mort en 1532 à Villocher, près de Châteaubriant, fut enterré dans cette église avec la pompe la plus magnifique. Il se trouva à l'enterrement plusieurs Evêques, un très-grand nombre de Noblesse & de troupes, mille neuf cents Prêtres qu'on avoit fait venir de toutes parts, & quatre mille neuf cent soixante-six pauvres, qui assistèrent au convoi, & furent aumônés; enfin on observa à peu près le même cérémonial employé aux obsèques des Souverains (1).

Cette ville a des promenades agréables ; tels sont les remparts, la chaussée qui borde la rivière, & l'île qui est plantée d'arbres.

Brives dispute à la ville de Tulles le titre de capitale du bas Limosin, & contient environ quatre ou cinq mille habitans.

Cette petite ville est la patrie de *Guillaume Dubois*, fils d'un Apothicaire, qui fut d'abord Lecteur, puis Précepteur du Duc d'Orléans, & Intendant des plaisirs de ce Prince. Par les voies les plus basses, il parvint au grade le plus éminent ; ce fut à force de crimes qu'il devint Archevêque de Cambray, Cardinal & premier Ministre d'Etat : les mêmes forfaits qui mènent beaucoup de gens à Bicêtre, l'élevèrent à côté du trône. Nous ne parlerons point ici de sa vie, qui n'offre, dans tout son cours, que le funeste exemple du crime & de la débauche couronnés des plus brillans succès, & de l'opprobre, revêtu des plus respectables dignités. Nous raconterons seulement à son sujet une anecdote peu connue, qui se trouve dans les Mémoires manuscrits de M. le Duc de Saint-Simon.

---

(1) *Antoine de la Tour*, fils d'*Annet IV*, & père de *François II* dont nous parlons, fut aussi enterré dans le même lieu. Ses parens l'avoient d'abord destiné à l'état ecclésiastique, mais il parut par la suite que ce Prince n'étoit guère propre au célibat. Son incontinence obligea sa femme à l'abandonner. Par son testament il fait des legs à quatorze bâtards qu'il avoit eus de ses servantes.

ANECDOTE. *Dubois* étoit marié dans un village près de Brives; il quitta sa femme pour venir à Paris tenter la fortune. Ses premiers succès lui offrant l'espoir de posséder des bénéfices, il prit aussi-tôt la livrée ecclésiastique, & eut soin de cacher son état d'homme marié. Devenu riche des biens de l'église, il paya bien sa femme, afin qu'elle gardât un silence si nécessaire à sa fortune; mais lorsqu'il fut parvenu au comble des grandeurs & nommé à l'archevêché de *Cambray*, il craignit plus que jamais l'indiscrétion de cette épouse. Il confia ses inquiétudes à B... & le chargea d'enlever lui-même tous les titres qui pouvoient constater cet embarrassant mariage. « B... vit les cieux ouverts s'il réussissoit, dit le Duc de *Saint-Simon*. Il avoit de l'esprit. Il part diligemment pour Limoges, &, sous prétexte d'une légère tournée pour affaires subites, s'en alla, suivi de deux ou trois valets seulement ».

Il arrive dans le village où le mariage s'étoit célébré, descend chez le Curé, lui demande l'hospitalité en prétextant le défaut d'auberge, soupe avec lui, le fait boire, le questionne sur ses registres, & sur le lieu où il les tenoit, & pendant le sommeil profond de ce Pasteur, il ouvre l'armoire, cherche l'article du mariage de *Dubois*, & déchire proprement le feuillet où il se trouvoit inscrit, replace le registre, & va se coucher.

Le lendemain il se leve de bonne heure, laisse quelques pistoles à la servante, & sans voir le Curé qui dormoit encore, il part pour *Brives*, où habitoit le Notaire possesseur de l'étude & des minutes de celui qui avoit passé le contrat.

Il arrive chez lui, demande à lui parler en particulier, & là, profitant du tête à tête, il employe tour à tour la violence & la séduction pour lui arracher la minute dont l'expédition étoit entre les mains de *Dubois*.

Muni de cette pièce, B... va chez la femme de l'Archevêque, la menace des cachots si elle parle, lui promet des monts d'or si elle se tait, & lui déclare d'ailleurs qu'il s'est emparé des principales pièces qu'elle pourroit faire valoir contre lui. Après cette expédition, B... revint à Paris porter les témoignages de ses succès, & en recevoir la récompense.

Les mêmes Mémoires ajoutent, qu'après la mort de *Dubois*, sa femme eut une grande part à sa succession, & vécut à son aise, quoique dans l'obscurité; elle mourut à Paris vingt ans après son mari. Le frère du Cardinal, qui étoit Secrétaire du cabinet, fut toujours bien avec elle, & ne cessa jamais de la regarder comme sa belle-sœur.

Environs. Les environs de cette ville produisent de bons vins, d'excellens fruits & beaucoup de blé.

Dans les paroisses de *Manssac* & de *Saint-Pantaléon*, à deux lieues de Brives, il existe des mines de charbon de terre, qui est, dit-on, comparable au meilleur charbon d'Angleterre.

A trois lieues de Brives, dans le territoire de *Travesac*, près de Donzenac, il y a plusieurs carrières d'ardoises ; on en voit une masse correspondante au *saillant*, sur les bords escarpés de la Vezerre ; cette carrière s'exploite à *Travesac* ; l'ardoise y résiste aux injures de l'air, mais elle ne se fend point en tranches nettes, ni en lames d'une grande étendue.

A l'ouest de Brives, entre cette ville & le bourg d'*Ayen*, on voit sur une vaste montagne trois tours élevées, séparées l'une de l'autre par des espaces égaux & assez considérables ; ces tours que l'on croit, dans le pays, être d'anciens fanaux, sont nommées les *tours d'Issandon*.

TURENNE.

Ville avec un château, chef-lieu de la Vicomté de ce nom, célèbre par l'illustration de ses Seigneurs, située dans le bas Limosin, proche les limites du Querci, à deux lieues de Brives, & à vingt-une lieues de Limoges.

Turenne, en latin *Torrina Castrum*, *Torrena* ou *Turena*, étoit un ancien château qui existoit dès les commencemens de la Monarchie ; il dépendoit des premiers Ducs d'Aquitaine.

Le château de Turenne étoit au nombre des forteresses presque inaccessibles, où le malheureux *Waifre*, Duc d'Aquitaine, se cachoit alternativement pour se soustraire aux poursuites de Pepin. Cet usurpateur, après s'être rendu maître des châteaux d'*Escorailles* & de *Peyrusse*, vint, en 767, assiéger le château de Turenne, & parvint à le prendre.

Louis le Débonnaire, en 839, à son retour d'Auvergne, où il avoit fait reconnoître le jeune *Charles*, son fils, Roi d'Aquitaine, & après s'être emparé du château de *Carlat*, vint assiéger Turenne, qui tenoit encore pour Pepin II; à son approche, les partisans de ce Prince révolté, abandonnèrent le château, & le laissèrent sans défense. L'Empereur s'en rendit maître, &, par cette action, termina sa campagne. Le château de Turenne étoit alors regardé comme une forteresse presque aussi difficile à prendre que celle de *Carlat*, qui passoit pour une des plus fortes de l'Aquitaine.

On croit, & c'est le sentiment de Baluze, que Louis le Débonnaire donna, après cette conquête, le gouvernement du château de Turenne & des pays en dépendans, à *Rodolphe* ou *Raoul*, Abbé laïque de Saint-Martin de Tulles; on croit aussi que ces terres appartenoient à ce Seigneur avant que Louis le Débonnaire l'en eût établi Gouverneur ou Comte. *Rodolphe* étant mort, *Godefroy*, son fils aîné, lui succéda dans le gouvernement de Turenne (1). Ces terres demeurèrent dans la même Maison jusques vers le milieu du dixième siècle. *Aymar* ou *Ademar*, le dernier de cette race, qualifié *Vicomte de Turenne*, mourut sans postérité.

---

(1) Ce *Godefroi* de Turenne garda pendant environ neuf mois, dans son château, le corps de *Saint-Martial* qu'on y avoit transporté pour le mettre à l'abri des incursions des Normands. Pénétré de respect pour ce corps saint, il lui fit hommage de sa Comté de Turenne.

Sa sœur, nommée *Sulpicie*, épousa *Archambaud de Comborn*, qui devint, par ce mariage, Vicomte de Turenne; il n'en prit cependant jamais la qualité (1).

Guillaume, fils d'*Eble I*, & petit-fils, d'*Archambaud*, fut le premier de cette Maison qui porta le titre de *Vicomte de Turenne*.

Raimond VII, Vicomte de Turenne depuis l'an 1285, n'eut pour héritier que *Marguerite* sa fille, qui par son mariage avec *Bernard*, sixième du nom, Comte de Comminge, porta la Vicomté de Turenne dans la Maison de *Comminge*.

Jean, Comte de Comminge & Vicomte de Turenne, succéda à son père Bernard en 1335, & mourut peu de temps après sans postérité.

Cecile de Comminge fut Vicomtesse de Turenne après la mort de *Jean* son frère, & fut mariée vers l'an 1336, à Jacques d'Arragon, Comte d'Urgel.

Aliénor de Comminge, sa sœur cadette, épousa, en 1349, *Guillaume Roger*, Comte *de Beaufort*, lequel acquit la Vicomté de Turenne du Comte *Urgel* son beau-frère.

La petite fille de *Raimond Roger*, nommée *Antoinette de Beaufort*, épousa, vers l'an 1493, *Jean le Maingre*, dit *Bouci-*

---

(1) *Baluze* rapporte que ce Seigneur ayant mis le pied sur le seuil de la porte du château de Turenne, les deux battans se fermèrent avec tant de violence, qu'il en fut grièvement blessé au pied, & en devint boîteux; cette blessure le fit surnommer *Jambe pourrie*.

caut, Maréchal de France, & lui porta la Vicomté de Turenne. Ce Seigneur étant mort sans postérité, cette terre revint à la Maison de Beaufort.

Pierre de Beaufort, Vicomte de Turenne, épousa, l'an 1431, Blanche de *Gimel*. Il n'eut que deux filles de ce mariage. *Anne*, sa fille aînée, fut mariée à *Anne de la Tour d'Oliergues*, &, comme héritiere de son pere, elle apporta à son mari le Comté de Beaufort & le Vicomté de Turenne.

Depuis cette époque, c'est-à-dire, depuis 1454, la Vicomté de Turenne resta dans la Maison de la Tour d'Auvergne jusqu'en 1752, que le Duc de Bouillon la vendit au Roi.

Les Vicomtes de Turenne possédoient autrefois cette terre en toute souveraineté; ils levoient la taille, faisoient battre monnoie, & jouissoient de tous les droits de Souverains; droits qu'ils ne prétendoient tenir que de Dieu & du corps de Saint-Marcel, qui est dans la chapelle du château de Turenne (1).

---

(1) Sur un défi envoyé, en 1393, par *Jean de Vienne*, Amiral de France, à *Raymond Roger*, Vicomte de Turenne, celui-ci répondit par une lettre où il parle de ses droits & privilèges; on y lit les expressions suivantes.... « Quant à ce que vous dites que le Roi *Louis* (Roi de Jérusalem) est Monseigneur, je dis que vous ne dites pas vrai, car il n'est point Monseigneur quant à présent..., & quant à ce que vous dites que les besognes du Roi de France & du Roi *Louis* sont toutes unes, je ne le crois pas; car pour ce que je suis homs du Roy de France, pour ce ne suis-je pas tenu de ser-

DESCRIPTION. La ville, peu considérable & mal percée, est dominée par le château bâti sur la hauteur. Ce château étoit fort étendu; il en existe plusieurs parties; on en voit encore l'enceinte qui est fort vaste, & dans laquelle est une tour carrée très-élevée, qu'on appelle dans le pays *la tour de César*.

La Collégiale royale de Notre-Dame & de Saint-Pantaléon étoit la Sainte-Chapelle du château; elle fut fondée en 1459, & confirmée dans tous ses droits & priviléges par arrêt du Parlement du 30 juin 1786; elle est composée de cinq Chanoines & d'un Dignitaire qui prend le titre de Prieur.

On trouve aussi dans cette ville, des *Capucins* établis en 1643 par les Vicomtes de Turenne, & des *Pénitens blancs*, fondés en 1711.

L'Hôtel-Dieu est un ancien hôpital fondé, dès l'an 1100, par la communauté des habi-

---

vir son lignage, si je ne veuil; ne s'ils m'ont tort, que je ne puisse bien demander le mien; ne s'ils me acommencent guerre, que je ne me doye deffendre & ne leur courre sus ». Sur l'assignation que Jean de Vienne avoit donnée à ce Vicomte de comparoître devant le Roi de France pour se défendre, il lui répond..., « Et quant à ce que vous me donné jorn à la Saint-Michel, à ce vous réponds que je ne ferays rien pour vous, car je suis en cest pays chef de guerre, & vous n'êtes qu'un Lieutenant & un soudoier, & la guerre me touche plus que ne fait à vous ». Dans une lettre que le Duc de Berri, frère du Roi, adressoit, en 1384, aux habitans de Villeneuve d'Avignon, il qualifie ce Vicomte de Turenne de *son amé & féal compagnon*.

tans de Turenne, & confirmé sous ce titre par lettres patentes de Sa Majesté, en 1754.

Le Château & la Vicomté forment un gouvernement militaire.

La Vicomté de Turenne a environ huit lieues de long & sept de large; elle s'étend dans le bas Limosin, dans le Querci & dans le Périgord. Outre la ville capitale, on y compte cinq autres villes, & quatre-vingt-dix bourgs ou paroisses.

Le château de *Noailles*, qui a donné son nom à une Maison célèbre, étoit situé dans l'étendue de cette Vicomté; c'est pourquoi le titre de Duché-Pairie fut attribué à la terre & châtellenie d'*Ayen*, qui, depuis 1593, avoit été érigée en Comté. Louis XIV, en 1663, l'érigea en Duché-Pairie sous le nom de *Noailles*; il consiste en quatre châtellenies. (Voyez *Tableau général du Limosin*, pag. 219.)

BEAULIEU.

Petite ville du bas Limosin, située sur la rive droite de la Dordogne, à quatre lieues de Turenne, à six de Brives, à sept de Tulles, à vingt de Limoges, & près des limites du Querci.

Cette ville doit son origine à une abbaye d'hommes de l'ordre de Saint-Benoît, fondée par *Rodolphe* ou *Raoul de Turenne*, Archevêque de Bourges, qui donna à *Charibert*, Abbé de Solignac, la terre de *Beaulieu*, pour y établir des Religieux. Les Historiens du Languedoc qui ont à ce sujet, fait une longue dissertation, pensent que cette fondation eut lieu l'an 860. Dix ans après, *Frotaire*, Archevêque de Bourges, donna à cette abbaye naissante le village d'*Orbassac*, situé dans le même pays, sur la rivière de Vezère, & qu'il avoit acquis du Comte Eudes. Ce Prélat fit cette donation pour le repos de l'ame de *Raimond*, Comte de Toulouse, & de ses enfans.

Les Comtes de Toulouse furent d'abord les bienfaiteurs de cette abbaye. En 960, *Raimond I*, Comte de Rouergue, lui donna la terre de *Presques* en Querci, & cette donation fut faite d'une manière assez singulière pour être rapportée.

Deux frères, l'un appelé *Bernard*, l'autre *Gerbert*, prétendoient chacun avoir droit sur cette terre. L'affaire fut portée devant le Comte *Raimond*, qui, pour décider la querelle & connoître la valeur des prétentions de l'un ou de l'autre, ordonna, le 13 juillet de la même année, que les deux plaideurs choisiroient chacun un Avocat qui se battroit en duel pour eux. C'étoit alors l'usage; on étoit persuadé que Dieu devoit opérer tout exprès un miracle, en faisant triompher celui qui avoit le bon droit; le vaincu avoit toujours tort, & la jurisprudence de ce temps-là consistoit dans la force des muscles.

Les champions des deux frères se présentèrent dans la lice, en présence du Comte & de plusieurs autres vénérables assistans rangés tout autour. Ils commencèrent le combat à la deuxième heure du jour, & le continuèrent jusqu'au soleil couché avec un même acharnement & un même avantage. Le Comte ne pouvoit prononcer un jugement entre deux parties qui, ayant des forces égales, lui sembloient avoir un égale droit au gain de la cause. On croiroit qu'il va, par un jugement conciliateur, réunir les deux freres, & accorder à chacun une égale portion des terrains contestés. Ce ne fut point là l'opinion du Comte Raimond : il falloit bien que le jugement répondît à la procédure.

Ce Juge, lassé d'attendre que Dieu manifestât le bon droit de l'une ou de l'autre partie, se détermina à donner les biens contestés *à Dieu Créateur de tout*, est-il dit dans le jugement, *à S. Pierre de Beaulieu, Prince des Apôtres, & aux Moines de ce monastère*. Ainsi les deux frères furent dépouillés de leur patrimoine, & les Moines de Beaulieu en profitèrent.

Guillaume, surnommé *Taillefer*, Comte de Toulouse, dominoit sur le Querci & sur le bas Limosin ; il s'empara, en 983, de l'abbaye de *Beaulieu*, & la donna en fief au Comte de Périgord, qui lui-même la donna à son tour au Vicomte de Comborn. Ce dernier Seigneur y plaça, pour Abbé, un Laïque nommé *Hugues de Comborn*, qui exerça dans le monastère plusieurs vexations dont les Moines se plaignirent au Concile tenu, en 1031, à Limoges; ils demandèrent en même temps qu'on chassât l'Abbé séculier qui avoit été placé malgré eux, & qu'on leur nommât un Abbé régulier.

L'Abbé laïque, *Hugues de Comborn*, étant cité par les Pères du Concile, se présenta à l'assemblée, & s'étant mis à genoux pour être jugé suivant les canons, il s'avoua coupable,

& donna volontiers sa démission; cependant les Pères du Concile lui conservèrent la charge de défenseur ou d'*avoué* de l'abbaye de Beaulieu.

En 1586, pendant les guerres de la Ligue, la ville de Beaulieu étoit défendue par *Chavagnac*; ce Capitaine avoit toujours amusé, par différentes propositions, le Duc de Mayenne. Celui-ci, ennuyé de ce retard, envoya contre cette place, *Hautefort* avec le régiment de *Sacremore de Birague* & deux pièces de canon.

Hautefort prit dans sa marche plusieurs forteresses, & sur-tout *Astaliac*, qui n'est pas éloigné de Beaulieu, & Mayenne vint s'y loger avec ses forces.

A cette nouvelle, *Chavagnac*, voyant qu'il ne pouvoit plus reculer sans se perdre, proposa de se rendre, à condition qu'on lui accorderoit vie & bagues sauves : ces conditions furent acceptées; il remit la place & son drapeau à Hautefort.

Cette ville, située dans le district de la Vicomté de Turenne, n'offre rien d'intéressant à voir.

L'abbaye de Beaulieu est aujourd'hui en commende. Les Bénédictins de la Congrégation de Saint-Maur y furent introduits en 1663.

Il y a une église paroissiale & quelques maisons religieuses; telles sont des *Ursulines*, établies en 1632, & des Sœurs Hospitalières de *Saint-Alexis*; il y a aussi un hôpital.

Les vins des environs sont renommés.

LA MARCHE.

LA MARCHE.

Tableau général de la Marche.

CETTE province est du ressort du Parlement de Paris, & du diocèse de Limoges. Son nom *Marche*, qui est commun à plusieurs pays de frontières, signifie *bord, limites, marges*; il a été donné à ce pays, parce qu'il fut long-temps limitrophe de l'Aquitaine & de la France. Il porta aussi le nom de *Marche Limosine*, parce qu'avant le milieu du dixième siècle il faisoit partie du Limosin.

GÉOGRAPHIE. La Marche, qui a le titre de Comté, est un gouvernement militaire. Cette province se divise en haute & basse Marche; la première partie a pour capitale *Guéret*, & la seconde *Bellac*. Ces deux parties, dans les commencemens, eurent quelquefois chacune son Comte particulier. Cette province est bornée au nord par le Berri, au sud par le Limosin, à l'est par l'Auvergne, & à l'ouest par le Poitou; elle a environ vingt-huit lieues dans sa plus grande longueur, & dix dans sa largeur moyenne, ce qui peut offrir une surface d'environ deux cent vingt lieues carrées.

HISTOIRE. Du temps de *César*, la Marche étoit comprise dans le pays des *Lemovices* ou du Limosin. Sous *Honorius*, cette province fit partie de l'Aquitaine première. Les Visigoths la soumirent ensuite, & elle suivit le sort du Limosin jusqu'en 901 ; à cette époque, elle fut démembrée de cette province, & érigée en Comté par le Roi Charles III.

Le premier de ses Comtes fut *Boson I*, surnommé *le Vieux*, fils de *Sulpice*, & petit-fils de *Geofroi* premier, Comte de Charroux.

Boson laissa deux fils qui se partagèrent cette province. *Aldebert* ou *Hildebert* (1) fut Comte de la haute Marche, & *Boson II* le fut de la basse. *Bernard*, fils d'Aldebert, réunit ces deux parties, & gouverna ce pays jusqu'en 1047.

Aldebert IV, fils & successeur d'*Aldebert III*, Comte de la Marche, se voyant dépouillé d'une partie de ce Comté par le Duc de *Lusignan*, & désespérant de conserver le reste, le vendit, l'an 1177, à *Henri II*, Roi d'Angleterre, qui fut obligé de le céder à *Hugues IX*, du nom de la Maison de *Lusignan*.

Hugues X^e, du nom de *Lusignan*, réunit les Comtés de la Marche & d'Angoulême. *Saint-Louis*, pour punir ce Comte d'avoir refusé de reconnoître la souveraineté d'*Alphonse* son frère, vint à la tête d'une armée, s'empara de presque toute la Marche, & força l'orgueilleux Comte, & sa femme, qui se faisoit nommer *la Comtesse Reine*, à venir demander par-

---

(1) *Aldebert* ayant refusé d'obéir à *Hugues Capet*, ce Roi lui demanda qui l'avoit fait Comte ; *ceux-là même*, répondit-il, *qui vous ont fait Roi*. Ce Comte fut, en 1002 ou 1010, empoisonné par sa femme.

don & à se soumettre, *haut & bas*, à toutes les conditions qu'il lui plut leur imposer (1).

Le traité d'accommodement fait entre le Roi & le Comte, est daté du 3 août 1242. La Marche, & la plupart de ses autres places, lui furent alors rendues; & ce Comté resta dans la Maison de Lusignan jusqu'à la fin du treizième siècle, qu'il fut réuni à la couronne, comme on va le voir.

Hugues XIII de Lusignan, Comte de la Marche & d'Angoulême, ne laissa point d'enfans de sa femme *Béatrix*, fille du Duc de Bourgogne. En 1283, il fit un testament par lequel il instituoit son héritier *Gui* ou *Guyart* son frère; mais *Gui* lui ayant, depuis ce testament, déclaré la guerre, il fit, en 1297, un nouveau testament en faveur de *Geofroi* son cousin. En 1301, le même Comte *Hugues*, engagea le Comté de la Marche au Roi Phi-

---

(1) Voyez Poitou, Partie IV, à l'article de *Lusignan*, pages 70 & suivantes, ce que nous avons dit de ce démêlé ; nous ajouterons ici l'anecdote suivante : Un Chevalier de la Marche, nommé *Geoffroy de Rançon*, qui avoit reçu d'*Hugues de Lusignan* une injure éclatante, vit avec plaisir son humiliation. *Joinville* rapporte qu'il avoit juré de se venger de ce Comte de la Marche, & en attendant de *porter grève*, c'est-à-dire, qu'il auroit les cheveux longs, & partagés sur le haut de la tête. Quand il vit le Comte de Lusignan, sa femme & ses enfans, demander miséricorde aux pieds du Roi, il se regarda comme vengé, fit ôter sa *grève*, & couper ses cheveux en présence de toute la Cour.

lippe le Bel, pour une grosse somme d'argent. Après sa mort, arrivée en 1303, Gui brûla le dernier testament de son frère, qui étoit en faveur de son cousin *Geofroi*, & prit le titre de Comte de la Marche & d'Angoulême. Le Roi Philippe le Bel, instruit de cette supercherie qui le privoit de plusieurs avantages que le Comte *Hugues* lui avoit faits par ses dernieres dispositions; & d'ailleurs indisposé contre *Gui*, qui avoit favorisé les Anglois, prétendit que les Comtés de la Marche & d'Angoulême devoient lui revenir par droit de confiscation, & en conséquence il fit condamner *Gui* en 12000 livres d'amende. Ce Roi transigea ensuite avec *Marie de la Marche*, Comtesse de Sancerre, & Isabelle, sœur de Hugues XIII, pour les prétentions qu'elles avoient auxdits Comtés, dont il demeura par-là seul propriétaire.

Philippe le Bel donna le Comté de la Marche à son fils *Charles*, en faveur duquel Philippe le Long, l'an 1316, l'érigea en Pairie. Charles, devenu Roi en 1322, donna le Comté de la Marche, en échange de celui de Clermont, à Louis I, Duc de Bourbon. *Jacques II*, Duc de Bourbon, s'étant fait Cordelier (1), céda

---

(1) Ce Prince étoit Roi de Naples; sa femme, la fameuse *Jeanne de Naples*, avoit dans l'ame beaucoup plus de virilité que son mari. Elle se saisit des rênes de l'Etat, que ce Roi ne pouvoit supporter, & sous prétexte de déréglement, elle le fit renfermer dans le château de l'Œuf, situé sur le bord de la mer, d'où il s'évada dans un bateau. Après avoir vécu quelque temps en Italie, il vint en France. Sœur *Colette*, grande ré-

le Comté de la Marche à sa fille *Eléonore* de Bourbon; elle épousa *Jacques d'Armagnac*, Comte de *Pardiac*, qui mourut en 1460; son fils *Jacques III* d'Armagnac, Duc de Nemours & Comte de la Marche, fut, en 1477, décapité à Paris; alors le Roi Louis XI confisqua le Comté de la Marche, & le donna à *Pierre II* de Bourbon, Sire de *Beaujeu*, son gendre, dont la fille, unique héritière, *Susanne de Bourbon*, morte en 1521, épousa le célèbre *Charles de Bourbon*, Connétable de France, le même qui fut tué à l'escalade de Rome le 6 mai 1527. En 1331, François Ier confisqua ce Comté avec les autres terres de ce Connétable, & les réunit à la couronne.

CLIMAT, SOL, &c. On respire dans la Marche un air pur & sain, mais en été la chaleur est excessive, & en hiver le froid est très-rigoureux. Le pays est montagneux & peu fertile. On y recueille du seigle & de l'avoine; on y trouve aussi d'excellens pâturages, où l'on nourrit beaucoup de chevaux, de gros bétail & de bêtes à laine; il y a cependant quelques vignobles aux environs de Bellac & du Dorat (1).

---

formatrice des Religieuses de Sainte-Claire, le sermona, & le détermina à se faire Cordelier; il prit l'habit dans le monastère de Besançon, où il figura mieux que sur un trône.

(1) C'est sans doute à cause de la rareté des vignes, qu'*Aldebert III*, Comte de la Marche, suivant les coutumes qu'il donna aux habitans de Bellac, ordonna que ceux qui les arracheroient, ou qui y feroient du dégât, auroient les oreilles coupées.

COMMERCE. Il consiste en draps grossiers, fabriqués dans le pays, en chevaux, en bœufs, & sur-tout en tapisseries, dites *d'Aubusson*, qui se fabriquent dans cette ville & dans les villes voisines; on en fait un débit considérable. (Voyez *Aubusson*, page 373.)

RIVIÈRES. Les rivières de cette province sont *la Creuse*, qui traverse la haute Marche dans sa plus grande longueur, y prend sa source proche le *Mas-d'Artigues*, passe à *Aubusson*, à *Ahun*, dans les environs de Gueret, puis entre dans le Berri.

La Gartempe, qui prend sa source proche la Souterraine, passe dans les environs de Magnac, du Dorat, puis entre dans le haut Poitou, où elle arrose les murs de Montmorillon.

ADMINISTRATION. La Marche est entièrement du ressort du Parlement de Paris; il y a dans cette province deux Sénéchaux, l'un pour la haute, & l'autre pour la basse Marche; leurs fonctions sont d'aller, quand il leur plaît, aux sièges des sénéchaussées en habit d'épée ou autrement; alors ils président, & le Lieutenant Général va aux opinions; en prononçant, il emploie cette formule : *Monsieur le Sénéchal ordonne*, &c. Mais quand on convoque l'arrière banc, c'est le Sénéchal de la haute Marche lui seul, qui commande la Noblesse tant de la haute que de la basse Marche, & ce n'est qu'à son défaut, que le Sénéchal de la basse en a le commandement.

Cette province est une de celles qui, en 1549, se rédimèrent de l'imposition sur le sel;

elle contribua alors pour quatre cent cinquante mille livres. Ce pays est néanmoins sujet aux autres droits compris dans le bail des cinq grosses Fermes, ainsi qu'aux autres impositions communes à tout le royaume.

Cette province est divisée en trois élections, dont chacune appartient à une généralité différente. L'élection de *Guéret*, qui est dans la haute Marche, dépend de la généralité de *Moulins*. La plus grande partie de la basse Marche dépend de l'élection & de la généralité de *Limoges* ; le surplus de cette province dépend de l'élection du *Blanc*, & de la généralité de *Bourges*. Une nouvelle division embarrasse encore les habitans de la Marche ; les élections de Guéret & de Limoges ressortissent à la Cour des Aides de Clermont-Ferrand en Auvergne, les autres à la Cour des Aides de Paris.

Le ressort des sénéchaussées n'est pas moins embarrassant. *Bellegarde*, qui est en Auvergne, & dans le petit pays de *franc-alleu*, dépend de la sénéchaussée de la haute Marche, & se régit par la coutume d'Auvergne. Dans le présidial de Guéret, on est régi par quatre lois différentes ; par la coutume de la Marche, par celle de Poitou, par celle de l'Auvergne, & par le droit écrit.

Les impositions de cette province étant réparties dans trois différentes généralités, nous ne pouvons en donner un état certain.

Y

BELLAC.

Ville capitale de la basse Marche, avec une Justice royale, située sur la petite rivière de *Vincon*, qui se jette, à quelque distance de là, dans la Gartempe; à douze lieues de Guéret, & à huit de Limoges.

Boson I, dit le Vieux, premier Comte de La Marche, fit, dans le dixième siècle, construire le château de Bellac. La ville, à cette époque, étoit déjà considérable, & entourée de murs flanqués de dix-neufs tours, dont on voit encore quelques vestiges. Le Comte *Boson* y fit construire de nouvelles fortifications, qui la rendirent une des plus fortes places du pays. Quelque temps après, *Guillaume le Grand*, fils de *Fier à-Bras*, Duc d'Aquitaine, étant en guerre contre *Boson II*, Comte de la basse Marche, vint, en 997, avec des forces considérables, assiéger Bellac; il engagea même le Roi Robert & *toute la France guerrière*, comme s'exprime l'Historien *Adhemar*, à s'unir à lui pour assiéger cette place; tant de forces concoururent sans succès à cette expédition, & malgré les efforts des nombreux assaillans, ce château ne fut point pris.

La ville, qui doit son origine & son accroissement au séjour qu'y ont fait les Comtes de la basse Marche, quoique peu commerçante, & éloignée des grandes routes & des rivières navigables, se soutient aujourd'hui par sa sénéchaussée & par quelques foires.

DE LA MARCHE. 345

L'église de Notre-Dame est la seule église paroissiale de la ville. Autrefois elle servoit de chapelle au château des anciens Comtes de la basse Marche. En 1300, les Prêtres qui la desservoient, formèrent une communauté sous le titre de *Chapelains de Saint-Nicolas*, & vers la fin du quatorzième siècle, il changèrent ce nom en celui de *Notre-Dame*; elle est desservie par cette communauté (1).

L'Hôtel-Dieu fut fondé en 1530 par la famille des *Gallicher*.

Les Sœurs de la Croix tiennent une école publique pour les filles de la ville; elles sont au nombre de deux, & furent établies, en 1746, dans la maison appelée des Sœurs de Rouen.

Le Séminaire de l'Union chrétienne est une communauté de filles séculières de l'ordre de *Saint-Chaumont* de Paris; elle fut établie en 1717.

―――――――――――――――――

(1) Les statuts de cette Communauté furent confirmés, en 1477, par l'Official de l'Evêque de Limoges. Dans le décret qui confirme ces statuts, le Curé porte la singulière qualification de *Majeur-queux*, qui revient à la charge de *Grand'queux*, ancien Officier de la couronne, c'est-à-dire, *Grand Cuisinier*, *Chef de la cuisine*. Sans doute qu'autrefois les Comtes de la Marche avoient de bonnes raisons pour charger les Curés de Bellac de présider à la cuisine du château. Par les mêmes statuts, chaque récipiendaire est tenu à l'obligation peu canonique de payer, en entrant en place, un dîner aux autres Prêtres, & de leur donner des gants. Cette clause fait croire à M. *Mallebay de la Mothe*, Auteur d'un *Plan pour servir à l'Histoire du Comté de la Marche*, que les statuts de cette Communauté n'ont pas été homologués au Parlement, qui l'auroit proscrite.

Ces Religieuses, au rapport de M. *Mallebay de la Mothe*, doivent, suivant les termes de leurs lettres patentes, soigner les pauvres de l'Hôtel-Dieu. En conséquence elles entrèrent dans cet hôpital le 6 novembre 1733, mais elles en sortirent au mois de février 1759. Le même Auteur observe qu'elles ont six mille livres de revenu, & douze cents livres de pension du Roi, sous le prétexte de convertir, retirer & garder les femmes & les filles de la Religion réformée; & il ajoute qu'il n'y a point & qu'il n'y a jamais eu de Protestans dans le pays.

Le Collège de Bellac est professé par des Prêtres de la Doctrine Chrétienne; la construction du bâtiment fut commencée en 1656, & les revenus sont d'environ 12000 livres.

Le Palais où se rend la justice fut édifié en 1676 aux frais du Roi. Le siège royal ressort au Parlement de Paris, & au cas de l'édit des Présidiaux, au Présidial de la Marche à Guéret. *Bellac* avoit autrefois une *vice-sénéchaussée*, qui fut supprimée en 1720; elle étoit aussi le siège d'une élection, dont dépendoit quatre-vingts paroisses, & qui, en 1661, fut aussi supprimée.

Charles IX accorda, en 1571, aux habitans de Bellac la prérogative « d'élire, chaque année, quatre d'entre eux des plus notables, pour être Consuls ou Echevins de leur ville, & pour en administrer les affaires »; en 1765, il y fut établi un Maire (1).

---

(1) La robe dont sont revêtus les Consuls, est singu-

Jean *Gallicher*, Curé de Saint-Barbent, natif de Bellac, & d'une famille distinguée par plusieurs fondations pieuses & utiles, a voulu marcher sur les traces de ses ancêtres, en fondant, par acte du 23 décembre 1767, une rente destinée à doter, chaque année, deux filles pauvres & sages; la somme n'est pas forte; cent une livre dix-huit sous neuf deniers à partager en deux dots, doivent déterminer le sort de deux filles, encore faut-il ne point danser aux noces, & n'avoir ni la musette ni le hautbois: c'est une condition expresse du fondateur, à qui l'on pourroit appliquer ce vers de Molière :

Cet homme assurément n'aimoit pas la musique.

ÉVÉNEMENS remarquables. Bellac offre dans son Histoire quelques événemens dont le suivant est digne d'être rapporté.

Du temps des guerres de la religion, *Georges Villequier*, Comte de la Guierche, étoit Gouverneur de la Marche pour le parti de la Ligue. Henri IV lui ôta ce gouvernement, en gratifia *Gabriel de Larie de Mesières*, & écrivit en même temps aux habitans de Bellac de ne reconnoître que lui seul pour Gouverneur.

---

lière; elle est de laine, formée de quatre lais, dont deux rouges & deux jaunes, le chaperon est bariolé de même; ainsi le corps municipal en cérémonie doit assez bien ressembler à une mascarade.

De Larie ayant été tué au malheureux combat de *Saint-Yrieix* en Limofin, le Roi nomma à fa place *Louis Chataigner d'Abin*. Voyez *Saint-Yrieix*, page 302 de ce Volume.

Cependant *la Guierche*, malgré ces difpofitions, crut qu'il étoit de fon honneur de rentrer dans fon ancien gouvernement par la voie des armes. En conféquence il profita de l'abfence d'*Abin*, & de celle du Prince de *Conti*, Général des armées du Roi en ces quartiers, pour entrer dans la Marche, à la tête de huit cents Arquebufiers, & de trois cents chevaux avec lefquels il s'étoit emparé, dans fa route, de l'abbaye de Saint-Savin, de Belarbre & du Blanc en Berri.

Il arriva d'abord à *Magnac*, de là il envoya, le 8 mai 1591, un Trompette aux habitans de Bellac, avec une lettre par laquelle il leur promettoit de les prendre fous fa protection, s'ils fe rendoient à fes ordres, & les menaçoient de ruiner leur ville, s'ils s'y refufoient.

Bellac étoit alors une petite place dont la principale fortereffe, appelée *le Portail*, étoit fituée au milieu d'un grand faubourg, plus étendu que la ville.

Les habitans étoient, par un furcroît de malheur, divifés en deux factions. Ceux qui tenoient pour la Ligue, vouloient qu'on leur donnât pour Gouverneur un homme qui pût condefcendre aux prétentions de *la Guierche*. Les Royaliftes, au contraire, s'y oppofoient. Ce dernier parti s'étant enfin emparé de la fortereffe, fit la loi aux citoyens Ligueurs. On donna le commandement de la ville à *la Cousture*, militaire expérimenté, & zélé serviteur du Roi. Jean de *la Salle*, jeune homme plein de feu & de courage, eut ordre d'aller en Limosin pour en amener du secours; il s'acquitta de cette commission avec promptitude, & revint aussi-tôt à Bellac.

Cependant *la Guierche* s'empara du faubourg où étoit la forteresse, & la division se mit pour la seconde fois parmi les habitans; la plupart parloient de se rendre, parce que, disoient-ils, la place n'étoit pas tenable. Le jeune *la Sale* employa d'abord la prière pour les dissuader de ce funeste projet; les prières étant inutiles, il en vint aux menaces, & mettant, avec véhémence, son épée à la main, il en imposa aux plus timides, raffermit les esprits chancelans, & par cet acte de vigueur, sauva sa patrie de la honte d'avoir cédé, sans résistance, à un parti illégitime.

L'harmonie étant ainsi rétablie dans l'esprit des habitans, on s'occupa promptement à fortifier les remparts; on creusa, au dedans de la place, un fossé dont la terre servit à élever des retranchemens des deux côtés.

Les ennemis avoient déjà établi leurs batteries, lorsqu'un petit secours vint raffermir le courage des assiégés. Quelques Gentilshommes envoyés par *d'Abin*, Gouverneur de la Marche, s'approchèrent de la ville à la tête de vingt-trois soldats d'élite; malgré l'ennemi ils se jetèrent dans le fossé, le traversèrent, ayant de l'eau jusqu'à la ceinture, & furent reçus dans la ville avec beaucoup de joie.

Cependant l'ennemi, ayant ouvert une brèche suffisante, donna, le 12 mai, depuis quatre heures du soir jusqu'à sept, un assaut à plusieurs reprises. Les Gentilshommes qui avoient conduit le dernier secours, secondés par *la Sale, la Cousture, Foucaud, La Vallée, Genebrais*, Consuls, firent des prodiges de valeur. Les assiégeans furent repoussés avec perte d'environ soixante hommes, & les assiégés n'eurent qu'un seul blessé; on profita de la nuit qui suivit cette attaque, pour réparer la brèche.

Le lendemain l'artillerie ennemie battit les murs avec plus de furie qu'auparavant; la brèche fut r'ouverte, & il y en eut une seconde faite d'un autre côté. Le Capitaine *la Ferté*, avec une poignée de soldats, étoit chargé de défendre cette nouvelle ouverture; bientôt l'ennemi dressa les échelles en ces deux endroits, & marcha à l'assaut au son des trompettes & des tambours.

Pendant une heure la place fut attaquée avec une ardeur opiniâtre, & défendue plus vivement encore, puisque les assiégeans, après une perte considérable, furent contraints d'abandonner leur attaque.

Les assiégeans étoient épuisés, & manquoient de munitions; les assiégés étoient abattus par des veilles continuelles; ils convinrent ensemble d'une trêve de quatre jours, dont les deux partis avoient également besoin. Pendant cette trève, les ennemis reçurent un convoi de vivres que d'*Abin* tenta inutilement d'enlever, & la Guierche dépêcha un courrier pour hâter l'arrivée de *Pompadour*, qu'il attendoit avec un secours de soldats Ligueurs.

La trève expirée, les assiégeans, renforcés d'hommes & de provisions, canonnèrent la forteresse, & firent approcher de ses murs une machine en forme de pont, qui sembloit en assurer la prise.

A la vue de cette machine menaçante, les habitans consternés s'assemblent, & prennent la résolution de se rendre. Alors *Jean Chataigner du Bernai*, fils d'*Abin*, Gouverneur de la province, arriva à *Bellac*, à la tête de vingt hommes d'élite & rassura les habitans: parti du Dorat par ordre de son père, il étoit parvenu à entrer dans la ville par la porte de Prades, sans aucun obstacle.

Les ennemis ayant traîné la machine montée sur des roues, jusqu'au bord du fossé, en profitèrent pour tirer quelques coups de canon contre le pont levis, afin de le renverser ; mais leurs tentatives furent vaines ; les assiégés pointèrent leur canon contre ceux qui étoient sur la machine, & les firent déloger. Cette construction en bois servit alors à couvrir les travailleurs, qui commencèrent à miner. Les habitans s'en étant aperçus, firent des contre-mines, & dans une sortie, du 19 mai, tuèrent quelques travailleurs, mirent les autres en fuite & brûlèrent la machine.

Cependant les assiégés voyant leurs tours renversées par le canon des ennemis & les progrès des travaux des mineurs, demandèrent à capituler. Les Bourgeois n'ayant point envoyé d'otages, la capitulation fut remise au lendemain. Pendant cet intervalle, arriva à Bellac *Chambaret*, jeune homme plein de prudence & de courage, qui s'étoit signalé au siège de Saint-Yrieix en Limosin (1); il vint accompagné de quelques Gentilshommes, & suivi de soixante cuirassiers, & d'un pareil nombre d'arquebusiers; son arrivée fit renaître l'espoir, ranima le courage abattu des citoyens, & fit changer de face les affaires de la ville.

Les habitans, raffermis par la présence de ce vaillant Capitaine, & par l'assurance qu'il leur donna, quand il eut visité les mines, que le danger n'étoit point pressant, cherchèrent à éluder la capitulation commencée; ils y réussirent. Les assiégeans, furieux de se voir joués, poussèrent, le lendemain, leurs travaux avec plus d'ardeur. *Chambaret* ne restoit pas dans l'inaction; il ne négligea rien pour aller au devant de leurs desseins, & pour les faire avorter. *La Guierche*, redoutant le courage & les talens de ce jeune Gentilhomme, & apprenant d'ailleurs l'arrivée du Prince de Conti avec des forces considérables, leva le siège le 28 mai, & sortit bientôt de la Marche; c'est ainsi que

---

(1) Voyez *Saint-Yrieix* en Limosin, page 302 de ce Volume.

Bellac fut conservé au parti d'Henri IV, & que les Ligueurs furent chassés de la province (1).

Pendant les guerres de la Fronde, sous la minorité de Louis XIV, le Duc de Longueville, à la tête d'un corps de troupes du parti des Princes, se présenta, en 1640, pour s'emparer de Bellac; les habitans, plus zélés qu'instruits des affaires du temps, firent une vigoureuse résistance. Le Duc s'étant avancé vers le faubourg *de la Chapelle*, eut son cheval tué sous lui, & fut obligé, après plusieurs tentatives inutiles, de prendre la fuite avec ses troupes, qui commençoient à piller la campagne, comme c'étoit encore l'usage.

BOURGANEUF.

Petite ville, avec une justice royale, chef-lieu d'une élection de la généralité de Limoges, située à six lieues de Guéret, sur la route de Lyon à Limoges, & près de la rivière de Taurion.

Cette petite ville est célèbre par sa Commanderie, qui est le lieu de la résidence du Grand-Prieur de l'Ordre de Malte, de la Langue d'Auvergne. Elle est encore célèbre dans l'Histoire, par le séjour qu'y fit *Zizim*, frère de *Bazajet*,

___

(1) Lorsqu'en 1761 on détruisit une partie des murs de Bellac, afin de réparer le pavé de la ville, on trouva du côté de la côte, dans les murs qui avoient été battus par l'artillerie, plusieurs boulets pesant trente-deux livres.

& fils de Mahomet II. Après la mort de ce Souverain, ses deux fils se disputèrent l'Empire Ottoman; *Zizim*, le plus jeune, ne pouvant réussir à monter sur le trône de son père, se réfugia, en 1482, dans l'île de Rhodes, où il demanda un asile. Le Grand-Maître, *Pierre d'Aubusson*, le reçut honorablement, & voulut qu'on le traitât comme le fils d'un Empereur; puis, au bout de trois mois, pour soustraire ce Prince aux embûches de son frère, il le fit passer en France, & au grand Prieuré de Bourganeuf, dont il étoit Commandeur.

Ce Prince, arrivé dans ce lieu, y fut gardé par des Chevaliers. C'est à lui qu'on attribue la construction d'une grosse tour fort élevée, qui paroît être une véritable prison.

Cette tour, toute revêtue de pierres taillées en bossages, en forme de pointes de diamans, est remarquable par la solidité de sa construction. Les murailles en sont telles, qu'on a pratiqué dans leur épaisseur un fort bel escalier tournant, en coquille de limaçon, par lequel on monte sur la plate forme qui est au dessus. L'intérieur de cette tour est divisé en six étages, dans le plus bas desquels sont les bains que le Prince *Zizim* s'étoit fait construire à la manière des Turcs.

On a établi, en 1773, à Bourganeuf, des Sœurs de l'Instruction Chrétienne, qui desservent l'hôpital de cette ville.

MINÉRALOGIE. Au midi de Bourganeuf, sur des croupes escarpées, on voit à découvert des portions de filons de charbon de terre;

on en retrouve la suite du côté de l'abbaye de *Palais*, & la continuation traverse la route de Bourganeuf à Guéret. Le filon paroît avoir, en cet endroit, cinq à six toises de largeur, en y comprenant toutes les substances noires qui l'accompagnent. A une lieue de Bourganeuf, au village de *Las-Mais*, paroisse de Bos-Moreau, on a aussi découvert des mines de charbon de terre.

GUÉRET.

Ville capitale de la Marche, avec un Présidial, une Sénéchaussée, une Officialité, une Election, &c., située près de la source de la Gartempe, à douze lieues de Bellac, à peu près à la même distance de Limoges, & à quatre-vingt-huit lieues de Paris.

ORIGINE. L'origine de cette ville, dont le nom latin est *Varactum*, ne remonte pas plus haut que le huitième siècle; on l'attribue à une abbaye fondée vers l'an 720, en faveur de *Saint-Pardoux* ou *Pardulphe*, qui s'y retira, & dont il fut Abbé.

On rapporte qu'après la bataille de Poitiers, une partie de l'armée des Sarrasins, en prenant la fuite vers les Pyrénées, passa au monastère de Guéret. Saint-Pardoux, qui alors (en 732) en étoit Abbé, se mit en prières, & préserva ainsi cette maison du désastre dont elle étoit menacée.

Ce Saint peu connu hors de la Marche eut toujours une grande réputation dans ce pays. Ses miracles attirèrent d'abord beaucoup de dévots; on construisit des maisons pour les loger; Guéret commença à se former, & enfin reçut une nouvelle consistance par le séjour qu'y firent les anciens Comtes de La Marche.

DESCRIPTION. Cette petite capitale n'a pas plus d'un quart de lieue de circonférence, & le nombre de ses habitans ne monte pas à plus de trois mille ames. Elle est bien bâtie; les rues, sans être bien alignées, y sont assez belles. Il y a plusieurs fontaines dont les eaux sont abondantes & de bonne qualité.

Cette place étoit autrefois bien fortifiée; on y voit encore quelques restes d'anciennes murailles & de tours; mais il n'existe plus qu'une seule porte de ville.

Quoique Guéret ne soit point ville épiscopale, il y a cependant une *Officialité* qui dépend de l'évêché de Limoges; le Limosin étant du ressort du Parlement de Bordeaux, & la Marche de celui du Parlement de Paris, l'Evêque de Limoges a été obligé d'établir à Guéret un Official dont la juridiction s'étend sur toute la Marche, tant haute que basse; mais à cause de la distance des lieux, on a établi de plus, dans la petite ville de *Cheneraïlles*, un Vice-Gérent, qui prend la qualité d'Official, mais qui dépend de l'Official de Guéret. La juridiction de ce Vice-Gérent comprend une partie de la haute Marche, du côté de *Felletin*, ainsi qu'un canton du pays de Combrailles en Auvergne, qui est enclavé dans le diocèse de Limoges.

Cette ville n'a qu'une seule paroisse;

dont l'église est sous le titre de *Saint-Pierre & Saint-Paul*.

L'église de *S. Pardoux* est regardée comme la principale église, à cause du Saint dont elle porte le nom, qui est le patron de la ville; elle ne renferme point le corps de ce patron; en 1026, il fut transporté à *Arnac-Pompadour*, par *Gui de Lastour*, surnommé *le Noir*, qui, par dévotion pour cette précieuse relique, l'enleva furtivement de l'église de Guéret, pour la déposer dans le monastère d'*Arnac*, qu'il venoit de fonder, & dont il étoit Seigneur. Ce vol pieux valut à ce Seigneur la haîne des habitans de la Marche, & la vénération des peuples & des Prêtres Limosins.

On y conserve deux statues en argent, qui représentent *Saint-Pardoux* : ce Saint est à Guéret ce que *Saint-Martial* est à Limoges. Ces deux statues ont, de tout temps, été couvertes de bijoux de toute espece; mais ces riches & nombreux témoignages de l'amour des habitans pour leur patron, ont souvent tenté l'avidité de ceux qui en étoient les dépositaires ; plusieurs fois même ils ont, à ce qu'on dit, succombé à cette tentation. Les offrandes se multiplioient; le Saint n'en étoit pas plus riche, & les dévots, voyant les statues de Saint-Pardoux dépouillées de leurs présens, ont pris le parti de ne lui offrir que des prières & des actions de graces. Le zèle s'est ralenti, & le peuple a souvent, mais inutilement, réclamé contre ces sacrilèges & secrètes spoliations.

Cette ville est décorée de deux compagnies

de *Pénitens*, l'une de *Noirs*, l'autre de *Blancs*.

C'est dans la chapelle des Pénitens Blancs qu'officie le Chapitre de la *Chapelle Taillefer*, transféré du bourg qui porte ce nom, à Guéret, en 1763. Ce Chapitre, fondé en 1311, comme nous le dirons à la fin de cet article, par *Pierre*, Cardinal de *la Chapelle Taillefer*, occupe l'église de ces Pénitens, en attendant qu'on en ait construit une plus convenable.

Cette ville contient de plus un couvent de *Récollets* établis en 1616; une Communauté des *Sœurs de la Croix*; un *Hôpital* considérable, dirigé par des Religieuses cloîtrées, de l'ordre de Saint-Augustin, fondées en 1665, & une Communauté de *Barnabites*, qui dirige un *Collège* où sont professées toutes les classes jusques & compris la philosophie.

Ce Collège fut fondé par *Varillas*, Historien, né à *Guéret* en 1624; il se rendit célèbre par cinquante volumes d'Histoire qui eurent un succès qu'ils n'ont plus aujourd'hui, & où l'on remarque un style poli & gracieux. *Gaston* de France, Duc d'Orléans, lui donna le titre de son Historiographe, & lui fit avoir une place à la Bibliothèque du Roi; il obtint une pension de douze cents livres, dont M. *Colbert* le priva; l'Archevêque de Paris lui en procura une autre de la part du Clergé.

Varillas étoit au nombre des Ecrivains que la vérité effraye lorsqu'ils la voyent nue, & qui, ne pouvant tranquillement l'envisager, la représentent ensuite comme la foiblesse de leur organe leur fait désirer de la voir. Il crut embellir l'Histoire en altérant quelques traits hideux, en lui prêtant les charmes du Roman ; il la dégrada. Avec ses talens il pouvoit prétendre au titre d'Académicien françois, mais non à celui d'Historien ; aussi ses ouvrages sont-ils aujourd'hui absolument abandonnés, parce qu'ils n'ont ni la précision, ni l'austère vérité de l'Histoire, ni le merveilleux du Roman (1).

Anecdote. Ce fut à Guéret qu'*Aldebert IV*, Comte de la Marche, dernier Comte de la Maison des Bozon, surprit sa femme en infidélité avec un soldat de Guéret nommé *Geoffroi Paret*. Le Comte furieux fit tuer par *Auric* ce soldat favorisé, & répudia la Comtesse. Cet événement eut des suites considérables. *Aldebert* avoit perdu son fils unique ; ayant répudié sa femme, il ne pouvoit plus espérer d'avoir de la postérité ; il n'en eut pas, & après sa mort le Comté de la Marche passa à la Maison de Lusignan.

---

(1) Varillas n'avoit pas la force nécessaire à l'Historien ; mais il étoit laborieux, & préféroit la retraite & l'étude aux autres jouissances de la société. Il disoit avoir passé trente-quatre ans sans manger une seule fois hors de chez lui. Cette solitude le rendit bizarre ; il deshérita, dit-on, un de ses neveux, parce qu'il ne savoit pas l'orthographe. Ce trait a peut-être fourni à Molière, dans sa Comédie des Femmes savantes, la scène où Philaminte chasse sa Cuisinière, pour avoir péché contre la Grammaire, & pour avoir

.... D'une insolence à nulle autre pareille,
Après trente leçons, insulté son oreille.

Charles VII, pendant la guerre civile appelée *la Praguerie*, vint, en 1440, du Poitou à *Guéret*, où il séjourna quelques jours. Le Dauphin son fils, qui fut depuis Roi de France, sous le nom de *Louis XI*, s'étoit mis à la tête de plusieurs Seigneurs révoltés. Charles VII, après avoir inutilement employé l'autorité royale & la paternelle, eut recours à la force, & vint, les armes à la main, dans le Poitou; les Princes ligués se retirèrent aussi-tôt en Bourbonnois & en Auvergne. Cette guerre intestine favorisoit les ennemis de la nation. Les Anglois, qui inclinoient à la paix, refusèrent alors les propositions qu'on leur avoit faites. Charles VII, pendant son séjour à Guéret, donna, le 2 mai 1440, une déclaration dans laquelle il fait ce reproche aux Seigneurs & Princes ligués, & prévient ses fidèles sujets contre les artifices des révoltés, qui vouloient, au mépris des lois, établir une régence sous le nom du Dauphin, & l'opposer à l'autorité royale.

MŒURS & CARACTÈRE, &c. Il y a peu de commerce à Guéret, & cette ville doit en grande partie sa population aux différentes juridictions qu'elle contient; elle est en conséquence peuplée de Juges, d'Avocats, de Procureurs, de Clercs, &c. ; on remarque chez les uns cette morgue inséparable de la magistrature, qui est sur-tout très-sensible dans les petites villes; chez les autres, cet esprit de ruse, de chicane, d'habileté, comme on s'exprimoit autrefois, qui caractérise encore malheureusement les personnes attachées à la justice.

Quoique les habitans soient propres aux Sciences, ils s'en occupent cependant beaucoup moins que de procès. En général, ils ont de l'esprit, de l'affabilité pour les Etrangers, & une politesse qui seroit aimable si elle étoit plus franche & moins cérémonieuse.

Environs. La ville de Guéret est assez heureusement située ; au nord & à l'est, le pays se découvre dans une étendue considérable, & offre une belle vue ; à l'ouest, on trouve de vastes & belles prairies dont le coup-d'œil est agréable. Au sud de la ville l'aspect est plus triste ; des montagnes hautes & presque stériles bornent l'horison ; telles sont le *Puy de Gaudi*, la montagne de *Grancher* & celle de *Maupuy*.

C'est au bas du *Puy de Gaudi*, à l'est de Guéret, dans un endroit appelé *las Peyras*, qui signifie *les pierres*, qu'étoit bâti le vaste château des anciens Comtes de la Marche ; les ruines qui attestent la situation de cet édifice sont encore fort considérables.

On remarque aussi dans la ville une maison fort ancienne & bien bâtie, où l'on prétend que logeoient autrefois les Chanceliers des Souverains de La Marche ; on dit que cette dignité de Chancelier a été long-temps dans la Maison de *Baston de Montbar*.

Au dessus du *Puy de Gaudi*, on voit plusieurs débris de bâtimens, que dans le pays on croit être les ruines d'une ville appelée *Ribandelle*. Dans le même endroit se trouvent aussi les ruines d'une chapelle dédiée autrefois à *Saint-Barthelemi*, que les habitans de Guéret & des environs viennent souvent visiter en dévotion, afin d'être guéris de la fièvre (1).

A deux lieues de la ville de Guéret est le bourg de *la Chapelle Taillefer*, où étoit l'ancien château des Seigneurs de ce nom; ce château fut long-temps tenu par les Anglois. En 1260, *Hugues le Brun*, Comte de La Marche, ayant appris que les troupes Françoises assiégeoient vivement le château de la Chapelle Taillefer, partit du château de Chenerailles, & y vint porter du secours aux Anglois assiégés.

Le Cardinal *Pierre* de la Chapelle Taillefer obtint du Roi, en 1311, la permission de fonder, sur son propre fond, une église collégiale, d'y construire un cloître, & de le fermer de murs. Ce Cardinal n'eut pas le temps de voir cette église achevée, il mourut l'année suivante. Il est enterré dans le chœur de son église, où l'on voit son tombeau, qui fut long-temps regardé comme le monument le plus superbe en ce genre qu'il y eût en France.

Ce tombeau est en marbre; on voit dessus

---

(1) *Vitruve*, dans son Traité d'Architecture, recommande aux Architectes Romains, quand ils auront à construire le temple d'un Dieu renommé pour guérir quelques maladie, de le bâtir dans des lieux élevés où l'on respire un air sain, afin que le peuple attribue à la Divinité qu'il vient prier, une guérison que la salubrité de l'air pourra seule opérer. On sait combien la persuasion d'être guéri, l'exercice, le passage d'un air grossier à un air plus pur, opèrent de miracles en ce genre.

sa figure faite en lames de cuivre dorées & émaillées, ouvrages exécutés par des Artistes Limosins.

Ce tombeau est accompagné d'une épitaphe de vingt-cinq vers latins rimés; en voici deux où se remarque l'affectation des jeux de mots:

Petrum petra tegit; heu! sub petra modo degit
Qui leges legit, qui tot bona scripta peregit.

A la suite, & au bas de cette épitaphe, on lit:

I. P. Lemovici Fratres fecére sepulcrum.
Hoc Aymerici murando schemate pulchrum.
Hoc laus inter tumulo provenitur à figulo.

C'est-à-dire, *J. P.*, frères, de Limoges, ont fait le tombeau, les *Aymerics*, la sculpture & les ornemens de la construction, & le Mouleur, l'inscription qui est sur ce monument.

Ce Cardinal Pierre étoit Chanoine de Notre-Dame de Paris, Docteur en l'un & l'autre Droit; il fut successivement Evêque d'Agen, de Carcassonne, & de Toulouse. Le Pape Clément V, étant à Lyon, l'éleva au Cardinalat le 15 décembre 1305, & lui donna en même temps l'évêché de Palestrine. Le même Pape le nomma quatre ans après *Inquisiteur des Templiers*; office qu'il accepta, & qui ne doit pas, aux yeux de la postérité, illustrer sa mémoire. Il mourut à Avignon le 16 mai

1312, & fut transporté, comme il l'avoit prescrit par son testament, à la Chapelle Taillefer.

Le Chapitre, comme nous l'avons dit, a été transféré, en 1763, en l'église des Pénitens Blancs de Guéret.

GRANDMONT.

Abbaye célèbre, chef-d'ordre, située à une lieue de Muret, à cinq de Bourganeuf, & à six de Limoges.

Etienne, second fils de Guillaume, Vicomte de *Thiers* en Auvergne, à son retour d'Italie, où il avoit suivi son père, s'adonna entièrement à la vie érémitique ; il abandonna la Cour de son père, se retira sur la montagne de *Muret*, & vécut cinquante ans dans un désert (1). L'austérité de sa vie lui attira la vénération des peuples & un grand nombre de disciples. Après sa mort, arrivée en 1124, ses disciples furent fort inquiétés par des Moines voisins qui leur disputèrent le terrein de leur hermitage. Ils se virent obligés, pour éviter toute discussion,

---

(1) Deux Cardinaux vinrent un jour visiter le saint hermite *Etienne*, & lui demandèrent si lui & ses disciples étoient Chanoines, Moines ou Hermites. Le saint homme éluda la question, en disant : *Nous sommes des pécheurs conduits dans ce désert par la miséricorde divine, pour y faire pénitence.* D'après cette réponse vague, on a été long-temps à savoir à quel ordre appartenoit cette communauté.

d'abandonner ce séjour, & d'emporter le corps de leur fondateur, qui étoit leur seul bien; ils le déposèrent en un lieu nommé *Grandmont*, dont l'ordre a pris le nom.

Cette maison fut d'abord gouvernée par des Prieurs, & ce ne fut qu'en 1318, que Guillaume *Beliceri* en fut nommé Abbé, & en reçut les marques des mains de *Nicolas*, Cardinal d'Ostie, sous le pontificat de Jean XXII.

Les Rois d'Angleterre, Ducs d'Aquitaine, *Henri I*, *Henri II* & *Richard Cœur-de-Lion*, pénétrés de respect pour la sainteté de ces Moines, furent successivement leurs bienfaiteurs; ils firent construire l'église & le monastère de Grandmont.

Sous le règne du Roi d'Angleterre, *Henri II*, dit *le Vieux*, cette abbaye étoit déjà enrichie. *Henri*, dit *le Jeune*, fils aîné de ce Roi, s'étant révolté contre son père, ravagea une grande partie du Limosin. (Voyez *Aixe*, page 228 de ce volume.) Il se rendit à l'abbaye de Grandmont, & il pilla le trésor de l'église.

Ce jeune Prince, malgré ses ravages, étoit aimé des Seigneurs du pays, autant que son frère *Richard Cœur de Lion* en étoit détesté; il fut arrêté au milieu de ses succès, & mourut, après quelques jours de maladie, à *Martel*, petite ville de la Vicomté de Turenne. *Aymar*, qui en étoit Vicomte, accompagna le corps du Prince jusqu'à Grandmont, où ses obsèques furent célébrées; ses entrailles furent inhumées dans l'église de cette abbaye, qu'il avoit pillée quelques mois avant.

Les moines de Grandmont réparèrent bientôt ces pertes, & à peine furent-ils dans une situation plus heureuse, que la discorde & le désordre s'introduisirent parmi eux. En 1185, suivant les annales de Cîteaux, les Frères Convers se révoltèrent contre les Moines, & les chassèrent avec violence. Les Moines, chassés de leurs maisons, vinrent se réfugier à Cîteaux & à Clervaux, où ils furent très-bien accueillis. Les Abbés de ces deux maisons s'occupèrent d'un accommodement entre les Moines & les Convers Grandmontains ; les premiers furent enfin rétablis dans leur couvent, & les autres furent punis comme l'exigeoit leur violence.

Malgré ce fait scandaleux, la vénération des peuples n'avoit point diminué pour le monastère de Grandmont. Le tombeau du fondateur *Etienne* opéroit toujours des miracles, & en si grand nombre, que l'affluence des dévots, qui y accouroient de toutes parts, devint à charge même aux Religieux. *Pierre de Limoges*, qui en étoit Prieur, menaça le saint fondateur de déterrer son corps, & de le jeter dans la rivière s'il continuoit ainsi à faire des miracles. Voici ce que rapporte à cet égard le Père *Henriquez* dans son *Fascicule* de l'ordre de Cîteaux.

« Le Prieur, voyant les miracles que Saint-Etienne opéroit, appréhenda qu'ils ne troublassent son repos & celui de ses Religieux,

& que les serviteurs de Dieu ne fussent trop long-temps sans goûter la paix intérieure, si le peuple continuoit d'affluer au lieu où se faisoient ces miracles; c'est pourquoi il vint au tombeau du Saint, & lui adressa ces paroles : *Serviteur de Dieu, vous nous avez montré la voie de la pauvreté, & vous nous avez appris de toutes vos forces à y marcher. Maintenant vous voulez, par vos miracles, nous retirer de la voie étroite, pour nous en faire prendre une large & spacieuse. Vous nous avez prêché la solitude, & vous voulez aujourd'hui assembler autant de peuple dans notre solitude qu'il s'en trouve dans les barreaux, dans les marchés & dans les foires: nous sommes assez persuadés de votre sainteté, pour n'être point curieux de vos miracles. Gardez-vous donc à l'avenir de n'en plus opérer, car en faisant paroître votre sainteté, vous nous faites perdre notre humilité. Sacrifiez un peu votre gloire au soin de notre salut. Si vous ne renoncez pas à vos miracles, nous vous le disons & déclarons hautement, en vertu de l'obéissance que nous vous avons promise, nous déterrerons vos ossemens, & nous les jetterons dans la rivière* ».

Le même Auteur ajoute, qu'après cette menace, le corps de Saint-Étienne, devenu plus raisonnable, cessa de faire des miracles.

Hugues IX de Lusignan, Comte de la Marche, & le premier de son nom, fut un grand protecteur des Grandmontains; il fonda

& fit bâtir, en 1207, le monastère de l'*Ecluse*, qui est du même ordre, & il y fut enterré l'an 1220. Il donna au monastère de Grandmont plusieurs calices & encensoirs, avec un marc d'argent de rente qui lui étoit annuellement dû par les villages de *la Rillière* & *de la Garde*, diocèse de Bourges.

Son fils *Hugues X de Lusignan*, Comte de la Marche fut aussi le protecteur de *Grandmont*. Il commandoit, en 1225, à ses Sénéchaux de la Marche, de préserver les biens de ce couvent de toutes vexations ; « les assurant que si ce monastère souffroit quelques pertes par leur faute ou par leur négligence, il répéteroit le tout sur eux, & le leur feroit *payer ric à ric* ». L'année suivante son amour pour les Grandmontains le détermina à prendre, par un mandement solennel, le monastère, les Moines & leurs biens sous sa protection.

En 1318, la dignité de Prieur de cette maison fut changée en celle d'Abbé, comme nous l'avons dit. Soit par la négligence des Moines, l'insouciance des Abbés, soit par les malheurs des temps, les bâtimens de cette abbaye tombèrent dans une ruine totale ; l'appartement abbatial, qui formoit un des quatre corps de logis de l'ancien édifice, n'étant plus logeable, & l'église menaçant ruine, les Moines & l'Abbé furent obligés de se retirer dans un petit bâtiment moderne qui servoit d'infirmerie.

Depuis quelques années cette abbaye est abandonnée ; mais les biens ne le sont pas, deux concurrens s'en disputent aujourd'hui la possession; un troisième est survenu, & peut-être le succès justifiera-t-il le sens moral de la Fable de la Fontaine intitulée: *l'Ane & les trois*, &c.

A une lieue & demie, & à l'est de *Grandmont*, est le village de *Muret*. Ce lieu est célèbre par les talens de Marc-Antoine *Muret*, qui y prit naissance en 1526. Les plus heureuses dispositions suppléèrent au défaut de son éducation; il apprit de lui-même le grec & le latin, & à dix-huit ans il fut chargé de faire des leçons sur Cicéron & sur Térence. Aappelé à Paris, il enseigna au collège de Sainte-Barbe avec tant de succès, que le Roi & la Reine, sur sa grande renommée, vinrent l'entendre. Un vice honteux, dont il fut accusé, le força d'abandonner Paris; il se retira à Toulouse; le même goût l'obligea de fuir de cette ville; il se réfugia à Venise, dont il fut encore contraint de partir. « On ne l'a pas voulu » endurer à Venise, dit Scaliger, *ob pæderas-* » *tiam* (1) ».

Muret se retira à Rome, & malgré sa réputation scandaleuse, il y fut très-bien accueilli; on l'y décora des ordres sacrés; on lui accorda quelques bénéfices, & il y obtint une chaire de Philosophie & de Théologie.

Muret est un des Ecrivains de France qui a

_____

(1) Scaliger dit ailleurs : *Muretus fugit Tholosam, venit Venetias, sed quia primæ Nobilitatis filios valebat comprimere, ideò fugit Romam.*

écrit le plus purement la Langue latine. *Joseph Scaliger*, dont les éloges ne doivent pas être suspects, disoit : « C'est un grand homme que Muret ; après Cicéron, il n'y a personne qui parle mieux latin que lui ». Ses meilleurs ouvrages sont des commentaires ou des annotations sur plusieurs Poètes anciens. On raconte qu'un jour Muret montra une épigramme de sa façon à Scaliger, & lui fit accroire qu'elle étoit d'un Poëte de l'antiquité. Celui-ci, piqué de se voir ainsi trompé, fit contre lui cette autre épigramme, dans laquelle il lui rappelle le danger où l'exposèrent à Toulouse ses honteuses habitudes :

Qui rigidâ flammas evaserat antè Tolosa,
MURETUS fumos vendidit ille mihi.

Qu'on a traduite ainsi :

Aux fagots de Toulouse échappé prudemment,
Muret m'a fait sa dupe, & m'a vendu du vent.

Outre les vices de Muret, on lui reproche d'avoir fait le panégyrique de Charles IX, où se trouve l'apologie du massacre de la Saint-Barthelemi. Cette bassesse exécrable le place bien au dessous de l'auteur de ces désastres, & il n'est au monde aucun titre, aucun talent qui puisse effacer cette tache.

AHUN.

Petite ville ancienne, située sur la rive gauche de la Creuse, à trois lieues & demie d'Aubusson, & à trois lieues de Guéret.

Dans la table Théodosienne, il est fait mention de ce lieu sous le nom d'*Acitodunum*. Une voie romaine partant d'*Augustonemetum*, aujourd'hui Clermont, passoit à *Ulbium*, Olbie, puis à *Fines*, Feix, & aboutissoit à *Acitodunum*, puis à *Pretorium*, & de là à *Augustoritum*, aujourd'hui *Limoges*. Dans le moyen âge, *Acitodunum* fut nommée *Acidunum*. Le Blanc a rapporté dans son Traité des monnoies de France, une monnoie d'or frappée sous la première Race, dans un lieu qu'il dit être inconnu; on voit d'un côté la tête d'un Roi, ceinte du diadême, avec la légende *Adeduno vico fitur*; de l'autre côté est représentée une espèce d'enseigne militaire, outre deux branches de laurier, & on lit autour le nom du monétaire *Talionino*, *monetario*. « Je pense, dit M. l'Abbé *du Belley*, que ce lieu inconnu est *Ahun*, & qu'on a dû lire sur la monnoie, qui est un tiers du sou d'or, *Aceduno* ou *Ageduno*; quoiqu'il en soit, Ahun est nommé *Agidunum* dans les anciennes chartes (1) ».

Bozon II, Comte de La Marche, fonda, en

---

(1) Voyez Mémoires de l'Académie des Inscriptions, tome XIX.

997, dans ce lieu, un monastère qui fut soumis à l'abbaye d'Userche en Limosin; il donna, pour cet établissement, une église consacrée à la Vierge, qui étoit voisine du bourg d'Ahun: dans le titre de fondation, ce lieu est nommé *Agidunum*; on y lit: *Ecclesia in pago Lemovicino posita, à vico AGIDUNO non longè sita; ex unâ parte fluvius crosa decurrendo amena prata cingit, ex alterâ verò ex quâ eminens prospicitur vicus.* Cette charte prouve qu'Ahun, qui est de la Marche, étoit située dans le territoire du Limosin, *in pago Lemovicino*, ou bien qu'alors la Marche étoit encore regardée comme faisant partie du Limosin.

Cette ville, petite, mal percée, est assez peuplée; elle est bâtie sur une éminence où l'on voit les ruines d'un vieux château appelé *le château du Rocher*. Au bas de la montagne, & sur les bords de la Creuse, est le *bourg du Moutier*. Ce quartier, où est situé le monastère d'Ahun, forme une paroisse particulière; l'abbaye, fondée, comme nous l'avons dit, en 997, par Bozon II, est de l'ordre de Saint-Benoît, & de la Congrégation de Cluni; elle est en commende.

On trouve aussi dans cette ville, outre l'abbaye & les deux paroisses, une maison des filles de la Croix.

Il y a un corps de ville, une châtellenie royale, qui ressortissoit, en première instance, à la sénéchaussée de Guéret. Les Consuls de cette ville jouissent du droit d'aller tous les ans à la paroisse de *Chavanat*, le jour de la fête votive de ce lieu, & d'y nommer quatre Collecteurs. Les habitans de cette paroisse sont obligés de payer à ces Consuls la somme de dix livres pour les frais du voyage.

AUBUSSON.

Petite ville commerçante, située dans la haute Marche, sur la rive droite de la Creuse, à sept lieues de Guéret, & quinze de Limoges, près des frontières de la basse Auvergne.

Cette ville doit son origine à un ancien château, chef-lieu d'une Vicomté. Dès le neuvième siècle, les Vicomtes d'Aubusson sont connus dans l'Histoire. *Geoffroi*, premier Comte de La Marche, prit, en 860, pour son Lieutenant, un Seigneur de cette Maison, qu'il qualifia, pour la première fois, de *Vicomte d'Aubusson* (1).

Ranulfe, dit *Cabridel*, étoit Vicomte d'Aubusson au commencement du onzième siècle; il épousa une des filles du Vicomte de Turenne; pendant qu'il s'amusoit à piller les campagnes, suivant l'usage des grands Seigneurs d'autrefois, il fut, en 1033, tué avec plusieurs de sa suite.

De ces Vicomtes sont descendus les Seigneurs *d'Aubusson* & de *la Feuillade*, parmi lesquels

---

(1) *Adhemar de Chabanois*, surnommé l'*Historien*, Auteur d'une chronique intéressante pour le temps, descendoit, par les femmes, des Vicomtes d'Aubusson; il vivoit à la fin du dixième siècle.

on distingue *Pierre d'Aubusson*, Grand-Maître de l'ordre de Saint-Jean de Jérusalem, qui accorda à *Zizim*, frère puîné de *Bajazet*, un asile à Rhodes, puis en France, dans le lieu de *Bourganeuf* (voyez *Bourganeuf*, page 353 de ce Volume), à qui le Pape donna les titres de *Bouclier de l'Eglise*, de *libérateur de la Chrétienté*; & de plus, le chapeau de Cardinal. Ce guerrier actif, & qui soutint avec tant d'avantage les efforts de l'Empire Ottoman, mourut en 1503, dans sa quatre-vingt-unième année, de chagrin, dit-on, de n'avoir pu obtenir une croisade contre les Turcs.

François, Vicomte *d'Aubusson*, Duc de *la Feuillade*, Pair & Maréchal de France, descendoit de la souche de ce Grand-Maître; il avoit autant de respect pour Louis XIV, que Pierre d'Aubusson, son aïeul, avoit de goût pour les Croisades. Il fut connu d'abord par plusieurs exploits militaires, enfin par son admiration, son zèle, son idolâtrie pour Louis XIV, à qui il fit élever la statue pédestre de la Place des Victoires; & pour l'entretien de ce monument, ce courtisan donna à son fils unique, *Louis d'Aubusson de la Feuillade*, le Comté de la Feuillade, la Vicomté *d'Aubusson*, la Baronnie de *Borne*, première Baronnie de la Marche, la Châtellenie de *Felletin*, & plusieurs autres terres, à la charge d'une substitution graduelle & perpétuelle, à l'infini, de mâle en mâle, gardant toujours l'ordre de primogéniture. Si la ligne masculine vient à manquer, il donne, aux mêmes charges, ces terres & seigneuries à la ville de

Paris. Ce contrat de donation & de substitution fut passé à Paris le 29 juin 1687, & enregistré au Parlement le 4 juillet de la même année.

DESCRIPTION. *Aubusson*, célèbre par sa manufacture de tapisseries, est située dans un canton triste & aride, & entourée de sept montagnes, sur l'une desquelles sont les ruines d'un vieux château que l'on croit, dans le pays, avoir été bâti par *César*.

Il y a dans cette ville un Chapitre qui fut transféré, en 1675, de *Moutier-Rouzeille*; il est composé d'un Prévôt, de douze Chanoines & de six Titulaires de bas chœur. On y trouve aussi un *prieuré* considérable, une église paroissiale, une maison de Sœurs de la Croix, un couvent de *Récollets*, établi en 1614; mais un établissement plus utile, c'est la manufacture de tapisseries.

La Manufacture de tapisseries a le titre de *Manufacture royale*; elle entretient toujours au moins deux cents ouvriers. Le Gouvernement y a établi deux écoles de Peinture, composées chacune de dix Elèves, & professées par deux Peintres pensionnés; on distribue chaque année un prix dans chacune de ces écoles.

Il y a de plus dans cette manufacture un Teinturier & un Assortisseur du Roi, tous les deux pensionnés, ainsi qu'un Inspecteur qui y fait sa résidence.

La plupart des ouvriers, après avoir travaillé à *Aubusson*, vont se perfectionner à la manufacture des Gobelins, & reviennent en suite à Aubuſſon. Les matières teintes ſont en grande partie tirées de cette célèbre manufacture de Paris.

On y fabrique pluſieurs genres d'ouvrages; des tapis veloutés, façon de Turquie; des pièces pour former un meuble complet; enfin des tentures où ſont repréſentés des payſages, des animaux; on y exécute même, quoiqu'en baſſe liſſe, les grands ſujets de l'Hiſtoire.

On y voit un moulin à ſoie auſſi curieux qu'économique, par le moyen duquel une ſeule perſonne retord quatre cents écheveaux à la fois.

Si les ouvrages qui ſortent de cette manufacture ſont inférieurs à ceux que produit la célèbre manufacture des Gobelins, ce n'eſt point abſolument par un défaut du talent des ouvriers. La plupart, comme nous l'avons dit, paſſent alternativement des Gobelin à Aubuſſon. Mais dans cette dernière manufacture, les ouvriers n'étant point payés par le Gouvernement, mais par des particuliers qui tirent un plus grand profit de l'abondance que de la beauté des ouvrages, ils n'y mettent point aſſez d'application & de temps.

Cependant il eſt des ouvrages ſortis de cette manufacture, qui le diſputent à tels autres des Gobelins; en général, à Aubuſſon, on exécute avec ſuccès les fleurs, les animaux & les arabeſques (1).

―――――――――――

(1) Il y a pluſieurs dépôts de tapiſſeries d'Aubuſſon à Paris; les principaux ſont chez MM. *Furgaud de Lavergne*, rue de la Monnoie; *Dumenoux*, rue Boucher; *Picon*, rue de la Huchette, &c.

Outre le commerce des tapisseries, qui contribue beaucoup à enrichir cette ville, les habitans font encore un commerce considérable de sel qu'ils vendent en gros.

FELLETIN est une petite ville de la Marche, située sur la même rivière qui baigne les murs d'Aubusson, & à une lieue & demie au dessus de cette ville.

On y fabrique des tapisseries, mais dans le genre commun; cette manufacture dépend de celle d'Aubusson.

Fin de la quatrième Partie.

TABLE
De la quatrième Partie.

A.

Ahun,	page 371
Aixe,	228
Aubusson,	373
Ayen;	219

B.

Barbastre,	53
Bellac,	344
Bennac,	295
Biais,	303
Bourganeuf,	353
Brives,	320

C.

Chalucet,	288
Chalus,	285
Chapelle Seguin,	20
Chapelle-Taillefer, (la)	362
Charroux,	89
Châtellerault,	148
Civray,	88
Comborn,	316

TABLE.

Creux de Maroc, 299
Creux de Bradama, idem.

E.

Efcars, (l') 292
Eymoutiers, 291

F.

Felletin, 377
Fontaine du Rieux tari, 294
Fontenai-le-Comte, 56

G.

Garnarche, (la) 45
Germain les belles filles, (Saint) 226
Grandmont, 364
Guéret, 355

I.

Ile de Bouin, 56
Ile Dieu, idem.
Ile de Noirmoutier, 51

J.

Junien, (Saint) 227

L.

Léonard, (Saint) 290
L'Efcars, 292
Ligugé, texte & note, 6
Limofin, (Tableau général du) 214
Loudun, 174

Luçon, page 34
Lusignan, 69

M.

Maillezais, 30
Marche, (Tableau général de la) 337
Mauléon, 50
Mirebeau, 202
Moncontour, 210
Mont, (le) 308
Montagu, 50
Montmorillon, 82
Mouilleron, 38
Muret, 369

N.

Nexon, 283
Niort, 25
Noailles, 219
Noirmoutiers, (île de) 51
Notre-Dame la Blanche, 51, 52

O.

Olonne, (sables d') 43

P.

Partenay, 168
Poitiers, 92
Poitiers, (vieux) 157
Poitou, (Tableau général du) 1
Pompadour, 308

TABLE.

R.

Richelieu, 205
Roche-l'Abeille, (la) 295
Royères, 300, 301

S.

Sables d'Olonne, 43
Saint-Junien, 227
Saint-Léonard, 290
Saint-Maixant, 63
Saint-Michel en l'Herme, 18
Saint-Yrieix, 304
Solignac, 235
Souleac, 314
Suffac, 222

T.

Thouars, 159
Tintiniac, 315
Tulle, 309

V.

Ventadour, 219, 318
Vouillé, la note, 94

U.

Userche, 306

Y.

Yrieix, (Saint) 304

Fin de la table de la quatrième Partie.

ERRATA & ADDITIONS.

Page première, ligne 6, sa plus grande longueur dans une direction, lisez dans sa plus grande longueur, & dans une, &c.

P. 8, la première ligne de la note, confondus, lis. confondu.

P. 23, lig. 14, ne contient environ que, lis. qu'environ, &c.

P. idem. lig. 22, caractères, lis. caractère.

P. 30, la note, mémoire, lis. mémoires.

P. 32, lig. 12 de la note, mettez un point après Chinon, & retranchez où.

P. 34, lig. 17, Constance Clhore, lis. Chlore.

P. 42, lig. 6 & 7, ôtez la virgule après le mot distance, & mettez-la après chacun.

P. 44, lig. 21, lieu, lis. lieue.

P. 45, ligne dernière, qu'il n'est aujourd'hui, lis. qu'il ne l'est.

P. 46, lig. 24, assiégés, lis. assiégeans.

P. idem, lig. 25, l'armée des assaillans, lis. leur armée.

P. 47, lig. 3, assiégeans, lis. assiégés,

P. idem, lig. 19, touchante, lis. touchant.

P. 52, lig. 24, qui leur donna, lis. qui lui, &c.

P. 87, lig. 12, après ces mots consacré à la lune, ajoutez : Cependant M. l'Abbé le Bœuf qui a visité ce monument, a dit, dans le tome XXV des Mémoires de l'Académie des Inscriptions, qu'il n'est point un temple de Druides, mais seulement un ancien hôpital de Pélerins de la Palestine. Il convient néanmoins que les figures dont nous avons parlé sont beaucoup plus anciennes que l'église; il croit qu'elles auront été trouvées par hasard, & que, par ignorance, on les aura placées en cet endroit.

P. 89, *lig.* 15, notemment, *lis.* notamment.

P. 108, *lig.* 20, *après* plus, mettez un point & une virgule,

P. 120, *ligne première*, d'un telle voyage, *lis.* d'un tel.

P. 128, *ligne 3 de la note*, sous un caveau, *lis.* au dessus d'un caveau.

P. 142, *lig.* 7, transféérs, *lis.* transférés.

P. 144, *lig.* 11, à coup d'arquebuse, *lis.* à coups.

P. 147, *lig.* 21, caractères, *lis.* caractère.

P. 153, *lig.* 18; la plus excessive, *lis.* fut excessive.

P. 154, *lig.* 9, vexation, *lis.* vexations.

P. 178, *ligne* 11, de pouvoir, *lis.* le pouvoir.

P. 185, *ligne 7 de la note*, Saint-Maixent, *lis.* Saint-Maixant.

P. 186, *lig.* 14 *de la note*, Fort-l'Evêque, *lis.* For-l'Evêque.

P. 190, *ligne 9 de la note*, Jeanne Belue, *lis.* Jeanne Belciel.

P. 208, *lig.* 30, on y voit souvent, *effacez* souvent.

P. 209, *lig.* 4 & 5, quatre ou cinq toises, *lis.* quatre ou cinq cents toises.

P. 227, *lig.* 12, après le mot Limoges, *ajoutez*, étoit l'ancien *Augustoritum*, comme l'a démontré M. l'Abbé *du Belley*. Vers la fin du quatrième siècle, elle prit le nom du peuple dont elle étoit la capitale, & fut, &c.

P. 244, *lig.* 3, du Ni, *lif.* du Nil.

P. 246, *lig.* 11 *de la note*, qu'en 250, *lif.* que vers l'an 250 de notre ère.

P. *idem*, *pénultième de la note*, les plus reculés, *lif.* les plus crédules.

P. 264, *lig.* 5, dérigé, *lif.* dirigé.

P. 269, *ligne première de la note*, Gofbert, *lif.* Gerbert.

P. 296, *lig.* 30, le 11 juin, *ajoutez* 1569.

P. 297, *lig.* 14, le 16 mai fuivant, *lif.* le 16 juin fuivant.

P. 322, *lig.* 9 *de la note*, Vitiges, *lif.* Vitigès.

P. 327, *lig.* 21, toujous, *lif.* toujours.

P. 331, *lig.* 10, le Vicomté, *lif.* la Vicomté.

P. 338, *lig.* 23, de fufé, *ôtez* de.

SUPPLÉMENT,

AU QUATRIEME VOLUME.

Le Poitou, y compris une partie des Marches communes à cette province & à celle de Bretagne, est divisé en trois départemens.

Le *département des deux Sevres*, dont l'assemblée se tient alternativement dans les villes de *Niort*, *Saint-Maixant*, & *Parthenai*. Il est divisé en six districts, dont les chefs-lieux sont : *Niort*, *Saint-Maixant*, *Parthenai*, *Thouars*, *Melle*, *Chatillon*.

Le *département de la Vendée*, dont l'assemblée se tiendra à *Fontenay-le-Comte*, est divisé en six districts, dont les chefs-lieux sont : *Fontenay-le-Comte*, *la Châteigneraie*, *Montaigu*, *Challans*, *les Sables d'Olone*, *la Roche-sur-Yon*.

Le *département de la Vienne*, dont l'assemblée se tiendra à *Poitiers*, est divisé en six districts, dont les chefs-lieux sont : *Poitiers*, *Châtelleraud*, *Loudun*, *Montmorillon*, *Lusignan*, *Civrai*.

Partie IV.

Le LIMOSIN & LA MARCHE, & la Combrailles, sont divisés en trois départemens.

Le *département de la Haute-Vienne*, dont l'assemblée se tiendra à *Limoges*, est divisé en six districts, dont les chefs-lieux sont : *Limoges, le Dorat, Bellac, Saint-Junien, Saint-Yriex, & Saint-Leonard.*

Le *département de la Corrèze*, dont l'assemblée se tiendra à *Tulles*, est divisé en quatre districts, dont les chefs-lieux sont : *Tulles, Brives, Uzerches, Ussel.*

Le *département de la Creuse*, dont l'assemblée a été provisoirement fixée à *Gueret*, est divisé en sept districts, dont les chefs-lieux sont : *Gueret, Aubusson, Felletin, Boussac, la Souterraine, Bourganeuf, Evaux.*

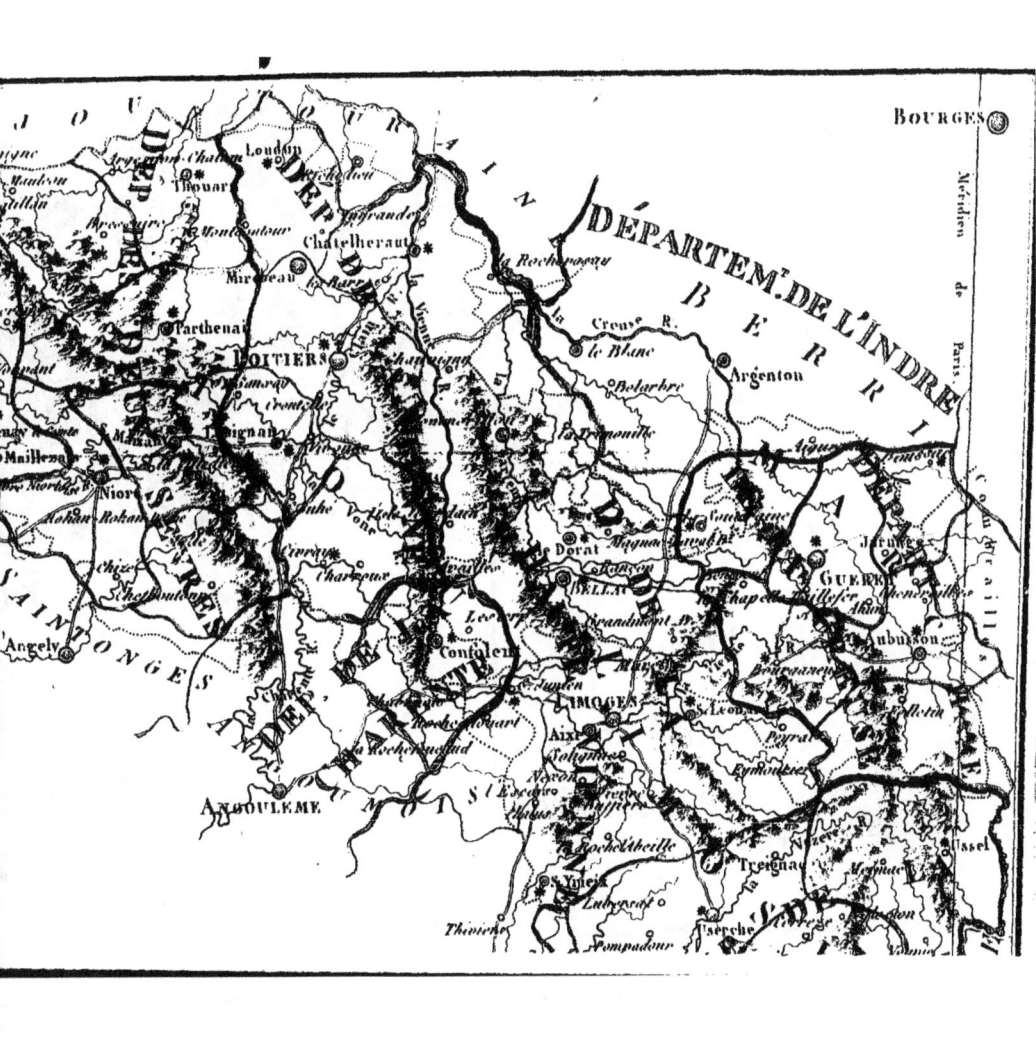

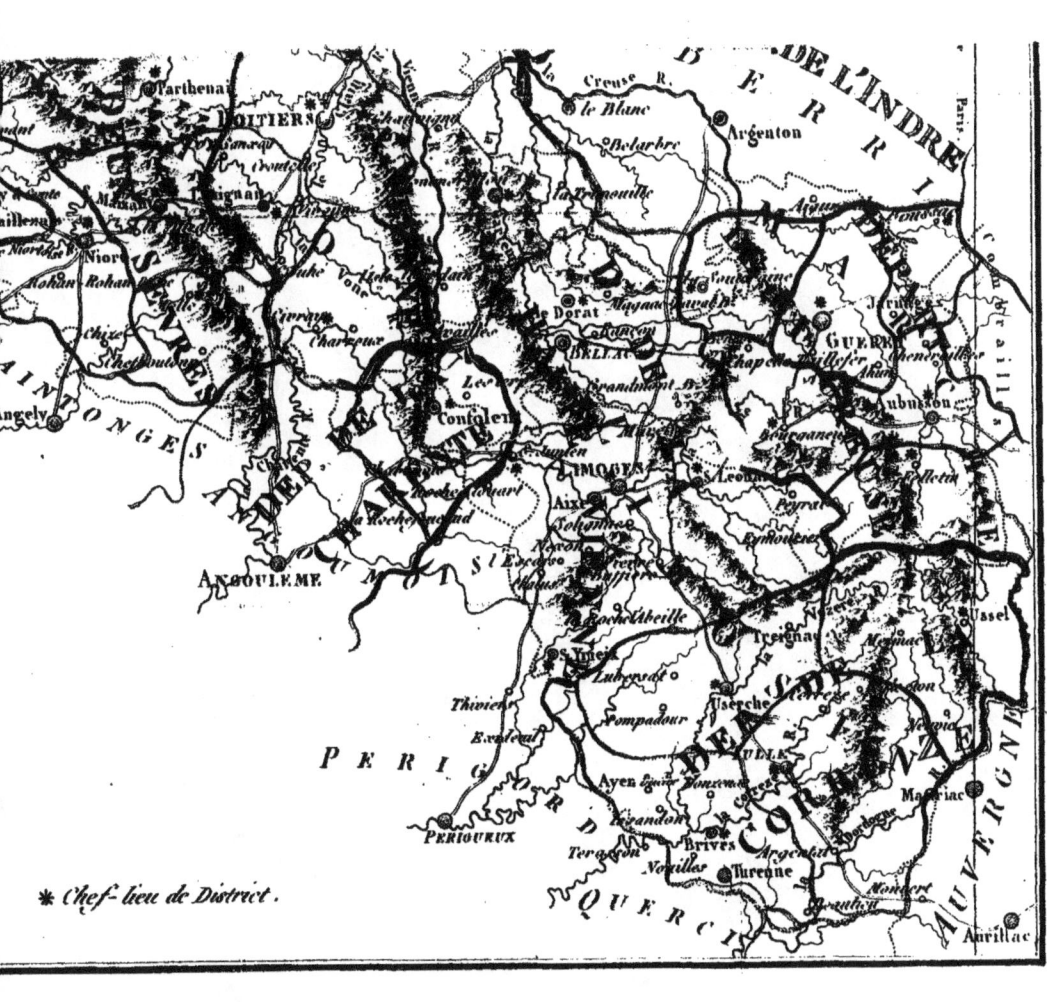

* Chef-lieu de District.

www.ingramcontent.com/pod-product-compliance
Lightning Source LLC
Chambersburg PA
CBHW060559170426
43201CB00009B/836